西方人文经典

生命的舞蹈

〔英〕哈夫洛克·埃利斯　著

傅志强　译

知识产权出版社

全国百佳图书出版单位

图书在版编目（CIP）数据

生命的舞蹈 / （英）埃利斯（Ellis，H.）著；傅志强译.—北京 ： 知识产权出版社，2015.6

（西方人文经典译丛）

书名原文：The Dance of Life

ISBN 978-7-5130-3363-3

Ⅰ.①生… Ⅱ.①埃… ②傅… Ⅲ.①社会科学－文集 Ⅳ.①C53

中国版本图书馆CIP数据核字（2015）第041061号

内容提要

本书是英国著名性心理学家和社会科学家哈夫洛克·埃利斯用了20年的深思熟虑写下的重要著作。作者认为人生的一切都包含了舞蹈艺术的内涵，从原始社会到现代社会都充满了有节奏的律动。该书主要探讨了舞蹈艺术，思维艺术，写作艺术，宗教艺术，道德艺术，科学、哲学和社会学、优生学等领域。作者对自然科学和社会科学都有深刻的研究，广泛征引中西方经典名著，其中不乏格言式的警句，文字优美，可读性强。

责任编辑：高　超　　　　　责任校对：董志英
装帧设计：品　序　　　　　责任出版：刘译文

西方人文经典译丛

生命的舞蹈
Shengming de Wudao

［英］哈夫洛克·埃利斯　著　　傅志强　译

出版发行：**知识产权出版社**有限责任公司　　网　　址：http://www.ipph.cn
社　　址：北京市海淀区马甸南村1号　　　　邮　　编：100088
责编电话：010-82000860转8383　　　　　　责编邮箱：morninghere@126.com
发行电话：010-82000860转8101/8102　　　发行传真：010-82000893/82005070/82000270
印　　刷：北京科信印刷有限公司　　　　　经　　销：各大网上书店、新华书店及相关专业书店
开　　本：880mm×1230mm 1/32　　　　　印　　张：9.25
版　　次：2015年6月第1版　　　　　　　　印　　次：2015年6月第1次印刷
字　　数：219千字　　　　　　　　　　　　定　　价：36.00元

ISBN 978-7-5130-3363-3

译者前言

《生命的舞蹈》是亨利·哈夫洛克·埃利斯（Henry Havelock Ellis）**❶** 关于人类文化中几个引人注目的侧面的重要著作，本书是作者用了20年的时间"深思熟虑地"写下的一部名著。它涉及舞蹈、艺术、思维、写作、宗教、道德、科学、哲学和社会学、优生学等领域。1923年作者出版这本书时已经64岁，此时他在许多领域都有颇多的重大建树。因此，可以说，《生命的舞蹈》集中地表达了埃利斯有关社会科学的观点。

一

亨利·哈夫洛克·埃利斯，1859年2月2日生于英格兰东南部萨里郡克洛顿城，1939年7月8日于伦敦去世，享年80岁。

埃利斯是一位兼具自然科学和社会科学两重天赋的传奇人物。作为自然

---

❶ 在我国，一些著名学者把Ellis译为霭理士或霭理斯，而《英华大词典》《现代汉英综合大辞典》《新英汉词典》等均译为埃利斯，译者认为后一种译法更近于英语发音，且便于读写，故在翻译中采用这种译法。——译者

科学家，他是性心理学研究的先驱，是世界上最早对同性恋进行科学研究的科学家。他对医学、生物学、心理学、生理学也作出了巨大贡献。在19世纪末20世纪初，英国还是一个受到宗教传统愚昧观念、封建道德伦理标准严重束缚的国家，涉及人类两性关系的问题一直是个禁区。埃利斯也像科学史上许多勇敢的先驱一样，为了进行性科学研究，面对强大社会舆论的嘲讽、谴责，警方的迫害，历尽艰辛与磨难，冲破重重障碍，在获得圣托马斯医学院的医学博士学位以后，深入研究了人类的性心理学，为这门科学奠定了坚实的基础。我国著名性心理学家潘光旦先生青年时代在清华大学读书时就认真钻研了埃利斯的《性心理学研究录》（共7卷，当时只出版了6卷），而且在潘先生已经成为著名的性心理学家之后，还自认为是埃利斯的"私淑"弟子，对埃利斯表示"倾心服膺"。❶

潘光旦先生在埃利斯《性心理学》中译本译者序言中曾写道：埃利斯"不但在性心理学上是一个最大的权威，在人生哲学与文艺批评的范围以内，也有很大贡献，美国批评家门肯（H. L. Mencken）甚至称他为'最文明的英国人'（the most civilized Englishman）"。

但是，这位性心理学研究的先驱者、这位性教育的开拓者的伟大业绩远不仅局限于此。他在哲学、美学、文学、艺术、文艺批评各个方面也取得了影响深远的成就。我国著名社会学家、潘光旦先生的高足费孝通教授在1986年曾写道："霭氏（即埃利斯）是英国著名文豪"，"是19世纪末年20世纪早年英国文坛上的一颗明星"。潘先生的东床胡寿文教授也说："霭理士一生著作等身，在哲学、宗教、社会学、人类学、文学、翻译、医学和生物学等学科的范围内，都有很大贡献，许多著作至今仍一再重印发行，光彩不减

---

❶ 引自费孝通先生1986年7月的文字。

当年。"

其实，我国文学界对埃利斯的文艺思想的介绍早在20世纪20年代，当埃利斯正活跃在英国的思想、文艺论坛上的时候就已开始了。只是由于当时社会条件、思想条件的限制未能得到广泛流传。

五四新文化运动的重要作家之一周作人在1922年《自己的园地》、1925年《雨天的书》以及1935年《苦茶随笔》三本散文集中写了七八篇文章介绍了霭理斯（即埃利斯）的文艺思想。其中有《猥亵论》《文艺与道德》《结婚的爱》《霭理斯的话》《生活之艺术》《教训之无用》《关于读圣书》和《霭理斯的时代》等。

周作人在《霭理斯的话》一文中说："霭理斯（Havelock Ellis）是我所最佩服的一个思想家，但是他的生平我不很知道。"埃利斯一生著作等身，是个勤奋多产的科学家和作家，但是在20世纪二三十年代的中国，要大量收集阅读他的原著也是相当困难的。然而，正是由于对埃利斯的深邃广博的思想的高度赞佩，周作人在那时竟购买了26册埃利斯的巨著，他在《霭理斯的时代》一文中写道："霭理斯著作弘富，寒斋所有才只26册。"可见其喜爱之深。周氏还写道：埃利斯"是现代英国的有名的善种学❶及性的心理学者，又是文明批评家"，❷ "他毫无那些专门'批评家'的成见与气焰，不专在琐屑的地方吹求——却纯从大处着眼，用了广大的心与致密的脑估量一切，其结果便能说出一番公平话来，与'批评家'之群所说的迥不相同，这不仅因为他能同时理解科学与艺术，实在是由于精神宽博的缘故。读他所著的《新精神》《断言》《感想录》，以至《男女论》《罪人论》《性的心理

---

❶ 善种学即优生学。
❷ 见《猥亵论》。

研究》和《梦之世界》❶，随处遇见明智公正的话，令人心悦诚服"❷。

二

埃利斯在1940年出版了长达数十万言的《我的自传》（*My life*），但是，我国广大读者对他漫长、丰富而又坎坷的一生仍然不甚了解。

下面笔者仅就埃利斯生平的主要事实作一简明介绍。

埃利斯出生于英国一个世代以航海为生的家庭，"其父母的家族均与海洋有不可分割的联系"。父亲是远洋海轮的船长，"在海上漂泊生活了整整50年，他的外祖父也是一艘海轮的船长"。他7岁时即随父亲出海。16岁随父亲到了澳大利亚，19岁才回到英国。少年时代在英国的法德学院（French and German College）学习法语、拉丁语，又自修了德语、意大利语。他"兴趣广泛、感情丰富，对文学、艺术、科学、哲学、社会道德伦理有强烈的求知欲望"。❸

1875年4月，埃利斯的父亲带领"萨里"号商船从伦敦运送一批官方移民去澳大利亚，到悉尼后，父亲要远航印度，考虑到气候不利，便把年仅16岁的埃利斯留下来。在那里，埃利斯担任小学教师，开始走上社会，独立生活。"他整天读书，练习写作，翻译海涅和歌德的散文、诗歌。他那时阅读过的书中，除了大量的诗和散文以外，还有一些对他后来一生的事业产生过重大影响的哲学和科学著作。"因为深感有必要接受高等的医学教育以便用

---

❶ 这7种著作均为巨著，有许多是多卷本。
❷ 见《文艺与道德》。
❸ 本文关于埃氏的生平材料主要选自胡寿文教授的《霭理士传略》一文，在此郑重致谢。

科学手段批判宗教的禁欲主义的性道德观，青年埃利斯回到英国，克服了经济困难，于1880~1889年在圣托马斯医学院学习，1890年获医学博士学位。

在校学习期间，埃利斯于1883年发表《论托马斯·哈代的小说》。"他为了评论哈代的小说，不仅读完了哈代那时已经发表的全部作品，而且还亲自到过英格兰南部的多塞特郡（Derset），去了解抚育哈代成为一位杰出的小说家和诗人的故土。"此文发表后，"立刻就收到哈代一封很有风度的信；信中写道：'……文章本身，它的优雅风格，以及它的丰富的含蓄的意义，我在一开始读它的时候就心领神会到了。这种感受远比以我的作品为题材这件事更加引起我的关注。'哈代热情鼓励他继续写更多的文学评论文章"。从此以后，埃利斯文思大开，一发而不可收。

1890年出版了《新精神》，这是"他的第一部散文作品，主要是对狄德罗、海涅、惠特曼、易卜生、托尔斯泰等世界著名作家的思想和文章风格的介绍与评论。……情感表达细腻而含蓄，文字富于音乐的节奏和甜美的旋律，并不注重辞藻的华丽"。周作人在《猥亵论》中说这部著作是"世界著名的文艺思想评论"。

1898年，埃利斯又出版了一部《断言》。其中共有六篇文章，分别论述了尼采、卡桑诺瓦、左拉、于斯曼、圣弗朗西斯等著名哲学家、作家、冒险家和宗教家。书中始终贯穿着"他那健全清净的思想"。

随着阅历增长，他的风格变得刚健、豪放了，埃利斯晚年的作品"个性更加突出"，其中有代表性的作品是1914年、1921年和1924年先后出版的三卷巨著《感想与评论》。周作人说其中的文章"都是关于艺术与人生的感想，范围很广，篇幅不长，却含蓄着丰富深邃的思想，他的好处，在能贯通艺术与科学两者而融和之，所以理解一切，没有偏倚之弊"❶。

埃利斯一生共出版了32种巨著（其中有许多是多卷本），除了上面介绍的以外，主要还有《同性恋、性心理研究》（1915年第3版）、《对英国人的天赋的研究》（1904年）、《西班牙的心灵》（1908年）、《梦的世界》（1911年）、《冲突的哲学及其他论文》（1919年）、《康加溪》❷（1922年）、《十四行诗与西班牙民歌》（1925年）、《从卢梭到普鲁斯特》（1936年）、《我们时代的问题》（1936年）等。

在长达半个世纪的研究、著述生涯中，他的著作再版率极高，据笔者粗略统计，有10种著作再版，有的甚至高达14次之多（我们面前的这部《生命的舞蹈》，在1923年至1925年两年之内即再版14次），一般也再版八九次，可见其思想的生命力之强。

作为具有多方面才华的文化巨人，埃利斯不仅在科学研究、写作、著述中为后世留下了数量极其丰富的成果和作品；此外，作为一名杰出的编辑家和翻译家，他也为后世留下了值得称道的业绩。

他一生曾主持编辑了两套具有深远意义的丛书。一套是文学性的，另一套是自然科学方面的，即《美人鱼古代戏剧家丛书》和《当代科学丛书》。

《美人鱼古代戏剧家丛书》（Mermaid Series of Old Dramatists）是1886～1889年编辑的，"专门收集整理和出版伊丽莎白一世时代的戏剧家的未经删节的名著"。第一卷是马洛（C. Marlowe）的戏剧集，由主编埃利斯亲自编辑出版。他还编辑整理了米德尔敦（T. Middleton）和福特（J. Ford）

---

❶ 引自《猥亵论》。
❷《康加溪》（Kanga Creek），胡寿文教授指出，"这是一部以他自己情窦渐开的少年时期在澳大利亚的生活为背景的澳大利亚田园诗，至今仍被许多澳大利亚评论家视为珍品"。这是埃利斯仅有的一部小说作品。

等人的剧作。这套丛书一经问世，立即受到英国学者和一般文学爱好者的
"热烈欢迎和普遍赞扬"。后人在有关评论中屡屡称赞这套戏剧集的编辑
出版是英国文学界的一个伟大创举，认为它对于推动英国戏剧的发展起了巨
大的作用。

《当代科学丛书》（Contemporary Science Series）是在1889~1914年编
辑的，连续出版了25年，直到第一次世界大战，由于战争的破坏才中断了出
版。"这套丛书一共出版了50卷之多，霭理士本人也因为主编这套丛书而名
闻遐迩。"

此外，埃利斯还翻译了海涅的散文、易卜生的戏剧。"他全文翻译的左
拉的《萌芽》（Germinal）至今还在出版，被评论家誉为一部在英国翻译出
版的最忠实的左拉译著。"

三

《生命的舞蹈》，正如作者在原书序言中所说，为了写作此书，他花
费了近20年的时间搜集素材，进行改写、补充，"深思熟虑地写下这部著
作，……我感到很满意"。

埃利斯坚持认为生命就是一种舞蹈，而且认为这不仅是一种隐喻；因为
他认为"舞蹈是数字和节奏、是节拍和秩序的法则"，"是部分对整体的服
从的法则"，在生命中、在生活中、在宇宙中都体现了统一性、差异性之间
的平衡。他指出：我们的世界就是更为重要的舞蹈，就是我们将永远无法看
到的诗歌中的一个符合格律的诗节，只有哲学家才能看到它……

本书从人类文化的历史、从文化的起源发展探索了人类生活的几个侧

面。埃利斯认为人生的一切都包含了艺术，从原始社会到现代社会都充满了艺术。作者广泛征引西方经典著作，根据自己在世界各地进行的科学考察对这些观点进行了阐述和论证。

胡寿文教授在《霭理士传略》中写道："从1881年开始，他就由于种种原因而不时到欧洲大陆和其他一些地方旅游。他在旅游中很注意研究各地的风土人情，考察那里的建筑，欣赏音乐、戏剧和其他传统的民族艺术。这些旅游不仅丰富了他的知识，而且陶冶了他的情操，使他能够生动地从比较文化的角度来研究人类的性的问题，寻根究底地去探讨性本能对于人类的精神和社会的深刻影响。"在《生命的舞蹈》一书中随处可见丰富翔实的历史资料、各地独特有趣的风情，从这里可以看出埃利斯确实是一位"行万里路、读万卷书"的实践开放型的学者，他确实"能生动地从比较文化的角度来研究"人类的文化艺术现象，而且是以他那宏富精深的科学知识为基础的。但是，如果我们认为埃利斯仅仅局限于人类的性问题、性本能，那也许是有失偏颇的。

埃利斯在本书中专门用了一个章节论述了中国的古代文明，引证了不少中国古代经典，如《论语》《老子》《墨子》《礼记》……他对中国的古老文明表示由衷的赞美，"在青年时代，……我非常高兴地知道了中国的生活是受礼乐调整的。这就引起了人们直至现在仍不断增长的对中国的兴趣"。

正因为埃利斯具有雄厚深入的自然科学知识，并具有广博的自然科学史知识，又有独具慧眼的哲学、美学观点，对文学、艺术、哲学、社会学、伦理学、宗教及其他社会科学领域都有超越常人的渊博知识，所以他几十年来都在人类科学的两大范畴中发挥了重要作用。在本书中，他用流畅的文笔为读者展示了一幅灿若星天的人类文化发展的画卷，无论是苏格拉底、亚里士多德、柏拉图、毕达哥拉斯、赫拉克利特，是孔子、老子、墨子……还是

康德、莱布尼茨、达·芬奇、达尔文、牛顿、法拉第、爱因斯坦、拉伯雷、
康拉德、斯威夫特、尼采……这些人类文明的杰出代表无不栩栩如生，跃然
纸上。

傅志强

1992.10.24 于金台西路

目　录

序　言

许多年前，我就计划写这样一本书。但是，至于贯穿本书的思想，我却无法说明它产生于何时。我认为这个思想是与生俱来的。诚然，细细想来，这些种子似乎可能是在青年时代不知不觉地种下的，是从F. A. 朗格，[●]也许是从其他人那里种下的，然后，在一片适当的土壤中悄悄发芽了。无论如何，这个思想都支承了我所曾写下的大部分东西。我们面前的这部著作，甚至早在15年前就开始写作、就开始用一种粗略的形式出版了。请允许我为自己的缓慢寻求一些尽管是徒劳的安慰吧，罗丹曾说过："缓慢就是美"。当然，这是我所曾看到的最缓慢的舞蹈，也是最美丽的舞蹈，但是，在生命的舞蹈中，美的文明成就却似乎与它迅速的步伐成反比。

此外，本书现在仍然是不完善的，这不仅是因为我一直希望对每一章都进行改写和补充，而且也是因为缺少了许多我曾为之搜集了不少素材的章节，如果在20年前，发现缺少了它们，将会使人感到吃惊。因为世界上有许多艺术虽然不属于我们习惯上所谓的"纯粹艺术"，但对我来说，却似乎是生活所必需的。但是，现在我这样深思熟虑地写下了这部著作，却毫无悔

---

❶ 朗格（Friedrich Albert Lange，1828～1875），德国哲学家，早期新康德主义者。——译者

意，我感到很满意。

vi 　　完全不会发生这样的事：一部著作必须像它原来计划的那样去完成、充实、完满、精练。正如一个人成长了，他的理想也在变化一样。始终如一往往是值得称赞的理想。但是，这是一个应该加以辨别而后才能接受的理想，应该考虑到其从事的工作性质。现在，在我看来，一个艺术家往往不会在自己的作品上完成每个细节，这样一来，他就会成功地使观察者也变为自己的合作者，就会把工具放在他们手中，让他们也像他那样去继续完成这件作品，这件作品在某些尚未加工的材料的掩盖下一直伸向了无限。凡是付出最艰巨劳动的地方，往往不会有最美好的生命，而少付出劳动，艺术家却有可能得到更多的东西，当然，如果他知道如何做好，那又是例外。

　　我希望他不要坚持彻头彻尾的一致。实际上，这样一本在多年之间写下的著作的某些方法已经暴露出许多不甚显著的不一致性。这不是一种缺点，反之，它避免了缺点。只有与过去的自我越来越不一致，我们才能与世界保持一致。那些始终如一墨守一种一成不变观点的人（他们天真地认为这是"合乎逻辑的"），就像悬挂在一支早已不存在的钩子上一样。"我认为她在那里，她认为我在那里，当我们走近那里时，谁也没在那里。"虽然有点夸张的味道，但是，这个形而上学的陈述却包含了一条我们必须时刻记在心中的关于主体与客体关系的真理。它们二者都不具备一致性，它们相遇

vii 时，二者都发生了变化。这种不一致性不是杂乱无章的水流，也不是浅薄的机会主义。我们变化，世界也在变化，二者都随着潜在的结构在变，这种不一致性由于忠实于整体而深受限制，因此却成了生命中更高级的一致性。所以，我在本书中能够一次又一次地承认和接受下列事实：我曾遇到了表面上看来似乎是相同的事实，而每次得到的却是有细微差别的报告，因为它变化了，我也变化了。世界是形形色色的，它有无限绚丽的侧面，除非我也能相

应地获得一个无限多样的陈述，我就远远不会得到任何可以被称为"真理"的东西。我们只能看到一块巨大的乳色玻璃，我们每次看到它都绝不相同。谈到雷诺阿时，埃利·富尔曾说："他今天画的东西与昨天画的东西绝不相同"，对我来说，这似乎是自然而正确的。我从来没有两次看到同一世界。诚然，这只是重复了赫拉克利特的名言（这是一句不完整的名言，它只是我曾引证的更大、更现代的合题的一半）：人不能两次踏入同一河流。但是（这个与此相对的事实却是完全重要的），我们只能承认一条连续不断的河 *viii* 流，正如它在我们的头脑中存在的那样；它向着同一方向流动，它保持着多少是相同的形状。对那个涉入河流的永远在变化的涉水者来说，这种观点基本上也是正确的。因此，归根结底，世界上不仅存在多样性，也存在统一性。多的差异性由于一的稳定性得到了平衡。生命永远是一场舞蹈，其原因就在于此，因为舞蹈永远都是一些多少变化的动作，但它们又永远都保持着整体的形态。

我们已经接近哲学的边缘了。整个这本书都已踏到了哲学的门槛上。我要及时补充一点：本书并未超过这个界限。书中没有提出武断的观点去主张任何普遍的有效性。甚至技术性的哲学家也不总是乐于提出这样的主张。F. H. 布莱德雷是现代英国最有影响的哲学家之一，他在刚刚开始自己的事业时曾经写道："如果你对我施加足够的压力，目前我对所有问题也只能报以怀疑和困惑"。40年后，如果让他严格地界定自己的原则，他仍然在说，"我感到困惑"。人们可以想象，即使是一只干酪虫也只有经过困难才能得到关于奶酪的适当的形而上学的概念，对人类来说，这项任务将是何等困难啊，他们的日常理解力与一只干酪虫的理解力非常相似，也是在一个平面上移动，而且，他们还要对一个如此巨大而且更为复杂的现象之网进行综合。

　　一个人如果在技术哲学领域之外找到了自己毕生的事业，他也许会偶然感到（即使只是嬉戏地）有必要对自己在宇宙中的作用和位置进行思索，显然，他的态度肯定是犹豫和不确定的。这样的思索只是普通人寻求与自己渺小的活动密不可分的广泛含义的本能冲动。它只是希腊人在简单意义上理解的那种哲学，在这广阔的世界中，它只是生命的哲学，只是关于自身生命的哲学。当技术哲学家跨过了门槛并把自己关在书房中的时候，他们的行为是截然不同的：

ix

> "你要知道这个世界，
>
> 闭上你的眼睛，罗斯曼德。"

　　随之出现了一些巨大的书卷，这是很难买到、很难阅读，而且，可以肯定地说，这也是很难写作的。但是，关于苏格拉底，正如关于英国哲学家福斯塔夫一样，人们没有告诉我们他写下了什么东西。

　　因此，也许对某些人来说，这本书展示了伟大的古典数学的文艺复兴的广泛影响（我们享有很大的特权在这种影响中生活），而且，这些人还从本书中找到了应用于生活的"相对性"，但是，我却没有这样的把握。有些时候在我看来，它似乎也是这样：首先是我们这些芸芸众生塑造了我们时代的伟大运动，其次才是它们塑造了我们。我认为即使在伟大早期的古典数学的文艺复兴时期，事情也是如此。我们把它与笛卡尔联系起来了。但是，如果一个数不清的群体并没有在许多领域中创造出他可以在其中呼吸的气氛，那么，笛卡尔是什么影响也无法施展的。我们在此处牢牢记住斯本格勒❶对支承了一个时代的生产力的无限纷杂的因素的精神统一性所揭示的一切还是有益的。罗吉尔·培根具有早在三个世纪以前创造这样一种文艺复兴的天才，但是，那

x

---

❶ 斯本格勒（Spengler Oswald，1880~1936），德国唯心主义哲学家。——译者

时并没有使他生存的气氛，他被窒息了。然而，那位像笛卡尔一样虔诚地崇拜数字和尺度的马莱伯❶比笛卡尔早出生了半个世纪。这个沉默、硕大、凶狠的诺曼底人（塔尔特·德·雷奥克斯为我们作了生动描述：为我们描绘了17世纪法国真实画面的是他而不是圣西门❷）具有破坏的天才，他具有北欧海盗的天生本能，他彻底全部地扫除了古老法国的可爱浪漫精神，以至直到魏尔兰的时代，这种精神才又复活。但是，他也具有诺曼底人古典数学的建筑精神（也许他会像笛卡尔那样说，因为他在文学作品中一直都说过：对我来说，一切都可以变为数学），他为世界引入了一种新的秩序法则。即使像马莱伯、笛卡尔那样的人都不能不遵循这个法则，在发表《方法论》的同时，法兰西学院成立了，而且，勒诺特尔肯定也已绘好了凡尔赛花园的几何图形。我们应该记住，笛卡尔不可能在没有支持的情况下工作，他是一个性格柔弱、顺从的人，尽管他曾经当过兵，但他不具备罗吉尔·培根的英雄气概。如果人们能把笛卡尔推回到罗吉尔·培根的位置，他也可能会产生培根的许多思想。但我们将永远无法知道。有一次，他听到了伽利略的罪责后，就神经过敏地把自己的一部著作烧毁了，值得庆幸的是教会很晚才认识到可怕布尔什维克随着这个人进入了精神世界，而且，在笛卡尔去世以前，它们从未认识到也必须把他的著作列入禁书书目。

xi

今天也是如此。我们也能目睹一场古典数学的文艺复兴。它为我们带来了关于宇宙的新视野，同时也带来了关于人类生命的新视野。这就是为什么必须坚持认为生命是一种舞蹈的原因。这不仅是一种隐喻。舞蹈是数字和节

---

❶ 马莱伯（F. Malherbe，1555~1628），法国诗人、评论家。——译者
❷ 圣西门，此处的圣西门应为（Louis de Rouvroy Saint-Simon，1675~1755），是法国作家，出入路易十四宫廷达13年之久，有《回忆录》21卷，于1829~1830年出版，对法国文学有一定影响。——译者

奏、是节拍和秩序的法则，是受控制形式影响和部分服从整体的法则。这就是舞蹈之为舞蹈。这些特征也构成了古典精神，不仅是在生命中，而且更清晰地、更明确地在宇宙本身之中也是如此。如果我们不仅认为生命，而且认为宇宙也是舞蹈，那么，我们就是极为正确的。因为宇宙是由不足一百种的一定数量的元素构成的，❶ 这些元素的"周期律"是符合格律的。这就是说，它们不是杂乱地、也不是成组的，而是根据数字排列的，那些相似的特性是按照固定的、有规律的间歇出现的。因此，我们的世界就是更为重要的舞蹈，就是我们将永远也无法看到的诗歌中的一个符合格律的诗节，只有哲学家才能看到它，直至今日这些哲学家仍在这里应用数学的方法，他们也许认为自己为它赋予了客观知识的特征。

　　我认为今天的这种运动就如17世纪的运动一样，也是古典数学的。而且我认为舞蹈基本上就是它的象征（当然，这要抛开本书后面对一种区别所抱的偏见）。这并不是在贬低世界的浪漫因素，它同样也是这场运动的本质。但是，当我们知道了创世记中第6天的最后结果时，我们才能最充分地估计到第一天的巨大无比的能量和无法估计的可能性。

　　无论如何，我们讨论的两个历史时期之间的相似性都是存在的，而且我相信我们会认为在下列情况它是适用的：甚至后一时期的严格数学因素并不是最早出现的，而且我们本身也面对着已在半个世纪中、在许多领域中出现的微妙运动内的一种过程。如果说笛卡尔晚于马莱伯数年而出世具有什么重要意义，那么，同样具有意义的就是：爱因斯坦是紧随着俄国的芭蕾舞出世的。我们惊奇地赞美坐在风琴面前的艺术家，但是，我们一直在鼓动风箱；而伟大表演者的音乐如果不是为我们表演的，我们也就无法听到它们。

------

❶ 当时发现的元素还不足一百种。——译者

　　我就是按照这种精神写作的。我们所有的人（而不仅仅是这里或那里的
一两个杰出人物）都在从事着创造精神世界的工作。如果我没想到读者就在 *xiii*
我的身旁，（即使他们也许并不知道这点）我从来不写作。只有这样我才能
真诚和简洁地写作，如果没有这二者，在我看来似乎就根本不值得写作了。
人们在我的处女作《新精神》的开端可以看到这种观点，那些能最淋漓尽致
地表露自己内心最深处情感的人，在由无数人组成的队列中就是一位佼佼
者。一个人最充分地体现了自我，也就变成了典型。我深思熟虑地、完全
充满确信地选择了这种观点，因为它深深地在我的书中扎下了根。表面看
来，它显然与我在那里提到的一些伟大人物有关，代表了我认为是生活中
的新精神，（但绝不仅仅是以现代性的可怜感觉为代表）。他们都沉浸
在自己灵魂的深处了，因此，把内心深处的冲动和情感呈现到表面并表达出
来——或是鲁莽地、或是动人地，或是辛辣地、或是尖刻地表达出来——在
那时这些冲动和情感似乎是令人震惊的，而现在却已成为他们无数男女同胞
共有的思想。但是，这本书也还是一部关于个人断言的书。题词页上的格言
的表面含义下面隐藏着更隐秘的含义，我本人阐述了在某一天可能用来表达
他人的情感的秘密冲动。在过去35年里，这个观点常常重现在我的头脑中，
如果我没有使它们成为我本人的观点，那么，我就无法为我毕生的工作提出 *xiv*
恰当的辩护了。

　　现在，正如我在本书开头所说，我甚至可以认为这就是所有真正的书籍
的功能。世界上还有其他种类所谓的书籍，有历史类的书，有论辩类的书，
也就是说，有关于事实和争论的书。任何人都不希望贬低这两种书。但是，
如果我们要考虑一本真正的书，比如《圣经》就是一本真正的书，那么，我
们的含义就不止于此了。换言之，我们的意思就是指某种依然是潜在的、无
意识的、也许或多或少是有意地在作家自己的灵魂中、最终是在人类的灵魂

中压抑着的某种东西的展示。这些书籍很容易受到排斥，诚然，没有任何东西能像明确展示我们自身那样一开始就使我们震惊。因此，这样的书会一次又一次地敲击我们紧闭的心灵之门。我们漫不经心地喊着："谁在敲门？"我们不能打开这扇门，我们让那纠缠不休的陌生人（无论是谁）走开，直到最后我们似乎在外面听到一个声音："这是你们自己啊！"就像在波斯神秘的寓言中所说的一样。

哈夫洛克·埃利斯

第一章

导　言

一

人类往往很难认识到他们的生活完全是一种艺术。而人们认识这点要比按照它行动更困难。因为人类或多或少往往都是把生活当作艺术来实践的。诚然，在古昔时代，以说明事物起源为己任的原始哲学家常常会得出结论：整个宇宙就是一件艺术品，它是某个高超的艺术家按照艺术家的方式用几乎是一无所有的材料，甚至是用他本人的排泄物创造出来的，儿童们有时本能地认为这种方法就是一种创造性的艺术。这些原始哲学论述中最为我们熟悉的就是希伯来人在他们的《创世记》第一章所写下的论述，（它确实是最典型的论述）。我们在这里可以看到整个宇宙从虚无形成的过程，在一个可测量的时期内，一位叫耶和华的艺术家有条不紊地工作着，他首先粗略地塑造了它，然后逐渐为其增加细节，而最优秀、最精美的乃是结尾，正如雕塑家塑造一座雕像一样。甚至远在太平洋地区，我们也能找到许多这类的论述。❶同样也是在那个地区，艺术家和工匠本人也分享了同样神圣的性质，由于这些人为人类创造了最美丽、最有用的物品，而被比作神圣的世界创造者。因此，在萨摩亚；还有汤加，能建造独木舟的木匠占据着高尚，甚至是神圣的位置，与神父的位置很接近。甚至在我们西方，根据罗马的传统，主教或桥梁建筑师依然是庄严、神圣的人物。

但这只是原始的世界观。当人类发展了，当他们变得更加科学化、更加道德化的时候，无论他们的实践在本质上有多少仍然属于艺术家，他们的概念却远非如此了。他们在学着发现测量的秘密，他们接近了几何学和数学的萌芽，同时，他们也变得好战了。因此，他们以直线来观察事物，变得更僵硬了，他们制定了法律和戒规。爱因斯坦郑重地指出，这是人间正道。但是，这对于把生活当作艺术的观点是最不利的，即使在今天也是如此。

然而往往也有些人，或是深思熟虑或是凭着本能，已经觉察到艺术概念在生活中的巨大含义。当我们涉及两个国家中最优秀的思想家时，情况就更是如此，（仅就我们可以想到的那些思想家而言），无论我们在此处多么难于正面叙述和论证。这两个国家，即中国和希腊，它们曾有过最璀璨的文明，这两个国家中最有智慧、最有声望的最伟大的实践哲学家都认为整个生活（甚至政府）就是一种艺术，它与其他种类的艺术，比如音乐或舞蹈艺术极为相似。举例来说，我们可以回想一位最典型的希腊人。关于普罗泰戈拉，现代哲学史家可能仍然会说："这个人物的伟大之处几乎是无法估量的"，尽管人们已经把柏拉图本人关于理念的抽象学说看作对普罗泰戈拉的有削弱影响的逻辑的逃避，他还是受到了柏拉图的诋毁。他的最著名的名言涉及到测量，比如："人是万物的尺度，是存在的事物以及不存在的事

---

❶ 比如，在特纳的《萨摩亚》第一章就有这类论述。但是，在太平洋地区，创世记往往是以更名副其实的进化方式、经过世世代代的人们持久不断地努力完成的。

物的尺度"。由于他坚持认为人作为生活和知识的创造者，作为世界的艺术家，按照自己的尺度塑造了世界，因此，直至今日普罗泰戈拉仍使我们感兴趣。他承认世界上没有判断行为的绝对标准。他是相对论和现象学之父，现代有一种观点认为：几何学的定义只是从经验主义的经验中得到的近似真实的抽象，他可能就是这种观点的创始人。我们没有必要，可能也不应该认为：他在破坏教条主义的同时确立了一种个人主观主义。当他阐明自己的伟大原则时，他心目中想到的是人类在世界中的作用，而不是个人的作用，他主要关注的是人类行为的减少和对艺术的接近。他把语言作为生活艺术的规划的开端，他是语言艺术的先驱，是现代语法的创始人。在伪希波克拉底的著作中，他写了许多关于专门艺术的论文，也写过一篇一般的论文：《论艺术》，这篇论文体现了现代实证科学的精神，当然，我们要同意冈佩茨（Gomperz）把这篇论文归于普罗泰戈拉的观点。❶

　　希庇阿斯是埃利斯❷的哲学家，是普罗泰戈拉的同时代人，与普氏一样一般都被列为"智者"派哲学家。他把生活的最大理想培养成一种包括了所有艺术的艺术，这是像兄弟一样相处的全体人类所共有的，而且它与超越了人类法律常规的自然法保持一致。柏拉图曾取笑过他，这样做并不难，因为一位把生活艺术设想得如此广泛的哲学家不可能在每一点上都表演得恰当。但是，经过了这样久远的时间，我们关切的主要是他的理想，而且他在自己开创的许多形形色色的活动中也确实获得了高度成功，甚至是一位先驱者。他是一位杰出的数学家，天文学家和几何学家，还是一位体裁最丰富的多产诗人，此外，他还写了有关语音学、格律、音乐和记忆术的论文，他讨论过雕塑和绘画理论，他是神话学家和人种学家，也是年代学的研究者，他掌握许多技艺。据说，有

❶ 冈佩茨：《希腊思想家》，卷1第3册第4章。
❷ Elis，埃利斯，古希腊地区，位于波罗奔尼撒半岛。——译者

一次他穿着长袍参加奥林匹克集会，从脚上穿的便鞋，腰间系的腰带，到手上的戒指都是他亲手制作的。冈佩茨指出，我们会轻蔑地把这样一个具有令人眼花缭乱的多种才能的人叫万事通。我们相信人应当隶属于自己的工作。但是其他时代却做出了不同的判断。希庇阿斯的同胞认为他有资格担任他们驻伯罗奔尼撒的大使。在另一个巨人活动的年代里，即文艺复兴运动中，列奥·阿尔贝蒂（Leo Alberti）范围广大的能量受到赞赏，在一个与此类似的稍晚的时代里，狄德罗（伏尔泰称他为百科全书式的人物）展示了烈火一样的广泛兴趣，尽管他再也不可能取得同样水平的广泛成就。当然，希庇阿斯的作品具有不同的价值，其中某些作品具有坚实的价值，他从不畏惧劳动。他似乎是宽厚而谦虚的人，完全不像柏拉图常常说的那样自负浮夸。他比普通希腊人更注重献身于真理，从精神上讲他是一个世界主义者。他是以对习俗与自然做出区分而著称的，柏拉图曾把下面一段话归在他的名下："我要把你们所有在这里的人都当作亲戚、朋友和同胞，这是根据自然而不是根据法律而言的，因为自然上的相似就是相似，但是，法律是人类的暴君，它常常强迫我们去做许多违反自然的事。"希庇阿斯与那些把整体存在作为自己最高理想的人是一致的。正如本恩所说，尤利西斯就是这种理想在希腊神话中的代表，在现代，它在现实生活中最杰出的代表就是歌德。❶

6

---

❶ 到此为止，我主要是以冈佩茨的著作（《希腊思想家》第1卷第430～434页）为根据，关于希庇阿斯的见解现在并未出现许多争议，但看来确实有一种夸张的倾向，因为我们掌握的材料非常之少。因此迪普雷尔（《苏格拉底的传说》第432页）认为他是伟大的智者派哲学家中最受人误解的人，他认为希庇阿斯是"一位认识到科学的普遍性的思想家，正如普罗迪库斯（Prodicus）看到了社会科学的综合一样。希庇阿斯是科学的哲学家，伟大的逻辑学家，正如普罗迪库斯是伟大的道德家一样。" 他把他比作人道主义者皮科·德拉·米兰多拉，认为他的广泛综合能力可以与莱布尼茨相媲美。

二

　　但是，实际上，生活真是一种艺术吗？让我们更切近地观察一下，看看人们经历的生活到底是什么？这是更为必要的，因为无论如何今天都有一些头脑简单的人（我们不应忽视，他们也是心地善良的正直人）在嘲笑这种观念。他们认为是我们西方文明中那些古怪的人制作了一个名为"艺术"的小偶像，然后对它顶礼膜拜，为它唱莫名其妙的赞歌，而且花费了大部分时光轻蔑那些拒绝承认这种"艺术"崇拜乃是他们生活的时代中"道德升华"（也许他们并无这样的称呼）所必不可少的事的人。我们必须避免那些头脑简单的善良人所犯的错误，在他们眼中，这些"附庸风雅"的人显得如此突出。他们的能量并不大，他们只是社会病症的病态表现，他们是一个再也不沿着任何真实和活的艺术的真正途径前进的社会整体的古怪反应。因为这与在小礼堂中礼拜的小宗教派别的怪癖截然不同，它是一个社团共同生活中的巨大运动，确实它只是这种生活的外在的与可见的形式。

　　这样一来，艺术的整个概念在我们之间就变得如此狭窄、如此低贱了，一方面，这个词使用的是其广义和自然的意义，它似乎不是晦涩就是古怪的，而另一方面，即使它能为人接受，也仍是极其陌生的，以至我们并不能立即看到它对我们在世界中生活的全部景象所具有的巨大意义。这不完全是由于我们天性的迟钝，也不是由于我们没有清除自身的不正常积累，而无论我们多么愿意把它归之于劣生因素（dysgenic factor）。它的大部分似乎都是不可避免的。这就是说，只要我们处于我们的现代文明中，（它是两千年社会进程的结果），迄今为止，我们就在还关切着古典思想传统分崩离析的

7

8

结果；在后古典主义的影响下，人们曾孤立地追寻这些结果。❶宗教，或曰我们灵魂得到拯救的愿望，"艺术"，或曰美化的愿望，科学，或曰对事物原因的探索，——心灵的这三种意动（实际上它们是同一深邃冲动的三个侧面）都得到允许去挖掘各自狭窄的、互不相通的渠道，它们互相疏远了，因此，它们丰富人生的作用都受到了妨碍。

　　我可能会顺便指出，如果从其他某个渠道转入艺术渠道来观察一个侧面、一个现象，就会得到全新的印象，注意到这一点很有趣。举例而言，我们可以看看那个叫作拿破仑的著名现象，它与我们在最近几个世纪的人类历史中可以很容易找到的个人主义表现同样感人，我们还可以看看两个同时代人几乎同时对此作出了评价。一位是杰出的英国作家，H.G.威尔斯。在著名的，甚至是享有盛誉的著作：《世界史纲》中，他用了整整一章对拿破仑作了评价。现在威尔斯转到了伦理—宗教的渠道中。据说，他每天早晨起床都有一条指导生活的规则，他的某些批评家说每天早晨都有一条新规则，而另外的批评家则说这些规则既不是伦理的也不是宗教的，但我们在此处关注的只是渠道而不是水流的方向。在《世界史纲》中，威尔斯提出了他对拿破仑所作的伦理—宗教方面的强烈谴责。"这个肤色发黑、身材矮小、古风的人物，冷酷无情、强健、能干、不讲道德、善于模仿，而且纯粹是庸俗的。"把"古风"（旧式、破败）这个因素归于拿破仑，在后面再次得到强调，因为威尔斯对原始人的评价极低，（人们可以顺便指出，这几乎是不正当的。）拿破仑是"古代邪恶的同义语，像某种瘟疫的细菌一样的东

---

❶ 严格地讲，在那个被大大滥用了的词的技术含义中，这就是"堕落"。（我指的是许多年以前我在《证实》第175～187页中界定"堕落"时所想到的含义。）因此，尽管较次要的艺术有时曾是古典的、有时又曾是堕落的，但是，在2000年间，生活的主要艺术还是颓废的，虽然人们可以认为伟大的人物曾经维护了更大的古典理想。

西。""他在历史上塑造的是一个几乎令人无法相信的自傲、虚荣、贪婪和
狡诈的形象，他无情地轻蔑所有信赖他的人，并对他们表示冷漠。"威尔斯
断言，世界上是没有任何形象能与拿撒勒的耶稣形象如此截然对立的。他是
个"彻头彻尾的流氓"。

　　当我们置身于威尔斯活动的渠道中，我们无暇对这种谴责提出疑问，这
种谴责似乎是不可抗拒的，我们甚至从内心接受了它。无论这一条路线如何
正确，但是它并不是我们可以活动的唯一渠道。此外，我们还可能进入一个
没有必要得出这种仅仅是消极的、谴责性的和不满的结论的领域，而这正是
我们所关切的。因为显然它不能令人满意。人类中如此高尚的人物，受到数
百万人的欢呼，其中许多人甚至乐于为他舍生赴死，他在人类的想象中仍
然占有如此广阔和光荣的地位，到头来却要被当作十足的流氓而被摈弃，
人们最终是无法接受的。因为这样谴责他就等于谴责那个创造了他的人
类。他肯定回答了人类心灵中的某些感情奔放的呼唤。在另一个领域中，
拿破仑呈现出不同的侧面，这就是更广泛和基本意义上的艺术领域。法国
评论家埃利·富尔是通常意义下的一位杰出艺术史家，他也能在更广泛的
意义上把握艺术，因为他不仅是一位文人，也是一个科学家、一个受过医
学训练、具有医学经验的人，他曾在广阔的世界中生活，而不像文学和艺
术批评家那样往往生活在潮湿的地下室中。在威尔斯刚刚出版他的《世界
史纲》后不久，埃利·富尔出版了一本关于拿破仑的著作，有些人认为这
是他们迄今为止读到的关于这个题材的最杰出的著作，由于富尔不能阅读
英文，可能对《世界史纲》一无所知。对埃利·富尔来说，拿破仑是一位
伟大的抒情艺术家。

　　人们很难相信富尔没有把威尔斯关于拿破仑的章节摊在眼前，他的论
述大多数都切中要点。他把自己的《拿破仑》的第一章列为"耶稣与拿破

仑"，然后马上就指向威尔斯认为是论题核心的地方："从道德观点来看，他无法得到辩护，甚至不可理解。事实上，他违反了法律，他杀了人，他播种了仇恨和死亡。但是，他也口授了法律，他追踪和粉碎了罪恶，他到处都建立秩序。他是暗杀者，但也是法官。如果是普通士兵，他应当受到绞刑。而在社会顶端，他又是纯洁的，他在用一只铁腕分配着报偿和惩罚。他是一个长着两幅面孔的猛兽，与我们所有的人一样，可能与上帝都有相似之处，因为赞扬拿破仑的人与谴责他的人都不理解魔鬼就是长着另一幅面孔的上帝。"富尔说（正如威尔斯曾说过的一样），从道德的观点来看，拿破仑是一个反基督教者。但是，从这种艺术的立场来看，一切都变清楚了。正如耶稣一样，他是个行动的诗人，与耶稣一样，他也是卓尔不群的。这两个人，以及世界上我们确切了解的其他最伟大的人物都是"把自己的梦想变成了行动而不是梦想着自己行动。"拿破仑自己有可能会估计出这种行动着的梦想的道德价值。有一次他站在卢梭的墓前说道："如果法兰西从来没有这个人和我，那么，它最好还是平静吧。"但是，我们无法肯定他是否这样说过。富尔问道："难道卢梭和拿破仑担负的不就是破坏这平静的使命？这安宁不就是世界的灭亡吗？"有时拿破仑无意流露出一些深奥的、几乎是非个人的言语，他凭着对自己在世界上的作用更深刻的直觉说："我喜爱权力。但是，我像一个艺术家那样喜欢它。我喜欢权力就像音乐家喜欢他的提琴，要从这里面得到声音、和弦与和声。我像一个艺术家那样喜欢权力。"一个艺术家！这些话就是关于拿破仑的有启发性的研究的灵感，这些话摆脱了所有辩护和赞美的愿望，然而似乎又要解释拿破仑，要在更广泛的意义上证明他有权在人类历史上占有一席之地，有权表达一种最后的满足，我们感到，如果威尔斯能逃脱束缚他的人生狭窄概念，如果他也得到这种精神和理解，他也会为我们带来这种满足。

但是，现在我们应该从这里转到正题了。人们往往会为了个人而争论起来，即使在我们面前偶然出现了非常令人高兴的解释。我们在这里关心的不是卓越人物，而关注的是对一般和正常的人类文明作出解释。

三

我几乎非常偶然地选择了一个原始民族为例。世界上还有许多其他民族同样可以作为例子，甚至可以做得更好。但是，因为我手头碰巧有这样一例，此外，它不仅具有一个原始民族的优点，而且因为它生活在一个岛屿上，在空间上也与我们距离得相当遥远，因此直到最近还保持着自己很少受到损害的土著文化，同时这份记录极其细致而且没有偏见，作者是一位传教士的妻子，她积累了20余年的见闻。❶ 我们几乎没有必要指出，她也和她所描述的人们一样，很少关心什么生活艺术的理论。

洛亚耳提群岛位于新喀里多尼亚以东，归属于法国已有半个多世纪。它们与埃及几乎同在北半球，处于相同纬度，但它们的气候受海洋影响。我们要谈的主要是利富岛。在这个岛屿上没有河流，也没有高山，但有一个巨大的石丘，其中有些布满钟乳石和石笋的大而美丽的山洞，还有一些深的淡水池，在基督徒来到这里以前，这些淡水池就是死去的人的灵魂的居所，因此，极受人们的崇敬。一个垂死的人会对朋友说："我将在那个挂满钟乳石

---

❶ 埃玛·哈德菲尔德：《洛亚耳提群岛上的土著人》，1920年。无疑，如果选择斐济岛上的居民会比利富岛上的居民更令人满意，因为他们代表了一种更强健、更有造诣的极为相似的文化形式，但是他们的文化已经成为过去，而利富岛人的文化还处于现在阶段。（我们同样还可以谈到马克萨斯群岛的人，麦尔维尔在他的小说《泰皮》中留下了一幅著名的、欢快的画面，其他的记载证实了他的说法。）

的山洞与你们大家再会。"

　　洛亚耳提群岛的居民身材相当于普通欧洲人的身材，是个很漂亮的种族，只是嘴唇厚了一些、鼻孔大了一些，然而比起非洲的黑人又显得不那么突出。他们长着温柔的褐色大眼睛，卷曲的黑发，白的牙齿，色度深浅不一的鲜艳褐色皮肤。每个部落都有自己严格划定的领土和自己的首领。尽管他们具有很高的道德水准，但他们还是个爱笑的民族，无论是他们的气候还是他们的生活方式都不需要他们进行长时间的艰苦劳动，但如果有必要。他们也可以像普通英国人那样几天连续不断地劳动，只要不再需要，他们就会躺下或闲逛、睡觉或聊天。他们的文化基础是艺术性的（无疑，这对我们是很重要的事实）。他们每个人都学会了音乐、舞蹈和歌唱。因此他们在生活动作中很注意韵律和雅致是很自然的，而在各种社会关系中培育美几乎就成了天性使然的事。男人和男孩子花费很多时间去文身和擦亮褐色皮肤，去染头发、修饰自己长长的卷发（金发也像在欧洲一样备受赞美，用酸橙即可染成），他们还花很多时间在身上涂油。当然，这些消遣只限于男人，因为男人生来就是装饰性的性别，女人生来就是工作的性别。女人除去保持短头发，并不注意自己的头发。使用油脂和香料的也是男人而不是女人，但是女人在肘部以上戴了手镯和美丽的长串玉珠。在25岁或30岁以前，他们不穿衣服，而且他们的衣服都是相同的，只有首领系着不同的腰带，戴着更精致的装饰品。这些人有甜美、音乐般的声音，他们还练习发声。他们善于学习语言，他们都是出色的演说家。利富人的语言温和、流畅，一个词很轻快地可以变为另一个词，它也非常富有表达性，有时人们凭着语声就能理解含义。在其中一个岛屿，即乌佛阿岛上，人们的雄辩口才很惊人，他们甚至利用这种口才去捕鱼，而在他们的传说中，鱼有一半就是人类，他们还相信，当人们连续不断从独木舟上向鱼群致以文雅有礼的问候时，它们最终会在咒语的魔力下完全自发地冲上岸边。

　　对一个原始民族来说，生活的艺术肯定有一大部分要关系到吃。人们都知道，如果一个人的邻居有食物，他是不会挨饿的，因此，谁也不会为了接受礼物而被邀请去表示千恩万谢。如果某事对公共福利有益，帮助他人做事就是帮助自己，而今天我为你做事，明天你就会为我做事。这里有一种默许的信任，遗失了东西也不用担心窃贼，很少出现盗窃，一旦出现则要判处死刑。但是，如果主人在场，有人取走他所需要的一件东西，那不算盗窃。同样，如果有意欺骗说谎，那是一种严重罪行，但一个人不愿讲出真情而说谎，则是可以原谅的。利富岛人有丰富的食物，但是在吃食物时要讲究许多礼仪。人们把食物放到嘴里必须优美、轻巧、从容。每个人都应取用放在面前的食物，不要慌张，也不要取用美味的佳肴，（这往往是为妇女准备的），因为每个人都照顾自己的邻居，所以每个人很自然地会感到他也是他兄弟的看护人。因此，人们往往会热情地邀请过路人一起进餐。哈德菲尔德夫人补充道：“在食物和饮食方面，他们会使我们许多同胞感到羞愧。”人们不仅绝对不能吃得很快，不能注意不在近旁的美味，而且在那些没有东西吃的人面前吃东西也是不文雅的。无论一个人的食物有多么少，他都必须与他人分享，而且必须愉快地去做，同时一个人也必须接受他人的赠与，但要缓慢、勉强，一旦接受了，如果你愿意，你也可以公开地把它赠给别人。在古代，利富人有时也是食人的人，似乎这既不是出于必需也不是出于任何礼仪原因，而是像其他某些地方的民族一样是因为他们喜欢这样做，确实，有时他们对动物性食物有一种强烈的欲望。如果一个男子有20个或30个妻子和一个大家庭，那么他就肯定会在这时或那时把自己的孩子吃掉，尽管他很可能更喜欢把某个别人的孩子吃掉。这个孩子将整个用香蕉叶或椰子叶包起来烹饪。这种实践的社会弊病现在已经为人们所认识。但是，他们仍然对死者

16

怀着极大的敬意和崇敬，他们对尸体没有任何厌恶和反感。"为什么要厌恶和反感呢？在过去尸体曾经是我们的食物。"他们对死亡也没有任何畏惧。他们对害虫害兽似乎稍有不满，但是他们对清洁却有强烈爱好。他们对在农业活动中使用粪肥的作法很讨厌，他们从来不使用它。"大海是个公共游戏场。"母亲早在孩子们还不会走路以前就带他们去洗海水浴，小孩子就像学走路一样学习游泳而不用人教。他们对死者的敬意是与对老者的敬意相关联的。"老年就是尊敬的同义语，每个人都喜欢别人把他的年龄夸大，因为老年受人尊敬。"同时，尊敬他人也是普遍的事，并不仅限于对老者的尊敬。现在在教堂里，麻风病人是坐在单独设置的长凳上，而当长凳上坐了一位麻风病人时，有时健康的妇女就会执意陪他坐在一起，她们不能忍心看着一位老人孤独地坐在那里好像他没有朋友似的。他们与朋友重逢会表现出非常丰富的感情。利富人对任何好消息都总是说"欧利亚"（谢谢你），似乎这是一件礼物，尽管这消息与他本人并没有关系，他高兴能够与他人分享欢乐。

由于分成了一些小部落，每个部落都有自己专制的首领，因此有时战争就不可避免。参加战争，人们往往要严格遵守许多礼仪。利富人并不知道文明人为战争制定规则以及在战争真正爆发时又破坏规则的习惯。战争行动正式开始之前几天一定要发出通知。与文明人的战争实践相反，他们的妇女和儿童在战争中从未受到骚扰。战争中某一方一旦有六七个战士被驱出战斗，这方的首领就要发出命令停止战斗，战争就结束了。胜利者要向失败者支付赔偿，而不像文明的民族那样，是失败者向胜利者支付赔偿。他们认为需要安慰的是失败者而不是胜利者，而且似乎还要表现出：不要留下仇恨的感情。这不仅对失败者是一种体贴照顾的表示，而且也是一项非常好的政策，由于人们忽视了它，某些欧洲人也许应该学习它。然而，利富人的全部生活艺术却由于基督徒带着自己常见的附属物来到这里而被破坏了。利富人用欧洲的邪恶取代了自己的美德。哈德菲尔德夫人指出，尽管他们仍然以自己的忠诚、诚实、愉快、善良、文雅而著称，他们仍然是一个勇敢、智慧的民族，但他们的质朴和信任正在消失。

四

利富人提供了一幅似乎有决定意义的图解。但他们是野蛮人，由于这种原因，他们的例证也许是无效的。我们最好从一个现在仍然享有无可争辩的高度、持续不断的文明民族选出另一幅图解。

中国的文明是古代的，长期以来这是尽人皆知的事实。但是在1000多年中，对西欧人来说，这只是一种传说，因为从来没有人到过中国，即使到过，他们也从来没有回到欧洲讲述自己的故事，在东方和西方之间，残忍和妒忌的野蛮人太多了。直到13世纪末，在马可·波罗的著作中，中国才最终获得了一个既是确切事实又是神奇梦想的清晰形象；马可·波罗是威尼斯的东方哥伦布，因为发现旧世界与新世界的正是一位意大利人。后来，意大利和葡萄牙的旅行家也描述了中国，看看他们的描述是有趣的。于是皮利拉（Perera）在16世纪写的一篇记事中（威利斯为哈克路特 **❶** 的《旅行记》翻译了它），带着赞美的心情详细描绘了一幅中国人的生活图画，这更为感人，因为我们不能不感到：这种文明对这位天主教旅行家是何等陌生啊，他本人在那里要遇到多少麻烦啊！他感到惊奇，这不仅是因为中国人在物质生

19

---

❶ 哈克路特（Richard Hakluyt，1552~1616），英国地理学家，著有《发现美洲的航行》（1582），《英国主要航海与地理发现》（1589），这些著作激励了英国在16世纪的殖民活动。——译者

活上的光彩，事无巨细，处处都是如此，而且也是因为他们在所有日常生活中的高雅风度，因为他们使他受到了在其他所有国家不能受到的殷勤招待，他们在公平交易中表现的谦让远远超过所有不信犹太教的基督徒和摩尔人，而在司法活动中，他发现中国人甚至比许多基督徒更高明，因为他们对不相识的陌生人也是公平的，这在基督教世界当中是罕见的，此外，每个城市都有一些医院，而且从来看不到乞丐。这是一幅光辉、精美和人道的图景，在

20 欧洲，他可能曾在这个或那个君主的宫廷里看过这种图景，但是，在西方他从来没有像在中国这样广阔的范围内看到过它。

马可·波罗是第一位到达中国的欧洲人，他在13世纪描绘的图景（无论如何在我们可以称为现代的时代中）给人留下了更深刻的印象，这并不使我们惊奇，因为他见到的中国还处在伟大的奥古斯丁时代：宋朝。他把杭州描绘为世界上最美丽、最豪华的城市，而我们必须记住他本人是威尼斯人，威尼斯不久就以欧洲最美丽、最豪华的城市而闻名，此外，他还具有丰富的世界知识。他所描写的杭州城市生活，在它的文明中是那样优美、那样文雅、那样仁慈、那样和平、那样欢乐、那样秩序井然，那样幸福地被全体居民所共享，我们认识到，在这里他们达到了人类所达到的城市文明中的最高水平。马可·波罗想不出别的词汇描写它，他只能一次又一次使用天堂这个词。

今日的中国对西方人来说似乎不那么陌生和令人吃惊了。通过它直率和实事求是的特点，它甚至与西方人更亲近了，这有一部分是由于中国的衰落，有一部分则是由于西方人在文明中的进步。这是一位到过印度、日本和中国的敏锐而深思的旅行家：G.路易斯·迪肯森的结论。他被中国人的友谊、深厚的人道主义和欢快气氛、被它的普通人民的无比自尊、独立和殷

21 勤感动了。"中国人对生活的根本态度就是，而且一直都是西方最现代的态度，它更接近的是我们的现在而不是我们中世纪的祖先，它比印度更加无限

地接近我们。"❶

　　迄今为止，这些旅行家似乎还很少有人把中国人看作是艺术家。他们主要关注的是中国人对待生活的那种欢快、务实、喜欢交往、有礼貌、宽容、和平与人道的态度，是他们极有教养的精神，根据这种精神，如果方便并且有益，那么，即使要改变古老的根深蒂固的习惯，他们也能欣然去做，而且这样做也很容易，他们乐于随遇而安，而没有我们在欧洲接受的那些固执保守的天性。这位"北平居民"说他们是最少浪漫色彩的人。他说这句话稍稍带有一点贬义，而路易斯·迪肯森恰恰也谈到中国诗歌中的这个问题，但他没有这种贬义："这是我所知道的最富有人性、最少象征性或浪漫色彩的诗歌。它思索人生好像它就在面前，而没有任何理念的纱幕，没有任何浮夸或伤感，它直率地清除了习惯在我们与事物的美之间设下的障碍，而且脱离了它，按照生活本来的性质去表现它。"任何学会欣赏中国诗歌的人都会赞赏这个评论中敏锐的精确性。他们诗歌的特征似乎与所有观察者在中国人本身中所看到的那种质朴、直率和天真的特性完全一致。那位冷淡的"北平居民"这样描写了中国著名的文雅礼仪："一个中国人问你是哪里人，要说贵国是哪里呀？当你向他提出这样问题时，他会说敝省是某某省。邀请你到他家中做客，他会说敬请光临寒舍。你应该回答区区在下愿意拜访贵府。"生活完全变成了戏剧。仪式不是别的，只不过是具体化了的戏剧，中国人在仪式上是无与伦比的，而且一个政府部门也要设立礼仪委员会来管理它。在这里仪式不仅"几乎成了天性"，而且据说"中国人还用戏剧眼光思考它。"

22

────────────

❶ 路易斯·迪肯森《论印度、中国和日本的文明》（1914）第47页。无疑应当在这幅画面上补充一些阴影。这在两年前出版的一本书中可以找到，这就是《真实的中国》，作者是"北平一居民"，他自称出生在中国。中国的文化衰落了，这有一部分是由于人口过剩而被淹没了，而且近来有人指出，今天在这片土地上"壮丽与粗鲁、精美与恶臭、芬芳都混合在一起"，这很容易使西方人产生强烈分歧的观点。

我们已经接近了艺术的王国。

　　中国人的性格以及中国文明中的戏剧特性既为那些从远处观察它的人也为那些实际接触了它的人留下了深刻印象。人们曾经说过，早在欧洲人以前中国人就发明了火药，但是，他们除了制作爆竹以外，什么也没做。对整个西方世界来说，这似乎是对火药宝贵用途的可怕愚昧，只是到了近代，一位欧洲评论家才敢于指出"显然，火药的正当用途就是制作爆竹，这是非常美丽的东西，而不是杀人"。无论如何，中国人肯定十分欣赏火药的这种正当用途。有人说，"中国人最显著的特点之一就是他们爱放爆竹。"最严肃和最理智的人都喜欢放爆竹，如果有人把柏格森的著作（其中常常暗示到烟火制造术）译成中文，我们完全可以相信，中国将会产生热情的柏格森主义者。还有人说，所有的玩具都受人欢迎。每个人都要买这种或那种玩具：纸风车、拨浪鼓、中国灯笼，当然还有风筝，风筝几乎具有一种神圣的意义。他们也喜欢需要技巧的更复杂的游戏，其中有一种设计精妙的棋，远远比我们的棋困难。❶ 我们不必说哲学了，这是一种形式更高级、更优美的游戏，中国人特别嗜好这种游戏，哲学讨论自然地交织在"一种高雅享受的艺术中"，它可能达到了世界任何地方都无法达到的更伟大的完美。伯特兰·罗素对自己的中国旅行做出有启发性的评论时提出了这个观点，他注意到这种对生活的质朴、天真而又意义深远的态度如何导致了摆脱冲动而去游戏和享受，"这

23
24

---

❶ 举例而言，请参阅E. H. 帕克尔（庄延龄）教授，《中国的过去与现在》中关于游戏的那一章。还可以参阅这位作者另一部重要的、公正不偏的部头更大的著作：《中国历史》，其中有一个特别显著的章节论述了中国人的个人性格。但是，对中国人的心理学最深入的研究也许还是亚瑟. H. 史密斯：《中国人的性格》。
史密斯的《中国人的性格》一书，一直为鲁迅先生所关注，直至逝世前十四天，先生在《立此存照》一文中，仍希望有人将其译为中文。又，史密斯又名明恩溥。此书近年来已有十余种中译本。——译者

就使得中国人的生活在遭受西方严苛的残酷之后仍能难以置信地平静和欢快"。他使我们想起了古尔蒙特的观点："快乐是人类的创造，是一种优美的艺术，就如音乐或绘画一样，只有少数人才能精通"。

　　能把这样看待生活的人们团聚在一起的社会政体是卓越而适宜的。我清楚地记得，在青年时代，我得到一部新出版的《东方经典丛书》，是儒家《礼记》的一部分，我非常高兴地知道了中国的生活是受礼乐调整的。这就引起了人们直至现在仍不断增长的对中国的兴趣，虽然现在这已变成了一种时尚：把中国人的精神特性抬得高于其他民族的精神特性，而人们却不愿意承认对中国有什么兴趣。但是，我们可以抛开西方的一些时尚而恰当地考虑这种观念本身，因为他们至少要比基督早1000年就已经开始有这种想法了。它是一种礼仪，是生活的全部仪式，其中包括了所有和谐的交往，它是"我们理解天道的渠道"，这没有超自然的意义，因为天道就在地上而不在隐藏着儒家的天的天空中。如果人类的情感、天性（古代中国人在这方面与我们现代心理学家是一致的）是必须耕耘的田地，那么，礼仪就是耕耘的犁，正确的行动就是播种在上面的种子，修行就是铲除杂草。爱就是收获果实，而在音乐中一切都会结束，（伴随音乐的是欢快与和平。）诚然，在音乐中一切又都会开始。因为举行礼仪的那个范围是人类的外在生活，他们的内在生活则是音乐的范围。音乐塑造了包括在仪式中的风度与习惯，因为孔子认为在有"无声之乐"的地方，"默而成之，存乎德行"。我们想起了维莱尔·德·利尔·亚当的小说《古代音乐的秘密》，其中谈到中国亭子上的"沉默的强音"。调整了心灵和意念的是音乐，随着它的发展带来了快乐，而快乐又带来了宁静。这样，"天人合一"了。"礼乐得行其道，天下皆然"。

　　有人说在中国的道德家和哲学家中，老子最为深刻，他远远地脱离了赞美礼乐的合唱队。有一次孔子就礼仪的规则和古代贤者的教导前去请教老子，据

25

26 说老子回答道："子所言者，其人与骨皆已朽矣。"于是孔子走开了，他感到困惑不解，甚至有些不满意。他不仅喜欢从内向外工作，而且也喜欢从外向内工作，因为他为社会稳定、为传统、为孝道赋予了很重要的地位，尽管他也承认礼仪隶属于生活体系，正如色彩之隶属于绘画，而这绘画才是真实的事物。老子是一位个人主义者和神秘主义者。他很少关心普通意义下的道德。他不承认什么行动，只承认从内而外的行动。虽然孔子几乎无法全面掌握他的概念，但他却能全面掌握孔子的概念，他对传统、对规则和礼仪的漠视就是对基本现实、对"音乐"的坚持。他说："礼也者，情之动于外者也。"他并不反对中国人这个最根本的概念，正如乔治·福克斯并不反对基督教一样，后者拒绝的只是教会的形式和仪式。健全的儒家学说就是道家学说的外在显示，（老子本人就这样说），正如健全的社会主义就是真正的个人主义的外在显现一样。很多人曾说过中国的社会主义团结是以个人主义为基础的，它不是官僚主义的国家社会主义，它是从内而外工作的。（第一批到中国的一位旅行家说那里的一条街就像一个家庭。）一个非常伟大而典型的中国哲学家叫墨翟❶，他生活在

27 孔子去世不久的公元前5世纪，就清楚地说明了这一点。他主张兼爱，主张天下平等，而且，对他来说爱就是行动。他承认自身利益的因素是这种态度的动机。他希望推广相互性的自助。在孔子之后，然而却在耶稣之前几个世纪，他主张人应该爱邻人、爱同胞如爱自己。"是故，退睹其友，饥则食之、寒则衣之，疾病侍养之，死丧葬埋之"。他说这绝不意味着与孝道相对立，因为如果一个人能够爱利人之亲，然后人报我以爱利吾亲也。但是，这是否会使他与利己主义力量相对立？墨子承认这一点。但是，他指出，人能够忍受更困难的事情。他可以为了更荒谬可笑的目的放弃欢乐、放弃生命。他又指出，凭着模仿

---

❶ 亚力山大·戴维夫人曾研究过他的理念，见《墨子的兼爱理念》，伦敦，1907年。

的力量，仅仅用一代人就足以改变一个民族的习惯了。但是墨子仍然很平静。他说世上大人物都反对人与人的团结与平等，他对此听之任之。他没有躲到神秘主义中去。他唯一关注的是实际社会行动，而我们必须记住：他的理想大部分都已包含在中国的制度中。❶

　　我们现在可以理解，为什么在中国，而且在幸存下来的伟大文明中，只有在中国我们才能发现为整个生活，甚至还有它的道德，带来生机的艺术。艾米尔·奥夫拉凯是一位敏锐而有辨别力的观察家，我已经引证过他的著作 ❷。他指出，"艺术的这种普遍存在，在最小的器皿上、最粗陋的马厩上、商店的招牌上、书法中、运动的节奏中都得到了显现，它总是有规律、有节奏的，似乎是配着无声的曲调，宣告了一种自身完满的文明，这文明在最微小的细节上都经过推敲，而贯穿其中的则是一种从无任何间断的精神，它还宣告了一种最终变成了幻境、变成了压倒一切的沉迷的和谐。"另外一位作家这样总结了中国人的态度："对他们来说，生活的艺术是一个整体，正如现世与来世是整体一样。他们的目的就是要在这里、在现在建造天国"。

　　显然，一种自然气质具有包罗万象的艺术冲动与极为敏锐的审美感觉，很有可能带有可怕的不稳定性。如果它像埃及历史中消逝的那段以阿肯那顿为首的非凡插曲与泰尔—伊尔—阿玛纳坟墓一样只能持续一段时间，那么我们几乎是不会惊奇的。然而，彻底显示了这种敏感气质突出力量的中国文明却比任何文明都更久长。其原因就在于他们气质中的过度行为本身就能迫使中国人设防反对它的危险。长城建造于2000多年以前，直至今日几乎仍是

---

❶ 欧仁·西蒙：《中国的城市》。
❷ 艾米尔·奥夫拉凯：《中国》（巴黎，1920年），第47页。

29 人类在地球上最引人注目的建筑，它就是中国人这种精神的典范。他们在设防反对他们自己气质的天敌时曾表现出惊人的能量。当人们从这个观点观察时，就很容易看到，无论在其大的轮廓上还是在其微小的细节上，中国人的生活都总是一种平衡审美气质并防止其过度行为的艺术。我们在整个古代及现在仍在流行的坚持形式礼仪的儒家道德中就看到了这种惊人的能量，甚至当人们脱离了其最有影响的创始人的思想时，（因为即使从来没有孔子这个人，中国仍然会存在讲究仪式的风气），它都要变成一种仅仅是外在的形式主义。我们在中国人生活的广泛团结中、在系统的社会组织中看到了这种惊人的能量，凭着那种社会组织，个人的责任（即使能原封不动地保持个性）也会被融合到家庭，甚至更大的团体的责任中。我们在彻底镇静和沉思的中国哲学的全部趋向中看到了这种能量。我们在一面是禁欲主义，一面又是残酷的因素中也看到了它，一个如此真正善良的民族存在这种残酷似乎令人感到困惑。中国人对花、对花园、对风景的热爱与此也是一致的，诚然，人们

30 还可以说中国画与中国诗词也完全如此。❶ 我们西方人只有到了今天才能在神经的感受性上从某种程度理解中国人1000多年前就已获得的最高审美境界，其原因就在于此。

　　这样一来，在中国文明极其漫长的历史中，（其他伟大文明的漫长历史都曾一度暂时中断，或被解体和改变了），它一直都在证明这一伟大事实：

---

❶ 这一点并没有逃过更敏锐的中国文明的研究者。比如，约翰·斯梯尔博士在他的《易—礼》中指出："礼仪远远不是一系列空洞无益的仪式，只是在后来它才退化成这样。它的意味在于反复灌输自制的习惯和有规则的行为，而这种行为则完全是一种以事物内在含义进行训示并对每一印象都很敏感的心灵表现。"雷尔纳德·法勒在他的著作《世界的屋檐》中更清晰地写道："中国人精心培育的那种哲学上的平静乃是他们抵御对感情过度敏感的盔甲。假如他们不是在4000年中追寻理性和具有自我保护性热情的自制，那么，他们永远都要成为自己神经的牺牲品了。"

人类全部的生活都是艺术。也许正因为中国人如此彻底地认识到这一事实，他们才能在常常遭受的所有强烈震撼中保持住自己如此悠久的文明。然而，毫无疑问，在过去1000年中的大部分时间里，无论是多么迟慢与平缓，中国文明的生命力毕竟衰退了，这很可能主要是由于人口过剩的毁灭性压力造成的。因为无论中国即使在今天仍然能引起人们多么惊异的赞美，它的特殊艺术中最繁荣的时期毕竟成为遥远的过去，而在生活艺术本身之中，中国人早就变得消沉了。古代和近代的旅行家对一种明显的社会现象：盛行的乞丐大军，作了不同的报道，肯定会告诉我们与他们社会生活的重大形式有关的某种东西。现代旅行家抱怨中国的乞丐大军构成了祸患，他们甚至以行会的形式组成了固定、永久性的机构。但是在16世纪，加卢托·皮里拉正如在他之前的马可·波罗一样，惊奇地看到中国没有乞丐，弗里阿尔·加斯帕·德·克鲁兹说道，中国人非常憎恶游手好闲，他们对穷人不给施舍，而且嘲笑进行施舍的葡萄牙人："为什么要对一个无赖施舍？让他自己去挣饭吃"。他还指出，中国自己的僧侣有时因为被当作无赖而受鞭打（我们应当注意那时候，人们认为只有半日工作、半日享乐和消遣才是合理的）。但是，中国人为那些无依无靠的穷人建造了巨大的救济所，为盲人妇人寻找职业，她们穿着华丽、施白敷朱，作为妓女，在古代中国要比现在更受人尊重。这是中国人现在仍以无数方式表现的一种坚定的实用性的奇怪例证。悠久的中国文化晚期出现的确切无疑的疲软导致了生活艺术中的一些特征：行乞现象和穷人的肮脏，但是中国和朝鲜文化在日本的年轻分枝中并没有出现这种疲软，尽管我们应该公平地指出，不抱偏见的英国观察家，如帕克尔，认为寄生虫和肮脏的普遍流行仅仅是由于普遍的贫穷造成的，而且并不比我们在英国、在西方其他地方的穷人中发现的更严重。马可·波罗曾谈到在他那时代，仅仅一个城市就有300个公共浴池。我们还注意到，在更特定的艺

31
32

术中，中国的卓越非凡属于过去，有时甚至是属于遥远的过去。在哲学的艺术中是如此，在诗歌和绘画艺术中也是如此。同样在陶瓷艺术中也是如此，（中国在这方面优于世界各地的领先地位很早很早就已得到承认，而且这种优势是无可估量的，多少世纪以来，"中国"这个词汇不就是我们表示最优美陶瓷的代名词吗？）我们关于各种文化中陶瓷的知识要超过关于任何其他人类制品的知识，因为它是最耐久的产品。我们现在才能比过去更好地估计它们的相对审美价值，那时人们对希腊古代的普遍敬仰导致了一种对希腊陶瓷之美的广为流行的信念，虽然它的许多形式中几乎没有一种类型能被公平地认为如此，甚至能被公平地与希腊的米诺斯前辈的制品相比，而无论它们作为优美的小型图画的朴拙和不适当的基础使我们保持着什么样的兴趣。这种世界性的人类艺术的最伟大时代是在中国，但是在几个世纪以前已经过去

33　了。然而一位老年的中国历史学家讲述的关于陶瓷工人保护神：神圣的童❶的著名故事清楚地描绘了：那个伟大时代的中国陶瓷工人是以何等的献身精神、何等高度集中的精神克服艺术难题的。那时正巧有一个复杂的问题使陶瓷工人束手无策。童为他们献出了生命，从而使问题得到解决。他跳到火里，于是制出了非常漂亮的碗。"器皿完美的光泽就是陶神的膏脂和血液，器皿的材料就是他的肉身，而蓝色的花纹以及光彩夺目的宝石则是陶神纯洁灵魂的精髓。"这个故事体现了生活艺术的中国象征，正如耶稣被钉在十字架上体现了我们关于这种艺术的象征一样。形式虽然不同，但本质却是一个。

---

❶ 据《浮梁县志》载，明代陶工童宾，又名广利，景德镇人。"万历年间，内监潘相奉御董造，派役于民……时造大器，累不完工……神恻然伤之，愿以骨作薪，与器之成，遽跃入水。翌日启窑，果得完器，自是器无弗完者"。后人立有陶灵祠，俗称风火仙庙。——译者

五

我们将会看到，当我们用古老的方式、摆脱了暂时的人为复杂性并且在现在撇开文明不谈而去分析生活的经验、去简单地观察它，那么，就容易总结我们的发现了。换言之，我们发现人类曾经迫使自己沿着这条路线、那条路线以及另外的路线前进。但是，在所有这些渠道中流动的生命之水却是相同的。我们只有上升到了一个清晰的高度，才能看到我们所有的渺小教条主义都只能会把我们引向迷途。

我们可以明智地改变这种类比并转向化学领域。生活的所有这些形形色色的元素都不过是同一元素的同素异形的形式。这些形式中最基本的形式就是艺术形式，因为生活在它所有的形式中，甚至在最狭义的道德中都像迪普拉所说的那样：是一种技术性的事物，而技术会立即把我们引向艺术的元素。如果我们能理解我们正在讨论的东西，那么，我们在艺术的形式下就能最好地研究这些形式。

34

但是我们将看到一种比这种类比更深刻的化学类比。诚然，它很可能不仅仅是一种类比。在化学中，我们研究的不仅仅是生活的元素，而且也是世界的元素，甚至是我们称为宇宙的元素。认为同一个法则对这二者都有效，这不是没有道理的。我们看到生活的所有形式可能会在一种形式中找到并得到更好的理解。可能有一天我们也会看到那个事实只是一个更大事实的必然推论（如果有人愿意的话，也可以认为它是一个更小的事实），即：我们世界的化学元素也可以被认为只是一种元素的嬗变（transmutation）。自古以来，人们就本能地推测：这种变化是可能的，虽然他们关心的只是把元素变为黄金，变为他们最珍视的那种元素。在我们的时代，这种嬗变已经开始在小的范围内变为可以论证的事实了，尽管把元素变为铅要比变为黄金似乎更容易些。这样我们将看到物质就可能不是某些孤立物质令人困惑的种类，而只是一种单一基本物质的不同的量的排列，这种物质很可能与氢或其他某些已知元素是同一的。同样，我们现在也可以认为那些以为人类全部生活都是由一种材料构成的古人们并没有全错，而且，我们可以凭着比他们所能要求的还要高的精确性来把人类行为模式分析为不同的量的排列或是其他的排列，其中最基本的排列很可能是与艺术同一的。

如果我们更多地在细节上考虑一种孤立的艺术，选择最有广泛象征性的艺术，选择那种最明显是由生活材料构成的，因此能最忠实、最清晰地转变为生活各样式中最美的艺术，那么，这一点也许就会变得更清楚了。

第二章

舞蹈的艺术

一

舞蹈和建筑是两种原始和基本的艺术。舞蹈艺术是一切首先在人类个人之中表现自身的艺术的源泉。建筑艺术，或曰建筑学则是一切外在于个人的艺术的开端，而它们最后还是要统一的。音乐、戏剧和诗歌在一条强劲的河流中前进；而雕塑、绘画以及所有设计艺术则在另一条河流中前进。在这两种艺术之外没有任何原始的艺术了，因为它们的起源远在人类本身没有出现之前就开始了，而且最先出现的是舞蹈。❶

无论舞蹈有时受到流行风尚怎样的嘲弄，它甚至对那些似乎最不应受其影响的人都能产生一种深邃和永恒的吸引力，其原因就在于此。儿童双脚的欢快节拍与哲学家思想中的宇宙游戏都随着节奏的相同规律起伏上

---

❶ 情况甚至可能是这样：早在人类时代初期，舞蹈和建筑学就可能是同一冲动的结果。埃德蒙·塞留斯（Edmund Selous）曾指出（见《动物学家》，1901年12月），鸟巢是建筑的早期主要形式，鸟巢最初可能偶然产生于异性的鸟欣喜若狂的舞蹈。

下。如果我们对舞蹈艺术感到冷漠，那么，我们就不仅无法理解肉体生命至高无上的表现，而且也无法理解精神生命的至高无上的符号。

37　　　这样一来，广义中舞蹈的意义就在于：舞蹈只是一个普遍节奏内在的具体感染力，如果能够允许人们讲出我们受到的宇宙性影响的总合，那么，这个普遍节奏标志的就不仅是生命，而且也是宇宙。诚然，我们没有必要走得像行星和恒星那样远，没有必要勾勒出它们空灵曼妙的舞蹈。我们只要沿着海岸边观察拍打着我们双脚的波浪就可以了，我们要观察一下，这种似乎单调的节奏几乎是按照一种有规律的间歇强调着几个节拍，因此，波浪实际上也是按照一种曲调的节奏在舞蹈。我们一点也不必惊奇，那似乎永远都被谱写为一支曲调的节奏将标志着生命的肉体和精神上的一切表现。舞蹈既是宗教也是爱情的原始表现，它是我们所知的人类最早的宗教表现，也是远在人类尚未出现的那个时期的爱情表现。此外，舞蹈艺术与人类的战争、劳动、欢乐及教育等一切传统都发生了内在联系，同时，某些最聪明的哲学家与最古老的文明都认为舞蹈是这样一种形式：人类道德生活必须按照它的样式来编织。因此要理解舞蹈对人类意味着什么（其魅力的强烈与多面性），那么，我们就必须对人类生活的全部范围进行考察，无论是在其最高尚的时刻，还是在其最卑微的时刻。

二

38　　　据利文斯顿说，当人类中大班图人的一个部族成员遇到另一个部族的成员时，他会问道："你跳的是什么舞？"一个男人跳的舞，就是他的部落、他的社会习惯与他的宗教，正如人类学家指出的："一个野蛮人不会为了宗教祈祷，他为了宗教舞蹈。"

世界上有些民族没有世俗舞蹈，只有宗教舞蹈；某些研究者同格兰德一样认为，每一种舞蹈都起源于宗教。这种观点似乎太极端了，虽然我们也承认，甚至我们的某些现代舞蹈，比如华尔兹也是起源于宗教的。舞蹈的形式甚至是数不胜数的，以至在某些民族中，它们的功能覆盖了生活的大部分（正如斯可纳（Skene）在阿拉伯人及斯瓦希利人中所显示的）。但我们还必须记住，对原始人来说，根本不存在一种脱离生活的宗教，因为宗教覆盖了一切事物。舞蹈是达到任何实际与重要目的的一种神奇运动。由于它赋予了力量、增加了有组织的和谐，因此，它对个人、对社会都具有明显的巨大利益。如果认为它还能达到其他有益的目的，达到祈求祝福、避免灾祸的目的，认为它具有无可估量的价值，那么这也是可以理解的。我们可以同冯特一起得出结论：最初的舞蹈就是全人类的表现，因为所有人类都信仰宗教。❶

这样一来，在原始民族中，宗教构成了生活的极大部分，因此舞蹈也就不可避免地具有了至高无上的宗教意义。舞蹈同时既是崇拜活动也是祈祷。这正如在我们的祈祷书中仍然可以找到为生活中所有重大活动（婴儿出生、结婚、死亡）安排的神圣仪式一样，为被定为教会节日的世界的极广阔的进程、为特大自然灾害（如旱灾）也安排了神圣仪式。在原始民族中，情况依然如故。在生活的所有庄严时刻，比如婚嫁、丧葬、播种、收获、战争与和平，都有适当的舞蹈。今天我们在教堂中仍可看到信仰宗教的人为了下雨、为了朋友恢复健康而祈祷。他们的祖先也祈求这些事物，但是他们不是为此

---

❶ 冯特在《民族心理学》（1911）（第1卷第1册第277页）指出："在世界各地构成最原始、最高度发达的（尽管是原始的）艺术的不是史诗性的歌，而是由一种单调、往往没有意义的歌伴奏的舞蹈。无论舞蹈是作为一种礼仪，还是作为在身体有节奏地运动时欢快的纯情感性表现，它都在很大程度上限制了原始人的生活。以至其他所有艺术形式都要从属于它。"

祈祷，而是跳传统流传下来的适当舞蹈，严肃地进行指挥的则是首领或巫
师。至少是墨西哥人有这种思想：神自己在跳舞，正如星辰在天空中跳舞一样，而且我们相信其他许多民族也有这种看法，因此跳舞就是模仿神。就是与它们一起工作，也许就是祈求它们按照我们的意愿工作。无论是明确表达的，还是暗示的，"为我们工作"！都是每一种舞蹈中的迭唱歌词。在许多国家，出于对太阳神的崇拜，人们都习惯围绕祭坛跳舞，就像星辰围绕大阳跳舞一样。甚至在欧洲，那种认为太阳在复活节星期天跳舞的广为流传的信念也仍然没有消失。跳舞就是参加对世界的宇宙控制。每一种神圣的狄奥尼索斯舞蹈都是对神的舞蹈的模仿。

　　所有宗教，不仅是那些具有原始特征的宗教，都是从一开始，有时甚至自始至终都带有某种程度的跳跃性质。甚至敏锐的观察者——如吕西昂在古代世界中也认识到这一点，他在自己关于舞蹈的论文中指出："在任何一种古代神秘仪式中都能发现舞蹈，事实上，大多数人都认为神秘仪式的信徒'是用舞蹈来表现它们的'"。在早期的基督教中，在古代站在橡树前跳舞的希伯来人中与在澳洲的土著人一样，他们的大型舞蹈晚会就是由巫师手执神杖指挥的宗教舞蹈。美洲印第安人的每个部落似乎都有自己的宗教舞蹈，它们种类繁多、编排精细，而且往往具有丰富的含义，现代研究者只能通过耐心的研究慢慢地揭示它。在西伯利亚北部遥远草原中的萨满教徒有他们自己狂喜的宗教舞蹈，在现代欧洲，土耳其的伊斯兰托钵僧（也许在种族上与萨满教有联系）在自己的修道院中伴着歌唱和祈祷也跳类似的狂喜舞蹈，这是他们虔诚的宗教仪式中的固定组成部分。

　　人们也许已经注意到，这些宗教舞蹈有时是狂喜的，有时则是哑剧式的。这很自然，事情就应该这样。通过每一条道路，都可能彻悟世界的神圣秘密。狂喜的动作造成自我陶醉，至少在一个时刻里会把信徒引到与神秘主义者一直

在追求的与非我的忘我结合中。狂喜的印度舞蹈起初是向雅利安以前的山神表示敬意，后来又向湿婆❶表示敬意，最后变成了一种伟大的象征，人们曾称之为"神的活动的最明确的形象，这是任何艺术或宗教都值得夸耀的"。❷在另一方面，哑剧式的舞蹈为了尽力提高自然的表现力，模仿自然的过程，就把舞蹈者引到创造的神圣领域，并使他们在神的能量中得到共鸣，得到支持。舞蹈就这样变成了神圣戏剧的再现，变成了神圣历史的充满生命力的重演，崇拜者在舞蹈中就可以扮演一个真实角色。❸宗教仪式就这样诞生了。

是在这种体现在宗教仪式中的哑剧式舞蹈中（这是非常原始的），而不是在狂喜的舞蹈中，我们现代文明人才能在宗教中发现舞蹈的遗存。路易斯·摩尔根曾说，美国印第安人的神圣宗教仪式采取了"组舞"的形式，"每一组都有自己的名称、歌曲、舞步和服装"。在这一点上，早期对圣体（Divine Body）表示崇拜的基督徒就能与古代埃及人或后来的日本人以及现代的美洲印第安人一起在精神感应中汇合❹，这些舞蹈同样都享有特权、都以自己的方式进入了神圣的神秘中，参与了超凡入圣的弥撒献祭。

被某些人认为是最早的基督教仪式（即2世纪的《耶稣圣歌》（Hymn of Jesus）不过就是一种宗教性舞蹈。3世纪的尤塞比乌斯指出，斐洛❺对治病僧（The Therapeuts）崇拜神的做法所作的描述与基督教的习惯完全一致，这就

42

---

❶ 湿婆（Siva），印度三个主神中的第三位神，主破坏与重生，另两个神为毘湿奴（Vishnu）与梵天（Brahma）。——译者

❷ 请参阅一篇有趣的论文：《湿婆的舞蹈：14篇印度论文》，阿南达·库玛拉斯沃梅著，纽约，1918年。

❸ W. W. 内维尔很早以前就清楚地表达了这一观点，请见《1893年在芝加哥召开的人类学国际会议》。从那时以后，这几乎成了一种常识。

❹ 请参阅马塞拉·阿兹拉·辛克斯的精彩论文：《日本的舞蹈艺术》，见《半月评论》，1906年7月号。哑剧式舞蹈在日本具有非常重要的地位，据说，这是最早从中国引入宗教的，直到16世纪才被用于世俗活动。

❺ 斐洛（Philo，约公元前20年到公元后5年），希腊哲学家。——译者

意味着舞蹈的突出地位，尤塞比乌斯往往把它与基督教的崇拜联系起来。有

43 些人曾设想，基督教教堂原本是一座剧院，唱诗班的席位则是高起的舞台，还有人指出，甚至"唱诗班"（Choir）这个词也是指一块围起来用作跳舞的地方。显然，在圣餐中信徒们虔诚地挥动双手、舞动双脚，身体到处旋转。克里索斯托姆（Chrysostom）❶曾提到在安提俄克（Antioch）这种围着圣桌的活动，他只是反对把酗酒与它联系起来，他明确表示这种习俗本身是传统性的、是正确的。

虽然基督教崇拜的主要作用就是一种神圣的舞蹈，一种带有神性的哑剧，但是基督信仰与舞蹈的结合却绝不仅限于弥撒的仪式及其后来更加淡化了的变形。对早期基督徒来说，舞蹈这个想法本身就有神圣和神秘的含义，下面的诗句在他们灵魂深处引起了沉思："我们已经对你吹起了乐曲，你却还没有跳起舞来"。奥利金（Origen）祈祷说，在万物之上可能有一种神秘的东西作用于我们，"天空中的星辰为了拯救宇宙正在舞蹈。"因此，西斯特教团（西多会）（The Cistercian Order）的修士在地球上也像空中的星辰一样担负了同样的任务，后来他们就更专一地为世界祈祷了，舞蹈与祈祷是同一回事。圣巴塞尔对自然事物非常倾慕，他描述了天使在天国的舞蹈，后来《向阳光致敬》（Dieta Salutis）的作者（据说是圣波纳温图拉）也描述了天国居民的职业，即舞蹈以及这舞蹈的首领：基督（据说受了《向阳光致敬》的影响，但丁才

44 在《天堂篇》中构思出一个巨大的舞蹈场面）。甚至在更近的时代里，康沃尔人的颂歌（Cornish carol）是把耶稣的生活当作舞蹈来歌唱的，而且说耶稣曾宣布自己是为了"人类能够迎来普天之下的舞蹈"而死的。❷

---

❶ 一译圣金口若望。——译者
❷ 我引证这些事实要感谢G. R. 米德的一篇有趣论文：《耶稣的神圣舞蹈》，见《探索》，1910年10月号。

这种态度就不能不反映到实践中。真正的舞蹈，而不仅是形式化、未被承认的舞蹈，比如传统的弥撒，肯定会不断地被引入早期的基督崇拜中。直到几世纪前，这种现象还比较常见，现在在基督教世界的遥远角落里仍然有人坚持这种做法。在英国的大教堂中，直到14世纪仍然保持了舞蹈活动。直到17世纪，在巴黎、在利摩日、在法国各地，复活节时牧师们仍在唱诗班里跳舞，在鲁西荣这种现象持续到18世纪。鲁西荣是一个具有西班牙传统的加泰罗尼亚省，而跳舞在西班牙比欧洲任何地方都是一种更深刻、更热情的冲动，宗教舞蹈的根最坚实，它的花开得最长久。在塞维勒、托莱多、巴伦西亚和杰尔西的天主教中，原来也有舞蹈，但现在只是在塞维勒的某些少数特定节日里保留了一点遗风。❶ 也是在现代，在马略卡的阿拉罗，一支名叫艾尔斯·柯西尔斯（Els Cosiers）的舞蹈队在作为当地守护神的圣洛克的节日里穿上奇装异服手持铃鼓在教堂翩翩起舞，弥撒刚一结束就走上高高祭坛的台阶，然后跳着舞退出教堂。在基督教世界的另一地方，即阿比西尼亚教堂，（这是东正教的分支）据说舞蹈仍是礼拜的正式组成部分。

45

我们可以在世界各地看到，舞蹈一直是所有有生命力的、尚未退化的宗教中非常重要、非常基本的部分，因此，无论出现了什么新的宗教，什么精神的宗教，而不仅是理性的贫血宗教，我们始终都应向它提出班图人的问题："你跳的是什么舞？"

---

❶ 塞维勒天主教中的塞西斯（Seises）舞蹈显然是伟大的古代遗俗，尽管这是理所当然的事。但直到1690年我们才得知此事，那时的大主教为了反对牧师会，打算压制它，才提到此事。最后终于得到国王允许的法令，但它只能由男子表演，因此显而易见，在此之前，女童和男童都可以参加表演。见约翰·莫里斯牧师的《教堂里的舞蹈》，（《月刊》，1892年12月），还有一篇论述塞西斯舞的有价值的论文，J. B. 特伦德：《音乐与文字》，1921年1月。

三

舞蹈不仅与宗教有着密切的联系，它与爱情也有着同样密切的联系。确实，它与爱情的关系更为原始，因为它比人类更古老。吕西昂说，舞蹈与爱情同样悠久。我们甚至可以说，在昆虫中、在鸟类中，舞蹈往往是爱情的重要组成部分。在求爱中，雄性的虫鸟翩翩起舞，有时与其他雄性对手一比高低，以此来迷醉雌性的虫鸟。经过一个短时间或长时间的间隔，雌性的虫鸟也起而分享他的热情，加入到舞蹈中，舞蹈的最后高潮就是恋人的结合。在与人类最接近的哺乳动物中，舞蹈确实只有很少的发展，它们的精力被更多的事物分散了，虽然猿的细心观察者路易斯·罗宾逊曾指出："黑猩猩虚弱的腿阵阵痉挛"撞击笼子的隔板，这种粗鲁的动作是从"那种曾创造了巴甫洛娃神奇动作的超绝的进化炼丹术"而来的，但我们必须记住类人猿只是创造了人类的物种的后裔，它只是人类的表兄弟而不是他们的祖先。昆虫与鸟类更原始的爱情舞蹈似乎重现在世界各地、尤其是非洲未开化的人类中，而在现代文明中，这种舞蹈仍然以习俗化的、象征性的形式在舞动着。诚然，从早期基督教时代到现在，在那些视舞蹈（用一位17世纪作家的话说）为一系列"能引起肉欲的不正派的放荡动作"的人中，经常遭到摈弃的恰恰是舞蹈的这个方面。

但是，在自然界，在原始的民族中，舞蹈正是因为这一原因才获得它的价值。舞蹈是一种求爱的过程，甚至不止于此，它也是爱情的见习期，人们发现这个见习期对爱情来说是个值得称赞的训练。确实，在某些民族中，比如在奥玛哈人中，❶舞蹈这个词就有跳舞和爱情这两种含义。由于男子的

---

❶ 奥玛哈（Omahas）内布拉斯加州东北部的印第安人。——译者

美、由于男子的精力和技巧，他肯定会赢得女子，他的形象在女人的想象中留下极深刻的印象，她不得不打破拘谨而表露自己的愿望。这是整个大自然中男性的任务，人们发现在人类之外的无数物种中可以最好地学到完成这种任务的技巧的学校就是舞蹈学校。那些没有这种技巧、没有力量学习的生物 *47* 就被淘汰，因为它们可能就是种族中最无能的成员，因此，性的选择就在无意识的优生学中得到体现，从而有助于种族的更高发展。飞蛾、蝴蝶、非洲驼鸟和苏门达腊百眼雉，以及它们的无数同伴都是人类建立热情的性爱舞蹈学校方面的先驱，由于雌性生物的选择，作为未来物种最优秀的祖先，它们本身都适应了这种选择。❶

显而易见，根据这一观点，舞蹈完成了两种功能。一方面，在这一冲动的隐秘压力下引起的舞蹈意向为个体带来最有希望的可能性；另一方面，在求爱时，其所获得的行动的表现在感官方面发展了美的所有潜在可能，在人类中，这最后就变成了有意识的行为。我们对此不能不做一结论。这是如何出现的？某些智力最低下的物种竟能这样发展一种美和一种甚至使人类的眼睛也要为之迷醉的魅力，即使我们不受性的神秘影响，这也是一个我们至今 *48* 无法理解的奇迹，这是怎样发生的呢？

当我们考察人类世界时，我们可以看到动物世界的性爱舞蹈并没有失去它的影响，反而增加了它的影响。男性再也不是这样单独地为女性的爱而去竞争了。由于对早期选择方法的修改，人们最终看到，往往不仅是男人为了女人而舞蹈，女人也会为男人而舞蹈，每一方都在竞争的风暴中奋力引起和吸引对方的希望。在世界的无数角落，爱情时节都是这样的时刻：适合结婚

---

❶ 举例而言，请参阅本书作者（哈夫洛克·埃利斯）的《性心理学研究》，见《性冲动分析》，第3卷第29页等论文，另请参阅爱德华·韦斯特马克：《人类婚姻史》，第1卷第13章第470页。

的男女都会在对方面前翩翩起舞，有时是在女子面前，有时是在男子面前，有时是在男女面前，他们狂热地努力展示所有力量和精力，技巧和耐力，美和魅力，在这一时刻，这一切都变成了他们身体内部倾泻到种族生命溪流中的思慕之情。

　　根据这一观点，我们就可以更好地理解人类奇妙身体的每一部位在舞蹈中展示的无限热情了。分布在世界各地的男女，在把韵律和节奏传递给身体最没有希望、最难约束的部位时曾表现了神奇的技巧和耐心，他们都被欲望铸成了强有力的、令人目眩神迷的形象。对北欧精力充沛的种族来说，在寒冷潮湿的气候里，舞蹈自然是腿的舞蹈，因此很自然地，英国诗人就理所当然地把莎乐美的舞蹈设想为"双脚在一闪一闪地摆动"。❶ 但是，在世界的另一端，在日本，特别是在爪哇和马达加斯加，舞蹈可能完全是手臂和手的舞动，在某些南海岛屿，人们只用手和手指舞蹈。舞蹈甚至可以用坐姿表演，正如在斐济，为了准备神圣饮料阿瓦（ava）时跳的舞蹈就是这样。在南突尼斯某些地区，舞蹈是用头发来跳的，而且要彻夜不停，直到精疲力竭跌倒为止，达到结婚年龄的姑娘用自己的头配合歌声的节奏运动着，使头发永远保持平衡并摆动着。在世界各地，特别是在非洲，有时是波利尼西亚，那些舞蹈以及在古代罗马就流传开来的舞蹈都是身体的舞动，是胸部和腹胁部的振动和旋转。但是在沿这些方向发展的完整舞蹈中，身体所有主要肌肉群的作用都被和谐地交织在一起。当男女都参加到这种运动中，把它变成一种理想化而激昂的爱情哑剧时，我们就看到了完整的性爱舞蹈。在太平洋美丽

49

---

❶ 但在更早的时期，人们认为莎乐美的舞蹈是极为自由的，也往往是更精确的。正如昂拉特曾指出的，在莫伊萨克（Moissac）12世纪的修道院的一个柱头上，莎乐美起舞时，她高举着双手拿着响板，而在16世纪初鲁昂大教堂的西侧大门上，莎乐美在用双手起舞；另外，在赫梅尔德海姆，她简直就是表演摩里斯科舞（morisco），即"肚子舞"。

的古代文明中，这个理想在某些时刻获得了实现，1772年在塔希提岛，一位 *50*
老航海家粗略、概括地描绘了土著人的舞蹈：这是"身体、双手、双脚、眼
睛、嘴唇以及舌头的各种各样的姿势和无休止地来回摆动，他们使时间与节
奏保持着相当精确的一致"。在西班牙，这类舞蹈有时能得到最高尚、最和
谐美丽的表现。根据旅行家的叙述，似乎特别是在18世纪，这种舞蹈在西班
牙各阶层都很流行。教会缄默地对此表示鼓励，一种阿拉贡教规在1770年就
告诉巴列提（Baretti），尽管这种舞蹈偶然有些不体面，但是，它仍是一种
有用的感情安全阀。这对外国的旁观者与对本地人民同样都有诱惑力。在那
个世纪末，严肃的旅行家庇隆对舞蹈的柔情和柔韧的动作、对迷人的态度、
对臂膀的妖艳曲线越来越津津乐道，他断言：一个人在欣赏美丽的西班牙妇
女舞蹈时，他会把所有的哲学都抛到大风里去。甚至那个备受尊敬的英国圣
公会牧师约瑟夫·唐森德也不得不承认："我几乎被说服了"，如果在教堂
里突然跳起方登戈舞（Fandango），那么最严肃的礼拜者也会突然起来加入
这种"挑动情欲的哑剧"。我们在这里看到了随着文明的前进而使具有性选
择作用的原始舞蹈沉船毁灭的礁石。文明的偏见是如此根深蒂固，它甚至对
原始舞蹈也造成了影响。H. H. 约翰斯顿爵士认为非洲的俾格米人是很有礼 *51*
貌、有高尚道德的民族，但他又补充说，他们的舞蹈可不是这样。尽管欧洲
文明对这些舞蹈一无所知，但在约翰斯顿的眼中，它们是"极其下流的"，
他诚恳但又自相矛盾地补充道，这些舞蹈"是虔诚地跳出来的"。

四

初看起来，从舞蹈在爱情中充满生命力的作用，从宗教中的神圣作用到

作为艺术、作为职业、作为娱乐的舞蹈似乎是个突然的跳跃。实际上，这个转变是渐进的，在地球各个角落最遥远的时期就已开始了。所有与求爱有关的事物往往都要受到艺术的支配，它们的审美享受则是它们基本生命快感的从属性反映。舞蹈不能不首先显示出这一倾向。但是甚至宗教舞蹈也很快显出了同样的变化，舞蹈也像传教一样成了一种职业，舞蹈者则像教士一样形成了一个社会阶层。比如，在古代夏威夷，就出现了这种情况。呼啦圈舞是一种宗教舞蹈，它需要专门教育和刻苦训练；此外，它还包括了重要禁忌规定和神圣礼仪的练习。只是由于它的高度专业化，这种舞蹈才渐渐转由受雇的表演者，即职业阶层来表演了。同样，在印度，那些圣舞姑娘❶，即德瓦达西斯（Devadasis）既是宗教的又是职业的舞蹈者。

52 她们嫁给了神，婆罗门教她们学习舞蹈，她们参加宗教仪式的表演，她们的舞蹈表现了与她们结婚的神的生活以及她们为神所体验的爱的情感。但她们同时也到那些给她们报酬的富有的私宅进行职业表演。这样一来，对陌生人来讲，这些德瓦达西斯几乎与拉美德尼斯（即街头舞蹈者）没有什么两样；后者的出身与她们截然不同，而且也与在她们的演出中仅仅表演了人类情感的小丑没有区别。印度的葡萄牙征服者把这两种舞蹈者都不加区别地称为巴尔黑德拉（Balheideras），或称舞蹈者，而我们却把它贬低为贝雅德雷（Bayaderes），❷ 即寺庙舞蹈女❸。

在我们现代世界，职业舞蹈作为一种艺术已经完全脱离了宗教。甚至从任何生物学的意义上讲，它也脱离了爱情，而且仅就西方文明而言，已经没有可能回

---

❶ 一译神之女奴。——译者

❷ 印度的舞蹈现在已由于现代文明而退化了，奥托·路特菲尔德对此有精彩的论述，请参见《印度妇女》，第7章，《舞蹈少女》，1922年。

❸ 一译舞姬。——译者

到这一传统的两个源泉中的任何一个。如果我们对作为艺术的舞蹈在欧洲的发展 *53*
作一次考察，那么在我看来，我们就必须承认两条传统的溪流，它们有时汇合，
但是，它们的理想与旨趣却仍然有本质的差异。我把这两种传统称为古典传统与
浪漫传统，前者是更古代和根本的，也可以说是起源于埃及，后者则起源于意大
利，主要是以芭蕾著称。前者的纯粹形式是独人舞（尽管也可以采取双人舞和多
人舞的形式），它的基础是韵律的美与人们把能量集中在有节奏而又热烈的动作
时所表现出来的质朴的人类个性。后者是符合节拍的舞蹈，是模拟和富有诗意
的，在其中个人要从属集体更广泛的多样化的节奏。我们也许还能很容易设想出
另一种分类法，但这种方法简明而有启发性，足以满足我们的目的。

有一点几乎是毫无疑义的：几千年以来埃及就是、而且现在依然是一个
伟大的舞蹈中心，是世界迄今为止看到的最有影响的舞蹈学校，它把自己的影
响辐射到南方、东方和北方。我们甚至可以同意舞蹈历史学家的观点：埃及是
"所有文明舞蹈的摇篮"。我们关于埃及人在这种艺术中的技巧的知识并不完
全依赖于古代埃及的壁画。人们知道，神圣的神秘仪式是在庙宇中用舞蹈举行
的，女王和王妃们也参加伴奏的乐队。重要的是：那些现在仍然在为舞蹈伴奏
的特定乐器都起源于埃及或在埃及得到发展；吉他就是一件埃及乐器，它的名
字在建造金字塔时就已作为象形文字出现了，铙钹、铃鼓、三角铁和响板都以
这种或那种形式为古代埃及人所熟悉，而且随着埃及的舞蹈艺术，它们肯定在 *54*
很久远的年代就在地中海沿岸，即我们西方文明的伟大焦点传播开来。❶ 甚至
在地中海之外，在加的斯，也出现了主要具有埃及特征的舞蹈，而加的斯也就
成了西班牙的舞蹈学校。因此，尼罗河和加的斯就成了古代舞蹈的两个伟大中

---

❶ 我想提出一种冒昧的猜测：吉卜赛人可能曾有过难以说明的埃及人的名称，这并不是由于
他们曾经游历过埃及（人们一般都以此为难以说明的理由），因为吉卜赛人肯定也游历过许多
国家，而是由于他们在公认的埃及式舞蹈中的娴熟技巧。

心，马舍尔 ❶ 把它们相提并论，因为二者都为罗马输送了舞蹈家。这种舞蹈（无论是埃及式的还是加的斯式的），就是个体舞蹈者的身体及艺术的表现，他们的服装只起很小的作用，服装往往是透明的，有时甚至不穿任何服装。这种舞蹈曾经是，而且现在仍然是质朴的、个人的、激情的舞蹈，因此，它也是古典的，正如从文学角度而言，卡图卢斯 ❷ 的诗歌是古典诗歌一样。❸

55　　古希腊舞蹈基本上就是我们这里所理解的古典舞蹈。在希腊古瓶上（如伊曼努尔论述希腊舞蹈的引人入胜的著作中以及在其他地方复制的那样），我们可以看到同样的手臂动作，看到同样的侧面转动、看到同样的身体极度向后伸展，而在埃及的纪念碑上，这早已得到了再现。许多人以为是现代才出现的许多舞蹈动作，在埃及和希腊的舞蹈中早已是人所共知的了，西班牙舞蹈中现在仍作为伴奏的用来配合时间的拍掌动作也是如此。但是有一点似乎很清楚，在这种一般的古典化和地中海式的基础上，希腊舞蹈得到了非常精细、非常专门化的发展（尽管在舞步的技术推敲上，它似乎还逊色于现代舞蹈），以至于在希腊外部没有造成任何影响。诚然，舞蹈变成了希腊艺术中最有特色，得到最广泛培育的一种艺术。品达罗斯（Pindar）在一段辉煌的《奥克斯里奇

---

❶ 马舍尔（Marcus Valerius Martial，公元前40～公元104年），拉丁诗人，生于西班牙，著有12卷《讽刺短诗》。——译者
❷ 卡图卢斯（Gaius Valerius Catulus，约公元前87～公元前54年），古罗马抒情诗人，生于意大利北部的维罗纳，著名的长篇叙事诗有《阿提斯》《珀琉斯和忒提斯的婚礼》等。——译者
❸ 有趣的是，经过了50个世纪，埃及几乎仍然毫无变化地保持着自己的舞蹈传统、技巧和技术，而在古代埃及的舞蹈中，服装是这种艺术的一种几乎完全可以忽略的因素。洛雷特指出，18王朝媚人的舞蹈家（他临摹了她身穿透明薄纱的画像）就是今天妩媚的阿勒姆（Almeh 埃及舞蹈少女）的逼真肖像，他在底比斯看到后者用同样的发型、同样的发饰以及同样的珠宝在舞蹈。我听一位现在在埃及行医的妇科医生说，舞蹈少女能在腹部的一侧安然放上满满一杯水，而在另一侧放上一只空的玻璃杯，这时她还能仰面躺下，而且还能借助鼻重的那一侧肌肉的收缩把杯中的水射出来，注满那只空的玻璃杯。当然，严格说起来，这不是舞蹈。但它是构成古典舞蹈基础的技术中的一部分，而且这也证实了现在仍继续培育着埃及舞蹈的技术因素的一贯性。

纳》诗篇中这样描述了希腊："可爱的舞蹈之国，"对他来说。这可能是至
高无上的赞美了，而阿森纳乌斯还指出他把阿波罗称为舞蹈者。很有可能的 56
是：希腊戏剧起源于舞蹈和歌曲，而舞蹈则始终是其中一种基本的和有可塑
性的因素。即使我们不同意亚里士多德关于悲剧起源于狄奥尼索斯（酒神）
颂歌的说法，但是在那些可供选择的假设中（如里奇微关于围绕死人坟墓的
舞蹈理论），还是包括了同样的因素。人们常常指出希腊的诗歌需要一种关
于所有能包括在"舞蹈"中的东西的实用知识。据说埃斯库勒斯发展了舞蹈
技巧，索福克勒斯曾在自己的戏剧中跳过舞。无疑，在这些发展中，希腊舞
蹈往往超越了古典舞蹈的基本界限，而预示了芭蕾舞的出现。❶

　　但是芭蕾舞的真正萌芽还是在罗马，在那里哑剧及表现性动作的合节拍
的和形象化的方法都得到了发展，而且意大利则是浪漫舞蹈的故乡。1000
年以后，同在意大利这个地区，那种创造了哑剧的同一冲动又创造了现代芭
蕾舞。在这两种情况下，人们往往会认为我们应当追溯伊特鲁里亚和托斯卡
纳这个民族的影响，他们早已在那里确定了一席之地，他们是一个具有表现
力、戏剧和形象化艺术天赋的民族。我们在伊特鲁里亚人坟墓的墓壁上看到
这种影响，同样，也在波提切利和他的托斯卡纳同胞的绘画中看到了它。人
们普遍认为，现代芭蕾舞起源于1489年米兰大公加拉佐·维斯康提婚礼上
举行的壮观庆典。这种演出形式传播到意大利其他王宫，其中包括佛罗伦萨 57
和凯瑟琳·美第奇的王宫，当她成为法兰西皇后的时候，她又把意大利的芭
蕾带到了巴黎。它在这里迅速地变成时髦的艺术。王公和王后成了它的赞美
者，他们甚至参加演出，达官贵人成了它的赞助人。不久以前，特别是在路

---

❶ G. 瓦尔里·柯尼斯在一篇有趣的论文《希腊戏剧及舞蹈》中指出："我们必须学会把希腊
戏剧形式当作舞蹈形式，当作音乐和谐的舞蹈形式，它描绘了希腊的历史及人类的灵魂。"
（见《半月评论》，1913年2月。）

易十四的伟大时代，它成了一个由杰出音乐家、艺术家和舞蹈家扶持的公认的机构，它仍附属于歌剧，但它具有生机勃勃的生命力和自己的发展。浪漫舞蹈要比称为古典舞蹈的那种舞蹈容易在更大的程度上从新影响的移植与吸收中获得生命力（古典舞蹈特别依赖于质朴的人物性格），当然只要舞蹈技术与传统的真正基础在新发展中能得到保持。露利在17世纪把妇女引入了芭蕾舞，卡玛古摈弃了复杂的服装，并缩短了裙子的长度，这样就不仅使她本人栩栩如生、充满活力的方法成为可能，而且也为后来舞蹈中出现的各种自由以及轻盈的魅力提供了可能性。正是由于诺维尔在斯图加特产生的而且很快被加埃唐·维斯特里斯带到巴黎的想法才使得芭蕾舞成为一种新的、完整的艺术形式，这位兼有瑞士和法国血统的天才不仅对完全由姿势和舞蹈表现的情节进行了周密思索，而且他还把它引入了芭蕾，这正如与他同时代的另一位更伟大的兼有瑞士和法国血统的天才把伤感和情感引入了小说一样。18世纪法国的芭蕾舞似乎达到了尽善尽美的程度，而在芭蕾舞的发源地意大利，它却衰退了，芭蕾舞的故乡米兰却成了下面这种传统的摇篮：失去生命力的技巧将达到最精细的纤弱与完美。法兰西流派的影响一直作为生命的力量持续到19世纪，那时芭蕾舞被时代的新精神彻底更新了，塔格里奥尼（Taglioni）❶则以名副其实的古典形式成了浪漫运动精神最微妙的化身，通过几位个人舞蹈家的天赋传遍了世界。当他们逝去以后，芭蕾就缓慢但稳步地衰落了。当其作为一种艺术衰落时，它的声誉以及普及性也衰落了，甚至赞美舞蹈几乎也变成了不光彩的事了。三四十年以前，我们那些把舞蹈作为艺术欣赏的人（他们是何等之少啊）！甚至不得不痛苦地、有时甚至是在陌

---

❶ 塔格里奥尼（Taglioni），意大利著名芭蕾舞家族，根据这个家族制作的一种大衣亦称此名，曾风行于19世纪的初期。——译者

生的环境中去接近它。一位近代舞蹈史家在1906年出版的一部著作中声称："现在芭蕾舞已经是一件属于过去的事物了，而且随着现代观念的变化，它永远也不可能复活了。"这位历史学家一字没有提到俄罗斯的芭蕾舞，尽管他的著作是在俄罗斯芭蕾舞来嘲笑他鲁莽的预言之前不久出版的，俄罗斯芭蕾舞把芭蕾提高到一个几乎无法超越的完美高度，使其成为一种富有表现力、动人的，甚至是充满激情的活的艺术形式。

俄罗斯芭蕾舞是法国芭蕾舞的一个分支，而且它再一次显示了对浪漫舞蹈艺术的移植产生的生机勃勃的效果。安娜女皇在1735年引进了芭蕾舞并指定一位法国芭蕾舞大师和一位那不勒斯的作曲家经营此事。在随后的一百年间，它遵循着传统在技术上达到了完美的程度，主要演员全部是从意大利聘用的。直到最近几年，这条严格的纪律和那些古老的传统才由于它们在其中慢慢扎下根去的土壤的影响而获得了生命力，变成了一种高雅、生动美丽的艺术形式。芭蕾舞最终受到了影响，这主要是由于福金的天才和狄亚西列夫的事业心造成的，这种接触带来了一场革命，因为它的后果，尽管仍是真正的芭蕾舞，却产生了全部精妙新奇的效果。这种传统本身在俄国是一种无生命的外来物，对世界并无什么意义。另一方面，如果俄国芭蕾舞从那种传统分离开来，如果我们能够设想一下这样的情况，那么它将是没有定型的、奢华的、怪诞的，不会引起任何美好审美目的的东西。我们在今天人们所知道的俄国芭蕾舞中看到一种辉煌而艰苦的技术传统，由于舞台设计、作曲家与舞蹈家的综合技巧，最终造成了与环境的真正融合（它在一个多世纪中一直是与这环境分离的），这种融合还包括了俄国人的音乐天才，俄国人的节奏感，俄国人使用鲜艳色彩的技巧，更不用说俄国人狂欢的热情了，俄国人敏感、充满诗意的忧郁精神，以及在其他斯拉夫种族中（如波兰、波希米亚、保加利亚和塞尔维亚）也体现出来的普遍对民间舞蹈的热情。几乎就在这同

59

60

时，我曾称之为古典舞蹈的那种舞蹈也独自在美国被伊萨多拉·邓肯和罗斯·圣丹尼斯复活了，前者恢复的是希腊舞蹈自由的自然主义，而后者试图发现和复活的则是古老印度和埃及传统的秘密。现在无论我们在什么时候看到什么已得到恢复的剧场舞蹈艺术，比如瑞典芭蕾舞，我们都可以肯定，它们都或多或少受到这两种复活了的形式（即俄国的浪漫形式与美国的古典形式）的折中融和的鼓舞。结果我们这个时代看到了全部芭蕾舞历史中最富丽堂皇的一场运动。

五

我们可以肯定，舞蹈作为一种艺术是不会消亡的，但它将会经常获得再生。不仅作为一种艺术，而且也是作为一种社会习惯，舞蹈永远从人们的灵魂中崭露头角。不到一个世纪之前，波尔卡就是这样问世的，安娜·斯勒札科娃是一位波希米亚侍女，她为了表达自己的欢快心情，忽发奇想做了即兴表演，只是由于一位艺术家偶然发现并把它记录下来，它才变成一种固定形式，才获得了世界性声誉。舞蹈一直是作为一种自发的习惯、一种社会性训练存在的。这样一来，舞蹈最终就不仅是作为爱情、作为宗教、作为艺术，而且也是作为道德与我们发生联系的。

在自然条件下，所有人类劳动都是一种舞蹈。卡尔·比绪尔曾在一部大而著名的著作中以极为丰富的证据指出，劳动不是在种类上，而只是在程度上有别于舞蹈，因为它们二者在本质上都是有节奏的。劳动为什么具有节奏呢，一个很充分的原因就在于：在史前巨石时代的日子里，只有凭借所有伟大的集体努力才能完成巨大的建筑工程，这些努力必须是协调一致的。甚至还有人曾指出，这种必然性就是人类语言的源泉，我们还有一种所谓的唷嗬语言论。在那些曾经在帆船上生活过的人的记忆中（帆船是现在从世界上消失的人类创造中最可爱的东西）总会回荡着水手们扯起中桅帆的帆桁或绞起起锚机、用水泵抽水时唱的号子。这是一种原始的集体劳动，人们很难想象如果没有这样一种调节肌肉有节奏的能量的手段，怎能有效地完成这样的工作。这样一来，劳动的舞蹈节奏就与艺术的舞蹈节奏平行地发生了社会化的作用，而且在某种程度上对后者确实起了激励的作用。有人还过分离奇地设想过：当希腊人编写俄耳甫斯的寓言时，他们是凭着洞察或凭着直觉理解到这一点的，希腊人把俄耳甫斯当作最早的诗人，他对搬运石头和树木有特别的兴趣。比绪尔指出，人们甚至可以认为诗的韵律也来源于劳动，韵律就是有节拍地踏动双脚，在诗歌技巧中人们一直还隐喻地应用着它，另外，当铁匠在街头猛力击打铁砧或壮工挥舞铁锤的时候，我们依然能够听到短长格和长短格音步、扬扬格、抑抑扬格和扬抑抑格。只要音乐、歌唱和舞蹈都源于劳动，它们自然地都是单一的艺术。斯温伯恩曾说，一位诗人必须总是按照曲调写作。由此看来，欧洲古代的民谣就是一种重要的类型。顾名思义，它既是一种舞蹈又是一种歌曲，由一位歌手演唱故事，合唱队则跳着、呼喊着显然是没有意义的迭句，这完全是水手的号子，它同样也适于协调一致的劳动。❶但是我们最复杂的音乐形式也是从类似的舞蹈进化而来的。交响乐只不过是舞蹈组曲的发展，而且首先是民间舞蹈组曲，比如，巴赫和亨德尔谱写的交响乐就是如此。确实，在音乐家的心中，甚至是作曲家的心中一直都萦记着舞蹈。莫扎特本人是一位很有造诣的舞蹈家，据他夫人说，他经常说他真正关心的是舞蹈，而不是音乐。瓦格纳认为贝多

62

---

❶ 也许有人会指出，近年来有人曾否认古老的民谣来源于舞曲。比如庞德小姐在一本论述这一题材的著作中就提出它们来源于贵族而不是来源于村社，这很有可能，尽管似乎对缺少舞蹈因素的情况并没有进行考察。

芬的第七交响乐是舞蹈的顶峰，即使这种观点不能说明贝多芬的创作意图，它至少也流露了瓦格纳本人对舞蹈的情感，对我们某些人而言，贝多芬的第七交响乐是最迷人的乐曲，也是最纯粹的音乐性乐曲。

　　然而，今天在许多人的观念中，抛开劳动、抛开其他艺术不谈，舞蹈本身，在使人类种族社会化的过程中，即在使其道德化的过程中发挥了决定性的作用。劳动体现了和谐、有节奏的合作的必要性，但是舞蹈却发展了有节奏的合作，并且把仁慈的推动力传递给一切人类活动。格罗塞❶ 在他的著作《艺术的起源》中第一次明确地阐明了舞蹈在人类文明创造中所具有的高度社会意义。所有对未开化民族进行研究的人都曾注意到，参加舞蹈的人展示了一种奇妙的一致性，他们似乎被融入一种被某个单一的冲动而激动的个体中。这样就完成了社会性的统一。除去战争，在原始社会生活中，这是走向社会团结的主要因素，诚然，这也是进行战争的最好训练。舞蹈具有双重影响，一方面，在进化中它提供了行动的统一和进化的方法；另一方面，它具有给人勇气的宝贵作用（因为本质上人类是一种胆怯的动物），正如路易斯·罗宾逊所说，通常使用的鼓对人类的活动具有巨大影响。甚至在有高度发达的军事组织的罗马人中，舞蹈和战争也是明显地结为一体的；撒利（Salii）❷ 创建了一所神圣的军事舞蹈学校，三月是舞蹈季节，是战神之月，是战争季节的开始，在整个三月里，在神庙前、在祭台周围都有人跳起三拍子的舞蹈，同时伴着非常古老、连祭司也无法理解的歌曲。我们在生活的所有集体艺术中都能追踪到类似的舞蹈影响。格罗塞坚持认为，我们所有最发达的文明都以舞蹈为基础。使人类社会化的正是舞蹈。

---

❶ 格罗塞（Ernst Grosse，1862～1927），德国著名艺术史家，毕生从事艺术史研究，《艺术的起源》出版于1894年，1984年已有中译本，商务印书馆出版。——译者
❷ 撒利，古罗马的舞蹈祭司。——译者

因此，从广义而言，舞蹈作为一种民族教育的方法已具备了特殊价值。随着文明增长了自我意识，这一点就得到了体现。中国古代的格言说："观一国之舞，可以知其王者"。在希腊也是如此，有人说舞蹈和音乐奠定了多利安诸国的全部政治、军事以及宗教组织的基础。

从狭义而言，在个人教育中，舞蹈的伟大意义甚至在人类发展的早期也得到了体现，而在古代文明中则得到了更多的体现。柏拉图在其老年的最后作品《法律篇》中宣称："良好的教育在于知道如何唱好歌曲、跳好舞蹈"。我们这个时代中一位最热情、最开明的教育家对舞蹈的衰落发出了哀叹，斯坦利·豪尔认为要使神经保持平衡，使情感得到训练，意志得到加强，使感情、理智与支持它们的身体和谐一致，那么复活舞蹈则是迫切的需要。

我们几乎无法认为舞蹈的这些功能仍然普遍体现在、重新包含在教育中。因为如果说舞蹈创造了道德是真实的，那么由于命运的讽刺，道德最后变得傲慢起来，企图毁灭自己的祖先，而且在一段时间里相当成功，这也是真实的。四个世纪以前，舞蹈就受到这种精神的攻击，在英国叫清教主义，后来它传播到欧洲的大部分，在波希米亚与在英国同样活跃，诚然，有人认为它是与古老的乡村生活相对的正在发展的城市生活的总攻势。它良莠不分，它也没有停下来考虑一下，如果舞蹈消失了，将会出现什么结局。因此正如雷米·德·古尔蒙特指出的，酒铺征服了舞蹈，酒精代替了小提琴。

但是，当我们从更高、更广阔的立场观察舞蹈在生活中的功能时，其历史上的这一插曲就不会占据这样重要的位置了。对舞蹈的征服最后从未被证明是一种喜悦的事，即使对道德而言也是如此，而与生活中所有最优秀、最深邃的源泉非常紧密地融合在一起的艺术总能重新确立自己。因为舞蹈是最高尚、最活跃、最美丽的艺术，因为它不仅是生活的转化或抽象，它就是生活本身。正如拉赫尔·瓦恩哈根（Rahel Varnhagen）所说，舞蹈是唯一一种把 *66*

我们本身作为它的材料的艺术。即使我们本人不是跳舞者，而只是舞蹈的旁观者，我们仍然能亲自感觉到舞蹈者正在展示和表现的我们自己种族的潜在冲动；其根据是立普斯的"移情说"，或谷鲁斯所说的"内模仿作用"，不论怎样，我们可以把这些观点当作真实的而接受下来。

因此，就出现了这种情况：在舞蹈的多方面实用意义之外，人们常常感到舞蹈也具有象征意义。马可·奥勒留习惯于把生活的艺术当作舞蹈者的艺术，尽管这位斯多葛派的皇帝也不得不补充说，在某些方面，舞蹈更像角力者的艺术。很久以后，布莱克也以同样热烈的精神说道："我至今仍不怀疑要在伟大的生命舞蹈中创造一种能愉悦天国观赏者的形象"。在我们的时代，尼采从始至终都表示他被这种观念迷住了：生活的艺术就是舞蹈，在这种舞蹈中，舞蹈者在一百支达摩克利斯剑的阴影下得到了灵魂有韵律的自由与和谐。他对自己的风格也持有同样的看法，因为对他来说，风格即是其人。他对自己的好友罗得写道："我的风格是一种舞蹈"。他还写道："凡我认为是虚度光阴的日子，都是没有跳舞的日子"。舞蹈处在艺术的开端，而且我们发现它也处在艺术的结尾。文明的最初创造者创造了舞蹈，而后世 *67* 的这位哲学家，拖着淌血的双脚和紧张得将要断裂的肌肉，翱翔在精神错乱的黑暗深渊，但在他看来，他似乎仍然迂回在舞蹈的迷宫中。

第三章

思维的艺术

一

赫伯特·斯宾塞在他早期的论文《论科学的起源》中指出："科学起源于艺术"，而且指出，甚至它们的区别"也纯粹是约定俗成的"，因为"人们不可能指出艺术与科学的交汇点在哪里"。斯宾塞在此处是从根本意义上使用"艺术"这个词汇的，根据这种意义，所有的实践都具有艺术性质。然而有趣的是，人们发现一位现在普遍被人们认为是平庸的思想家，却能提出一种在最平庸的人看来是奇异的观念。对普通严肃的人、对任何打算成为常识的信徒的人而言，科学（对他而言，"科学"往往指应用科学）似乎是与古怪行为和那种被固执的人类平庸欲望习惯地视为"艺术"的鉴赏观念截然对立的。

科学与艺术的区别是现代的。在古典时代并没有这种区别。"科学"是"心灵的艺术"，（正如我们现在所知，这是合理的，而不像后世设想的那样是怪诞的。）在中世纪，那些文科学科，如语法、逻辑、几何、音乐及其

他科目同样可以说是"科学",也可以说是"艺术",而且对罗吉尔·培根

69 来说（在13世纪他是一位真正的科学家），学科与学问的每个分支都是"科学"。我倾向于认为：是17世纪的数学复兴导致了对"科学"与"艺术"之间区别的过分强调。笛卡尔，那场复兴的旗手在《精神指导法则》中写道："所有科学都是紧密联系在一起的，因此，同时学习一切科学要比把它们分离开单独学习容易得多"。他还补充说，对艺术我们就不能这样说了。但是我们也许能够说只有把艺术与科学放在一起才能理解它们，而且我们可以肯定地说（正如笛卡尔在上面单独谈到科学时所说的一样），它们都是从一个焦点散射出来的，而无论它们被所通过的媒介或被所遇到的物质染上了什么五彩缤纷的颜色。总之，在那个时刻，过分强调'科学'（以其新仪器的精确性）与"艺术" ❶ 的区别无疑是有实际利益的，而无论在理论上这是多么谬误。同时，古老的传统用途并未被完全抛弃，"艺术"大师仍然作为科学大师被人们当作教育的指导者，直到19世纪中叶，在科学发展、特别是物理科学发展的时

70 候，"真理的发现"导致了对科学的新的强调，而这又造成了对"艺术"这一词汇的实际限制，使其仅限于通常所说的纯艺术。❷ 更正规地讲，科学已变成了对有关世界事实的可以论证的、可系统分类的真理进行的研究，而艺术则作为制作物品时对人类冲动的运用被分离出去。锡德尼·科尔文在《大英百科全书》中得出如下结论"科学是关于自然现象以及它们之间关系的有条理的知识"，或者，"科学在于认识，艺术则在于制作"，他在论述穆勒已在其《逻辑学》中详细论述过的问题时作出了上述结论（穆勒主张，二者的区别在于：

---

❶ 20世纪数学复兴的先驱似乎不大可能在这种事物中模仿笛卡尔。爱因斯坦以及今天的许多物理学信徒肯定不会主张审美、想象以及科学的其他"艺术"特性（参阅斯米特：《现代大学：科学的某些目标与抱负》）。

❷ 纯艺术（Fine arts），这个词，在通常的字典中均译为"美术"，而英文原义似更广泛，其中包括诗歌、音乐、绘画、雕塑、建筑等。故在此译为纯艺术，望各位读者指正。——译者

科学用的是陈述语气，艺术用的是祈使语气）。从事科学的人士，如雷·兰开斯特已接受这种结论。这就是19世纪中人们所能做的事情。

　　但是，随着岁月流逝，科学本身，特别是思维科学进步了，这一区别就被推翻了。对"认识"的分析表明，它并不仅仅是像科学家曾天真地设想的那样是消极地、感官地认识"真理"的方法。而现在在哲学家当中，实在主义者与唯心主义者可能同样都已承认这一点。查尔斯·辛格可能是我们最有学问的科学史家，他现在再也不把科学界定为一种有条理的知识实体，而是把它界定为一种"创造知识的过程"，"正在创造中的知识"，换言之，就是"在未知领域与已知领域之间不断增长的边界"❶。只要我们这样看待它，只要我们把它当作一种"创造"过程，它就会与艺术结为一体。甚至物理科学也永远要抛弃它认为是已认识的"事实"，它还要学会如何用其他认为在描述明确的世界观念时会变得更为满意的"事实"取代那些事实。对"认识"的分析表明，这不仅是合法的，且也是不可避免的过程。这一过程是积极的、创造性的。显然它至少像吸收了"认识"特性那样也吸收了同样丰富的"制作"特性。它包含了某些在其他层次上、有时实际就在同一层次上的制作过程中才需要的特性。用头脑浇铸概念的匠人与用双手浇铸概念的匠人没有什么本质的区别，正如诗人与画家并不能归入截然不同的等级一样。人们再也不可能否认科学也具有艺术的特性了。

---

❶ 查·辛格《什么是科学？》，见《英国医学杂志》，1921年6月25日，辛格拒绝在已经停止不前的、完全有条理的知识领域中应用严格意义下的"科学"一词，比如在人体解剖学中（当然，解剖学家仍然是一位科学工作者，他仍在有关的边缘领域中工作。）辛格更喜欢把任何这样完备的知识领域定名为学科。 这似乎是恰当的，我也认为它是有道理的。但是，它与穆勒、科尔文和雷·兰开斯特的旧观点不一致，因为它把他们认为是最典型的科学彻底排除在科学领域之外，有人可能会问：在其他领域中，比如希腊雕塑或宋代陶瓷中，一件完备的艺术品是否就不再是艺术了？

72　　因此，在最基本的意义上，情况就是如此，甚至我们必须补充一点：甚至是在对脱离正常的野性变异的夸张进行理解的这种意义上，我们也不得不承认真正的科学工作者也是艺术家。与精神病患者一样，情人、诗人（正如伟大的内科医生威廉·奥斯勒尔所说）和学生都"具有非常丰富的想象力"。人们曾明确指出，正是由于牛顿的"神奇想象力"，他才能在未知领域中不断发现新的思路和新的过程。霍尔姆霍茨在生理学的基础上发现了对美进行评价的方法，他本人异常多样的毕生事业尽管具有科学的准确性，但正如爱因斯坦所说，也具有审美色彩。几年前，一位杰出的力学和数学教授主张，"世界上不可能存在没有想象力的科学家"，如果我们仔细想一想，并不是每位认为自己已献身于科学的人都是真正的"科学家"，那么，上述主张就是完全正确的。❶ 这不仅在特殊意义上，对科学工作者而言是正确的，而且对哲学家而言也是正确的。有一位哲学家指出，在每一部哲学著

73　作中，"完整的概念体系并不仅仅是出于对知识的兴趣建立的。它的根本动机是审美动机。它是创作艺术家的作品"。❷ 格雷厄姆·华莱斯从不同的观点指出：柏拉图或但丁的理智生活"主要是由他们从法则与实例、种族与个体或原因与效果之间有节奏的关系产生的纯粹的美中得到的欢乐指导和维系的。"❸

　　这段话提到了宇宙中的法则和节奏，于是只要追溯到知识的起源，就会

---

❶ 人们常常指出，对科学的想象性应用（一些艺术性的想法，如蒸汽机车、重于空气的飞行器、电报、电话以及其他许多想法），甚至在真正获得实现的时刻，也被那些被过分匆忙地提高到显著的"科学"地位的人们深思熟虑地认为是"不可能"的。

❷ 参阅J.B.贝利《人类本性研究》（1921）第221页。自从F. A. 朗格出版了几乎是划时代的作品《唯物论史》以来，这一观点已为人们所熟悉，这部作品对许多现代思想家（从尼采到法伊兴格尔）都产生了深刻影响，任何人在年轻时代读过这本书后都不会忘记这部著作（本人就有亲身体验）。

❸ G. 华莱斯《伟大的社会》，第107页。

使人想起我们欧洲世界中科学研究的伟大缔造者。毕达哥拉斯是一位模糊不清的人物，我们在此没有必要过分地拘泥于他的重要性。但是，毫无疑问，这种重要性对我们面前的那个观点是有影响的。尽管现在对我们来说，毕达哥拉斯是模糊的、传奇式的人物，但无疑他是个真实的人物，公元前6世纪他出生在萨摩斯，由于与那个伟大的造船中心发生了联系，他肯定能到远处航行并且搜集古代世界的智慧。西塞罗指出，在古代他被人认为是哲学的发明者，直到今日，他仍然不仅是作为希腊的、而且也是作为世界的最有独到见解的人物之一受到尊敬。从许多观点看来，他都是一位充满趣味的人物，无 *74* 论他蒙上了多么模糊的面纱。但是我们在此处关注他只是因为他代表了我们所谓的科学的开端（换言之就是处在生长期的可度量的知识），因为他明确地代表了科学从我们约定俗成地认为是"艺术"的东西中脱离出来的情况，科学始终都与艺术（甚至与其最奇特的形式）的精神结合在一起。毕达哥拉斯是音乐的狂热爱好者，这样一来他得到了一个巨大而富有成果的发现：音高取决于振动的琴弦的长度。显然，那个法则与空间量即使在似乎与量的规定毫无关系的领域中也同样发挥着作用。力学伟大的科学开端就这样坚定地确立了。这一发现并非是偶然的。即使对他充满最大敌意的同时代人赫拉克利特在谈到毕达哥拉斯时也这样说道：他"在进行研究和探索的时候，超过了所有的人"。他肯定是一位卓越的数学家，此外，他不仅是一位天文学家，而且据我们所知，他还是第一位认识到地球是一个球体的人（这就为最后达到哥白尼的概念设下了阶梯），他的门徒又前进了一步，他们主张地球不但是我们宇宙体系的中心，而是与它存在同心关系。因此，毕达哥拉斯不仅可以被称为哲学之父，而且按照严格的现代意义，他更有权利被称为科学之父。但是即使在习俗观念中，他仍然主要是一位艺术家。他在想象力与情 *75* 感上的自由自在的消遣，他对美与和谐引人入胜的魅力的喜爱，有时甚至会使他迷了路，使他对一直把幻想与科学紧密纠缠在一起的数字产生了崇敬之情，然而正如冈佩茨所说，无论如何，这为他严肃的理性力量插上了翱翔的翅膀。❶

欧洲古代早期社会另一位伟大而模糊的人物就是柏拉图式的苏格拉底，或换言之，是苏格拉底式的柏拉图。他与毕达哥拉斯同样分享了对我们世界的哲学影响。此外我们面对的也是一位哲学家，他即使不是科学家，也是一位高超的艺术家。在这里，我们再次遇到了一位传奇式的人物，他真实的个性或多或少被淹没了。但是，他与毕达哥拉斯不同。所有的人都会同意：我们在毕达哥拉斯那里朦胧地看到的是一位高大、光彩夺目的人物，而许多人却认为在苏格拉底那里我们看到的是一位矮小、模糊的人物，他在柏拉图的文字中变得高大、光彩夺目了，仅仅是凭着这种媒介，他才对我们的世界产生了真正的影响，因此如果没有柏拉图，就不会有人提到苏格拉底的名字了。毕达哥拉斯的传奇问题似乎已经得到解决。但是苏格拉底的传奇问题却一直引起争论。另外，我们不能把它仅仅当作学术性兴趣完全撇在一边。因为如果能找到它的答案，那么，这个答案就会触及我们在这里全神贯注的艺术在真实世界中伟大生命力的问题。

如果人们翻阅任何一部大而标准的希腊历史，比如，格罗特（Grote）那部被认为是最古老、最优秀的著作，那么，他们肯定会发现有一章很长很长的文字是写苏格拉底生平的。这样一章被当作毫无疑义的事插入到所谓"历史"中，没有表示歉意，没有解释，也没有内疚，甚至在今日，它仍然被当作一件毫无疑义的事。只有少数人似乎才具有检验"历史"赖以存在的资料所必需的批评和分析的头脑。如果他们以怀疑的精神阅读这一章，他们也许就会发

---

❶ 冈佩茨：《希腊思想家》，卷1第3章，其中对毕达哥拉斯的事业和见解做了精彩的描述。

现在真实的苏格拉底时代之后大约半个世纪，才开始出现有关我们传奇的苏格拉底存在的任何"历史"证据。❶ 很少有人能认识到，即使是对柏拉图本人，我们也不知道任何确切的东西，甚至连写一句完整句子的东西都不够。柏拉图死后400年才有人写他的"传记"。要估计它们的价值似乎并不困难。

77

我们现代的苏格拉底的混合肖像是由三种因素组成的（其中一种因素比其他两种因素重要得多），这就是：色诺芬、柏拉图和戏剧家的材料。对于第一种因素的贡献，人们往往没有给予足够的评价。然而它应该被认为是真正最有启发性的因素。它表明"苏格拉底"这个课题是一种学生练习，是修辞学或辩论术的有益练习。色诺芬笔下的苏格拉底特别使人联想到他的创作者本人，这就很可能就有这种启发性。❷ 不管怎样，有些学者要花一定的时间才能认识到这点，卡尔·朱艾勒（Karl Joël）在研究色诺芬的苏格拉底时花

---

❶ 也可能有人顺便注意到，对庄重严肃的北方人，特别是英国人来说，要进入希腊精神似乎是困难的，此外，由于这种精神只是少数处于带有敌意的民众中的人关于完全不是我们习俗中认为是"希腊的"任何事物而产生的精神，我们完全可以想象，正如艺术史家埃利·富尔最近指出的：希腊艺术是个生物学上的"庞然怪物"。（但是我要问一问，难道我们不能说法国、英国的艺术也是这样吗？）阅读野蛮人写的有关希腊的著作往往会令人激怒，其原因就在这里，他们忽略或无视他们不喜欢的东西，有人甚至怀疑，他们也本能地误解了他们确实喜爱的东西。甚至关于少数原版作品最不完整的知识，甚至对雅典卫城仅仅几天的生活所作的描述，也比其他人的第二手观点更好。如果我们必须有一部关于希腊的著作，其中总要有雅典娜神殿，那么就必须在与任何北方野蛮人不同的时间里，以不同的精神向这些事物走得更近、其中包括希腊人的所有闲谈与经久不衰的欢乐。

❷ 从另一条线索来看，显然那些哲学家的对话只是戏剧而不是历史。大约在5世纪初，科斯的埃庇卡摩（Epicharmus）使哲学性的喜剧在叙拉古蓬勃发展起来，他的正式哲学对话也确实保存下来，他在米加拉定居下来（见古鲁瓦塞《希腊文学》第3卷448页以后）。这样一来，我们就可以认为：雅典的喜剧与智者派的散文对话就是从这种叙拉古喜剧的古代原型繁衍而来，而其本身最终是从爱奥尼亚哲学中引申出来的。我要补充一点，这并没有什么价值：我们是在它们像希腊戏剧那样组合成三部曲或四部曲的时候第一次听到柏拉图对话的，无论如何，这表明了，它们最初的编者就已考虑到这些哲学家了。注意到这一点也是有趣的：在现代，关于柏拉图的最新手册（《柏拉图》1922年，第32～33页）的作者，A.E.泰勒教授认为柏拉图笔下的苏格拉底不是一个历史人物，甚至连柏拉图本人的影像都不是，他只不过是"柏拉图戏剧中的主人公"，而我们必须像对待"伟大剧作家或小说家"的作品那样对待柏拉图的这些作品。

78 费了15年最好的时光，他发现这个人物与柏拉图的苏格拉底一样是虚构的，不久前他承认那些岁月完全被浪费了。人们原本可以更早些清楚地认识到：只要涉及到方法，那么，柏拉图所做的实际上也是同样的事，尽管结果完全不同，原因在于这是一位最有天赋的诗人兼哲学家与尽善尽美的艺术家所做的。也许我们就应该这样看待柏拉图，而不应该像某些人那样把他当作一位伟大的神秘化的人物。诚然，柏拉图是一位讽刺大师，而且正如冈佩茨指出的，在其最基本的意义上，这种"讽刺"是一种"神秘的快感"。但是即使我们看到柏拉图的讽刺具备了我们必须经常面对的意义，它也只是柏拉图那渊博和多才多艺的头脑的一种因素。

某些现代研究者目前往往认为第三种因素的意义最重要。正是在舞台上，我们似乎才能找到真实的苏格拉底的影子（在戏剧中要比在散文对话作者或修辞学家手中更能密切地与生活保持联系。）但是，他不是柏拉图或色诺芬写作的戏剧对话中的苏格拉底，他只是一个较小的诡辩哲学家，一个卑微的第欧根尼派哲学家，但他是个出色的人物，具有吸引力和鼓动性，他的特殊气质完全

79 与众不同。这是一个有独创性的人物，他代表不了哲学上的一个转折点，但是这又有极充分的可能性，我们甚至对下列可能性都不会感到惊奇：这位哲学戏剧大师是为了自己的目的从现实生活中和舞台上汲取了这个人物的。

我本人为了弄清楚我们的传奇人物苏格拉底可能以什么方式出现（我远远没有肯定这是真实的情况），有时就想起了奇得雷（Childley）。他是澳大利亚的诡辩派和犬儒派哲学家，我们使用这两个词并没有贬义，而且在我看来，毫无疑问，他是澳大利亚迄今为止最有独创性、最杰出的人物，虽然他不是当地居民，但他几乎在那里度过了一生。他总是贫穷，他与大多数哲学家一样，神经系统生来就是病态的，但是他的体格却健壮魁伟。他不仅容易受到外在环境的冲击，也容易受到内在冲动的干扰，过去他常常屈从这些影响，但当他拥

有了自己的哲学以后，他对它们就渐渐地、痛苦地获得了完全的控制能力。尽管他有一些失误，他与奥古斯丁、班扬和卢梭一样也确切感觉到这些失误，但是他具有一种真正的高贵品格，一种苦行僧似的坚定，一种纯正的性格。我从来未见过他，但我也许比那些与他有接触过的人更能深刻地理解他。多年来我都与他保持着联系，他给我的最后一封信是他去世前不久写的，他总是认为我应当被他不得不揭示的真理说服了，他从来都不能清楚地理解我带着怀疑的同情态度。他吞食了他所能接触到的所有哲学性文学作品，但是，他的哲学（从希腊的意义上讲，这是生活方式，而不是从我们现代人把它看作概念体系的那种意义上讲），是他自己的哲学：这是一种关于大自然的、朴素与完整的新观念，它之所以新只是在于它触动了一种新的情感，有时它的方式是过分的或古怪的，他坚定不移地坚持自己的献身精神，他从来没有失去信心：一旦人们认识到这种新观念，他们所有人都会接受它。因此（作为对公众感情的让步）他在悉尼的大街上穿着浴裤到处跑，希望找到什么地方可以作他的神殿柱廊，在那里与所有自愿抱着热切信仰，有敏捷头脑的人们用尖刻的言词争论和讨论。少数人被他说服了，但大多数人感到骚扰和震惊。警察一次又一次地折磨他，他们感到必须对这种在街头上极有伤风化的行为进行干涉，由于他极力坚持我行我素，而又无法对他提出任何严重的指控，于是，他们请来医生进行合作，所以他经常出入的是精神病院而不是监狱。任何人都不应受到指责，这不是任何人的过失，如果有人超越了普遍受人尊重的体面概念，他肯定就是一个罪犯，即使不是罪犯，那么他也是一个精神病患者，但社会组织对哲学家并不在意。在今天，爱好哲学的希帕齐亚与她的丈夫肯定不会在大庭广众中完成他们的婚礼，而我们现代的哲学家却都会逆来顺受地承认哲学与生活没有关系。每个人的行为都要遵照相应的适当习俗，正如在托尔斯泰的伊凡·伊里奇临终之前每个人都要举止得体。人们正在为奇得雷准备停尸

80

81

床，他知道这一点，但他毫不犹豫地抓起他们递给他的杯子，一饮而尽。他认为自己只能这样做。杯子中没有传说中的毒芹，但是，它同样可以置人于死地，这似乎成了对死亡的正式谴责的所有戏剧性象征，正如在古老的雅典编年史中记载的一样（柏拉图对这些很熟悉。）但是在悉尼并没有柏拉图。如果悉尼真有柏拉图，那么，人们就很难设想还有什么人更适合他那变化艺术的目的。通过令人鼓舞的媒介，这位平民诡辩派和犬儒派哲学家，在保持自己原形的某些粗野的同时，也将获得一种新的光彩，他的古怪行为会被理想化，他的病态将成为神秘财富的象征，他的命运将会像它真是在物质中的形式那样被神圣化，他将成为一位代言人，他不仅要成为他实际上述说的真理的代言人，而且还要像柏拉图笔下的苏格拉底那样，成为神圣雄辩的代言人，而在现实生活中，他在其边缘只会颤抖，他将像一切终将逝去的最优秀的哲学家那样消失在音乐之中。[1] 因此，奇得雷最终会进入现代历史，正如

82 苏格拉底已经进入古代历史一样，他将成为哲学的圣者和殉道者。[2]

　　如果事情真会这样（当我们学会真实地看待他的时候）：真正的苏格拉底这个形象的重要性肯定会减低，那么，那位为我们塑造了我们现在看到的这个形象的艺术家的光辉就会无限地增加（这正是我们此处所关心的事情）。他再也不仅仅是这位伟大大师的聪明和才华横溢的门徒了，他本人也成了一位大师和首领，成了欧洲哲学中一位主要人物的辉煌创造者，成为迄今为止世界所知的最不可思议的艺术家。因此，当我们回顾欧洲的精神历史时，我们可以说它的两个最卓越的形象，即哲学与宗教上的两位殉道者，都

---

❶ 在《斐多篇》中，柏拉图笔下的苏格拉底说，在梦中经常有人盼咐他去作曲，他认为这就是鼓励他去追求哲学，而哲学就是"最高贵、最优秀的音乐"。

❷ 在讨论苏格拉底时，我曾几次引用了迪普雷尔菲凡的著作：《传说中的苏格拉底》（1922）。迪普雷尔本人带有一点讽刺意味地推荐读者仔细阅读由齐勒尔·格鲁特和冈佩茨合著的有关苏格拉底的优美而重要的著作。

是人类想象力的产物，而无论从中塑造了这两个形象的人是否真实。因为在这里，我们一方面看到了欧洲最有才华的思想家，另一方面我们也看到了一伙未开化的人，笨拙地使用着与前者完全相同的希腊语言，用一种甚至超越了人类所能达到的一切有意识技术的无意识技术工作着，然而这二者都为人类灵魂只能在艺术中真实地生存的、只能通过艺术掌握的真理留下了不朽的见证。因此艺术中存在解决哲学冲突的办法。在这里我们看到了现实主义，或曰对事物的发现，它与唯心主义，或曰对事物的创造联在一起。艺术就是被体现出来的它们之间的冲突的和谐。欧洲精神生活中的这两个最卓越的形象比一切都更微妙地象征了这一点，他们就是柏拉图笔下的苏格拉底与福音书中的耶稣，在我们面前二者同样都是作为讽刺大师出现的，这一点非常重要，值得注意。

在哲学中再也没有一位像柏拉图那样伟大的艺术家、那样卓越的戏剧家了。但是，在后世，哲学家自己往往也乐于承认：即使他们不是像柏拉图那样的戏剧家，在他们的天赋中也有诗歌与艺术的成分。谢林曾指出："人们不明白为什么对哲学的感觉就应该比对诗歌的感觉还要更广泛地被传播"，显然，他认为二者是等量齐观的。后来，F. A. 朗格在他那令人难忘的《唯物论史》中也明确地把哲学概念作为诗歌艺术提出来。在我们的时代，有一位与东方宗教哲学有特殊密切关系的杰出思想家也说："哲学是纯粹的艺术"。"思想家根据思维规律和科学事实工作，这正如作曲家用音调工作一样。他必须找到和弦，必须思考出乐句，必须使部分与整体建立必要的关系。正因为这一点，他才需要艺术"❶。柏格森把哲学看作艺术，在大众的

---

❶ 参阅赫尔曼·凯瑟琳（盖沙令）《艺术哲学》（1920年，第2页）他把对艺术的需要与对哲学的需要联系起来，以便拥有一种主观的人物特性，如果没有这种特性，它就没有价值，没有任何内容了。

84 眼中克罗齐是柏格森的竞争者，他与这位法国哲学家有过有趣的接触，尽管他的观点截然不同，他仍然反复指出：我们应该阅读的是哲学中有诗意的真理而不是其历史的真理，举例来说，他提到尼采，提到与他有极密切关系的哲学家黑格尔时就是这样讲的。诚然，在这一问题上，克罗齐的观点是不容易说得十分清楚的。他把美学包括在哲学中，但是，他并没有把哲学看作艺术。对他来说，艺术是心灵中的第一个也是最低的层次，但这不是按等级，而是按顺序来讲的，在艺术上还有另一层次与它结合在一起。或者如他经常不断提出的："艺术是我们全部理论生活的根。如果没有根，那就既不会开花也不会结果"。❶ 但是，对克罗齐而言，艺术本身不是花朵，也不是果实。在克罗齐满意地达到现实之前，必须引入"概念"和其他抽象物。克罗齐使用一种技巧将思想的领域扩展得如此之大，有人对这种技巧羡慕不已，但这些人也可以提出这样的看法：尽管克罗齐急切地想与具体事物保持密切联系，但他在这里并不总是成功的，他倾向于围着文字绕圈子，正如一位把

85 艺术哲学降低为语言哲学的哲学家可能会做的一样。但无论这是怎么回事，下面这一事实都值得注意：艺术与哲学的密切关系已经得到当今两位最引人注目的哲学家的承认，已经被提高到广为人知的显著地位，而不顾这两位哲学家本人，他们一个是彼岸哲学家，一个是此岸哲学家。

如果我们转向英国，我们就会发现：在一个过去不容易作出但现在已经成为普遍见解的时代和国度里，莱斯利·斯蒂芬爵士是与F.A.朗格相一致的（无论他是否知道这点），在19世纪他写信给莫利勋爵说道："我认为哲学实际上是由诗歌而不是由逻辑构成的，而诗歌与哲学的真正价值并不是自命

---

❶ 参阅克罗齐《美学问题》，第15页。我必须承认，对我来说，我在羡慕克罗齐广阔视野的同时，有时在阅读他的著作时我也不幸地扮演了巴兰的驴子的角色。我祝福他，但多少也诅咒他。

的理性，而是用这种或那种形式揭示的某种人生观。"我们知道，这正是人们一直在说的观点，如果对作为人类思维典型代表的科学家和哲学家来说这是正确的，那么，对地球上每个思考着的人来说就更为正确了，而且从有意识的思维开始以来就是如此。世界是一堆彼此没有关系的印象，就如它最初为婴儿的感官留下的印象一样，它们杂乱无章地落在感官构造上，一切似乎都在一个平面上。对婴儿来说，月亮与母亲的乳房都一样远，尽管他具有一种天赋的精神结构能把二者并列与区分开来。只有当我们开始思维的时候，我们才能把这些毫无关系的印象排列为可理解的组合，思维也就这样成了具有艺术的本质。❶

此外，所有这类艺术也可以说是一种虚构的发明。那个构成了许许多多现代哲学基础的伟大和根本的真理在汉斯·法伊兴格尔的《似是而非的哲学》（Die Philosophie des Als ob）中阐述得最清晰、最详细。

二

汉斯·法伊兴格尔❷在英国一直很少有人知道，❸由于他总是强烈地爱

---

❶ 詹姆斯·辛顿在许多领域中都是一位先驱，50年前他就清楚地看到思维实际上是一种艺术。他在《思维的艺术》的几个章节中写道："思维不仅仅是机械过程，它也是一种伟大的艺术，是所有艺术的领袖……那些只能被称为思想家的人具有一种天生的禀赋，适于工作的特殊天资，此外，它们还受到勤奋培养的训练。尽管我们继续假定每个人都有思维能力，难道我们不认为这个假设有某种谬误吗？难道我们没有感觉到某些人为自己信与不信而设立的'理由'往往根本并不存在吗？艺术的才能就是想象力，就是看到不可见事物的能力，就是使我们自己从中心摆脱出来的能力，就是把我们自己减低到我们真正比例的能力，就是能真实运用自己的印象的能力。而实际上这不就是思想家的工作的主要因素吗……科学就是诗歌。"
❷ 汉斯·法伊兴格尔（Vaihinger, Hans, 1852~1933），德国哲学家，新康德主义者。——译者
❸ 就我所知，迄今为止，我是第一位对他的著作用英文写出评论的人（除去哲学杂志），那篇评论见几年前在伦敦出版的《国家与雅典娜神庙》，本章也采用了其中某些内容。

好英国的思想，这就更引人注目了，他那有名的著作表明他对英国思想很熟悉。他在早年与许多英国人有过往来，他深深怀念着他们、他对他们表示敬意，其中不仅有达尔文，还有休谟和穆勒，后者对他本人哲学的发展产生了决定性影响。在他开始自己的事业时，他曾计划写一部英国哲学史，*87* 但是，在德国，那时对这个题材的兴趣非常淡泊。以至他懊悔地放弃了自己的计划，而投身到对康德的研究中，由于他没有作出积极的努力，这只成了他本人更有特色的工作的副产品，但这是一种恰当的研究，因为在康德哲学中他看到了"似是而非"学说的萌芽，换言之，就是人类生活中的虚构具有的实际意义，尽管这不是传统上人们默认的康德思想（他本人确实并不知道这点，他的深刻洞察被他极端保守的反动倾向进一步遮蔽了），然而，法伊兴格尔发现在康德的著作中，这确实起了很大作用，甚至可以认为这是他看待事物的特定的、带有个人特色的方式，法伊兴格尔指出，与其说康德是个形而上学家（metaphysician）还不如说他是个隐喻专家（metaphorician）。然而，即使在他的康德研究中，我们也能看到英国的影响，因为在法伊兴格尔的著作中，此时已经吸收了F. A. 朗格的新康德主义思想，并沿着经验主义和实证主义的方向发展了它。

显然在法伊兴格尔的精神中，有某种使他与英国精神联系起来的东西。我们在他的肖像中就可以看到这点，那不是一张哲学梦幻者的面孔，不是书*88* 斋中学者型的面孔，而是一颗行动的实践家、勇敢的冒险者、似乎要与世界中具体事物进行斗争的人的热烈、强有力的头颅，换言之，我们认为这种人是专门属于英国的。诚然，他可能就是原来想要成为的那种人，他所向往的人生是一种充满行动和体育运动的人生。但这不可能。与生俱来的极度近视造成的缺陷使他时刻都无法忘怀。其结果就是：他的实践能量在哲学中得到了升华，但是它依然保持了同样强有力的动态特征。

至于其他的一切，诸如他的出身、教育以及职业似乎完全属于德国的。像许多杰出的人物一样，他出生于一个施瓦本牧师的家庭，他本人也曾有志于神学，只是由于他在大学中的学业非常出色，他才转向了哲学。同样像其他许许多多人一样，16岁时他受到了赫尔德尔的《人类历史哲学大纲》的深刻影响，这不仅与此时他的有神论与泛神论思想倾向调和起来，而且首先在他的头脑中植下了从动物起源的人类历史的进化论概念，这在他的精神素质中形成了最基本的因素。一年后他遇到达尔文的学说时，他感到他们似乎是老相识了。这些影响与柏拉图的影响相互平衡，通过柏拉图的"理念"他第一次瞥见了一个"似是而非的世界"。稍后不久，他的一位老师在拉丁句法的逻辑分析中，特别是在连接词的用法中对他进行了紧张训练，这为他在后来从中引出现在这个著名的短句提供了源泉。正是在这些年代中，他得出了他一直明确提倡的一个观点：哲学不应该成为一种孤立的研究，而应成为任何研究的一个自然组成部分和必然结果，因为把哲学本身作为一门学科是不会有成果的。他发现，特别是，如果没有心理学，哲学就只能是"方法的抽象"。席勒的诗歌和散文在这些年代对他形成了重大影响，席勒与他本人一样也是施瓦本人，而且与他的家族历史有些联系。席勒不仅是一种令人鼓舞的影响，正是在席勒的名言："只有错误才是生命，知识就是死亡"中，他才找到了自己的"虚构主义"（fictionalism）的最初表达方式（无论这种说法多么不公正），另外，席勒关于游戏的冲动就是艺术创造及享乐的基础的学说似乎也预示了他本人后来的学说，因为后来他在游戏中看到了审美实践与意图的核心："似是而非"。

法伊兴格尔18岁时考入图宾根的施瓦本大学，在那里他兴趣广泛、热烈的精神能自由地随着自己的冲动驰骋。他表现了对自然科学的兴趣，因此也对古希腊自然哲学家，尤其是阿纳克西曼德发生了兴趣，因为他们预见了现

89

90   代进化论学说。亚里士多德也吸引了他，此后还有斯宾诺莎，最突出的是康

德，虽然使他着迷的主要是形而上学的二律背反与实践理性。像往常一样，

他最感兴趣的似乎还是具有实践目的的那些东西。谢林、黑格尔和施莱尔马

赫❶这些德国官方唯心主义者对他没有任何影响。他从这些人转向了叔本

华，从那时起，他吸收了悲观主义、非理性主义和唯意志论思想，后者成了

他思想体系的永恒特色。正如他本人指出的，非理性主义与他早年受到的一

切影响截然相反，但是他本人的境遇中就有这种因素。他性格上的冲动与各

方面精神饱满的实践活动的强烈对比，由于近视而加重的自我克制、消极与

孤独对他来说似乎是绝对地非理性的，这又突出了他对一切存在的非理性观

念。因此一种哲学，如叔本华的哲学就真实地承认和允许存在中的非理性的

因素作为启示出现。我们可能会想到，法伊兴格尔的悲观主义几乎很难具有

人们普遍认识的那种悲观特点。它仅仅是承认这一事实：大多数人都是过分

乐观的，因此倾向于悲愁，而有一点悲观主义则会使他们免于过度悲伤。远

在第一次世界大战之前，法伊兴格尔就感到对德意志帝国的军事力量、德国

在世界中的地位，许多德国人是过分乐观的，因此这种乐观主义会很容易导

致战争和灾难。在1911年，他甚至计划匿名在瑞士出版一本小册子：《制止

91   日耳曼人》，扉页题词是："上帝要毁灭一个人，必先使他疯狂"。只是由于

他的眼疾突然恶化才未能如愿。法伊兴格尔指出，在过去很长时间内，有一

种不正当的乐观主义使德国的政治（他也许说过，这也使那些在后来与德国

对立的国家的政治）失去了预见能力、使它们草率匆忙、傲慢自大，他可能

还会补充说，即使有一点点悲观主义也会使这些互相敌对的国家发现一个并

---

❶ 施莱尔马赫（Schleiermacher，Friedrich，1768~1834），德国神秘主义神学家，对新教徒
思想有强烈影响。——译者

不遥远的真理：在这样一场冲突中，即使是胜利者也会遭到与失败者同样的损失。法伊兴格尔早年曾开玩笑似的把人类界定为："饱受夸大妄想狂折磨的猿人种类"。他也承认，无论这个定义包含了多少真理，它多少也是有些夸张的。有人可能会说，人们肯定会新奇地注意到：许许多多的人肯定会对自己未得到满足的乐观主义感到自豪，而乐观主义最盛行的地方就是精神病医院。他们似乎绝不会停下来考虑一下摆在他们前面的目标，尽管肯定有少数人在回顾过去时，也没有发觉他们本来可以预见以及借助一点点悲观主义就可以避免的可怕意外。神要毁灭一个人，先要使他疯狂，这些神几乎毫无例外地总是使这个人变成乐观主义者然后才做到这点。人们可能会大胆地主张：古典主义的古代文明与现代文明之间的主要哲学差别就是在后者中广为流传的轻快的乐观主义以及这一事实——所有在现代最著名的古代作家都是得意扬扬的乐观主义者（或实际是享乐主义者）。贺拉斯之所以著名，几乎不是由于他的精湛技巧。想在人生旅途上穿过交织着的危险稳健行走的人，经常要有一点乐观主义，也要有一点悲观主义。

92

有人曾对法伊兴格尔如饥似渴的求知欲望进行过研究。诚然，他的求知欲异乎寻常地强烈，而且几乎是包罗万象。很少有什么领域他不曾涉足，无论是通过书本还是向专家本人求教。他探索过所有自然科学，他学过希腊考古学和德国哲学，他向罗斯学习过梵文。当他认识到自己完全不懂数学时，他又热情地投身于解析几何和微积分，后来他认为这种学习富有哲学成果。最后，于1874年他阅读了刚刚出版的增订并做了多处修改的F. A. 朗格的《唯物论史》，因此可以说他走完了自我发展的一个循环。这时他认识到最高尚层次的精神的存在，最广泛的文化、最优美清澈的观念、最热情的宗教激进主义与心胸宽阔的容忍，高尚道德的平均主义使它丰富起来，所有这一切都显示在一部完美的杰作中。此外，朗格的观点几乎就是法伊兴格尔独自为之

93 奋斗的观点，因为前者揭示了他已经认识到的关于虚构在人生中的地位的观点。他慷慨而热情地把朗格称为大师和领袖是不足为奇的，但是，他后来写的著作是属于他个人的，朗格只是为他表达的思想种下了新而富有成果的发展的种子。❶

　　在1876~1877年，法伊兴格尔写下了自己的著作，对如此年轻的思想家来说，这是一个重大成果，因为那时他只有25岁。这部著作从未进行最后校订，因此在形式上留下许许多多的特殊之处。严重的眼疾似乎是此书迟迟不能出版的主要原因，作者认为此书太富革命意义而不能用不完备的形式出版。他宁愿让它在死后出版。

　　但是世界不是静止不动的，在此后30年中，发生了许多事情。法伊兴
94 格尔看到一套新的实用主义思想大行其时，其观点与他本人的观点很相似，只是形态粗略些，它似乎把哲学当作了"神学的娼妓"。许多杰出思想家都按照多少与他类似的态度工作，尤其是尼采，长期以来他就对他（以及许多其他当代的思想家）抱有偏见并加以回避，但是现在才发现他是一个在思想上意气相投的"伟大解放者"。法伊兴格尔认识到他的许多概念正在独立地被人从四面八方提出来，而且往往是用他认为似乎不完备或错误的形式提出来。再迟迟不出版自己的著作就不明智了。因此，在1911年《似是而非的哲学》问世了。

　　法伊兴格尔着手解决的问题就是：我们怎么能根据有意识的谬误观念而得出与自然相和谐、在我们看来就像真理一样的结论呢？我们这样做是显而易见的，特别是在"严格的"科学学科中。众所周知，在数学中，我们是从

---

❶ 法伊兴格尔教授关于雷蒙德·史密斯先生具有高度价值的丛书写下了引人入胜和富有启发性的介绍自己发展的文字，我是根据这些文字做出上述简要介绍的，史密斯的丛书是《当代德国哲学的地位》（1921），第2卷。

谬误出发而进入法则王国的，我们关于世界本质的全部概念都是建立在我们认为它并不存在的那个基础上。因为即使是最严肃的科学研究者、最彻底的实证主义者也不能离开虚构，他至少也要利用各种范畴，而它们就已经是虚构、类似的虚构或标签，我们从中得到的乐趣就像孩子们知道了一件事物的"名称"一样。确实，虚构是逻辑不可缺少的补充，甚至是它的一部分，无论我们是通过演绎还是归纳进行工作，这二者都与虚构紧密相连，公理更近似于虚构，尽管它们试图作为基本的真理。如果我们理解了公理的性质，那么，爱因斯坦的学说（它把我们非常熟悉以至认为是不证自明的真理的公理扫得一干二净，而且用其他由于我们不熟悉而似乎是荒谬的公理取而代之）可能就不会如此令人困惑不解了。 95

法伊兴格尔详细指出，物理学、特别是数学物理学是以虚构为基础的，而且富有成果。无穷、无穷小、无穷大会帮助照亮我们的思维操作，它们就是虚构。希腊人不喜欢它，而且回避它，"这一概念的逐渐形成是科学史中最有魅力、最有启发性的主题之一"。诚然，它是人类精神历史中最值得注意的奇观之一，我们看到了逻辑冲动的作用第一次在黑暗中摸索，逐渐构筑了易于获得宝贵帮助的概念，但其中充满了毫无希望的矛盾，与真实的世界没有任何关系。法伊兴格尔指出，绝对空间也是一种虚构，而不是新的概念。霍布斯曾明确肯定，它仅仅是一种幻象（*phantasma*），莱布尼茨同意这点并补充说：它只是"几个现代英国人的谬见"，他还把时间、广延和运动称为"理想的事实"（choses idéales）。贝克莱在攻击数学家有缺陷的概念时，并没有看到正是利用了而不是抛弃了这些逻辑上有缺陷的概念，他们才获得了有逻辑价值的结果。虚构的所有印记都留在数学家的纯粹空间这个概念上，这是不可能、不可思议的，然而事实证明它又是有用、有成果的。

关于"力"的冗赘虚构（"力"是关于连续不断的关系这一事实的空洞 96

重复），是我们带着无限满足、带着获得某种东西的感觉常常依靠的一种虚构，它是一种有助于陈述和体验的极为便利的一种虚构。它是最著名，同时也必须指出，它也是最致命的幻想之一。比如，当我们谈到"生命力"及其冲动（ēlan）时，或者谈到任何其他我们喜欢对它应用的精致术语时，我们不仅概括地把许多孤立的现象混和在一起了，而且面临着一种危险：把我们的概念当作某种实际存在的东西了。当两种过程互相追逐时，我们往往受到诱惑，把将被另一过程追逐的第一个过程的性质称为它的"力"，而且用所得结果的量值来测度这种力。实际上，我们只有连续和共存，"力"只是我们想象的某种东西。

因此，我们绝不能像在前面对待时尚那样轻蔑地对待我们的想象，而是恰恰相反。法伊兴格尔指出，英国哲学中的两个伟大时期是以奥康和休谟为终结的，事实上，他们每个人都吸取了虚构的观点，但二者都不过是过分偏重于消极的方面，而没有体会到虚构的积极与建设性的价值。他还指出，英国的法律最能体现这一点，甚至达到了荒谬的程度。只要选择了正确的虚构，任何东西都不如虚构这样宝贵。"物质"就是这样一种虚构。世界上仍有人带着高傲的轻蔑谈论"唯物主义"，他们是善意的，但不幸的是，他们滥用了自己的术语。当贝克莱揭示"物质"的不可能性时，他以为他能够把这个概念作为无用的东西抛弃。他大错而特错了，这个逻辑上有矛盾的概念极有价值。物质是一种虚构，正如在一般科学操作中所用的那些基本概念大多数都是虚构一样，而世界的科学物质化已经证明是一种必要的、有用的虚构，只有当我们把它当作假设，因而可能是真实的时候，它才是有害的。表象的世界是一种虚构的体系。这是一种我们可以借助它调整自己方向的符号。科学的职责就是要让这个符号愈益适当，但是，它仍然是一个符号，一种行动的手段，因为行动是思维的最终目的。

物质最终要被归结为"原子"，法伊兴格尔同样也把它看作是一种虚 　98
构，尽管起初它是被当作假设的，我们可以补充一点，自从法伊兴格尔写下
这点以后，它似乎又回到了假设的阶段。● 当博斯科维奇● 仅仅把"原子"
当作能量的载体时，它又成了"名副其实的假设中的无"。同时，我们还必
须理解任何"物"都是一种"概括性的虚构"，正如人们经常说的那样：认
为一"物"具有某些性质而且还具有脱离这些性质的一种真实存在，显然只
是一种方便的讲话方式，是一种"文字性的虚构"。正如牛顿本人指出的，
"引力"也属于概括性的虚构。

法伊兴格尔特别仔细地区别了虚构与假设和教义的关系。他认为从方法
论上讲，这种区别是极为重要的，尽管往往不容易做到。"教义"是被当作
绝对和毫无疑义的真理提出的，而"假设"是可能的或或然的真理，比如达
尔文的遗传学说，"虚构"是不可能的，但它能使我们得到对我们来说是相
对真理的东西，而且更重要的是，假设只能用于知识，而这样使用的虚构则
成了实践行动的指南，是我们认为进步的东西不可缺少的。因此罗马法的强
大、文明的结构也是借助于罗马人自己认为是虚构的东西构造的，而在英国
法律不同的、更灵活的体系中，行动的持续不断的灵感则是由大宪章（Magna
Carta）获得的想象的特权提供的，尽管我们现在认为这些特权是虚构的。我
们的许多观念往往要经过教义、假设和虚构这三个阶段，有时按这种顺序，
有时又按另一种顺序出现。假设特别呈现了一种为精神所不喜欢的易于变动
的稳定状态（labile stability），因此，它常常不是变为教义就是变为虚构。　99

● 恩斯特·卢瑟福指出："大多数研究原子构造的科学家都采用了一种工作假设：物质原子
是纯粹带电的结构，他们最终希望把原子的性质解释为两种基本单位，即正、负电核、质子和
电子某些结合的结果。"（参阅《自然》第5期，1922年8月）
● 博斯科维奇（Boscovich Roger Joseph，1711~1787），意大利天文学家、自然哲学家，数学
家，自然科学家。——译者

基督教的观念起初是作为教义出现的，在近代几个世纪思想家的头脑中也曾经历了三个阶段：起初作为虚构出现的柏拉图的神话不仅经历了三个阶段，而且又出现了反复，现在又重新被当作了虚构。具有科学价值的虚构是现代的产儿，但是我们已经摆脱了只能把虚构用于精确科学的时期。

　　我们这样看到在生物学和社会科学中，虚构正在开花结果，甚至在人类精神活动的最高领域中也在开花结果。林奈分类法以及类似的分类体系也是虚构的，尽管它们是作为假设提出的，它们仅仅像图画、再现形式一样具有价值，但是会导致矛盾，而且易于被其他可以提供更有帮助的图像的体系取代。世界上仍有一些人轻蔑亚当·斯密的"经济性的人"❶，似乎他们纯粹是从自私自利的人生观出发的，尽管巴克尔❷很早以前（抢在法伊兴格尔前面）就已经指出斯密有意识地利用了一个"有效的技巧"，把他知道本质上是无法分开的事实区分开来（他把截然不同的一种人作为自己道德理论的基础），因为这样他才能对被观察的现象得出大致真实的结果。边沁也为自己的体系采用了一个虚构，虽然他认为这是一个假设，而穆勒批评这是一种"几何性"的虚构，法伊兴格尔认为这种批评是正确的，但他的方法并不因此就失效，因为在复杂的领域中，没有其他富有成果的方法可以选用。

　　当我们探讨我们最高贵、最神圣的概念时，也可以应用同样的法则。在法伊兴格尔以前的启蒙哲学家和神学家就已认识到肉体与灵魂之间的差别同物质与力之间的差别并无不同（都是临时性、有用的区分），他们还认识到光明与黑暗、生命与死亡都是抽象，确实是必要的，但在对现实应用时，永远要谨慎从事。在通向道德世界的门槛上，我们遇到了自由这个观念，"这

---

❶ ecomomic man，一译经济人或经济人假设。——译者
❷ 巴克尔（Buckle, Henry Thomas, 1821~1862），英国历史学家。——译者

是人类迄今为止构成的最重要的概念之一"，在时间历程中，它曾经是教义，也曾经是假设，现在在许多人的眼中，它是一种虚构，然而我们不能没有它，尽管我们坚信我们的行动是由不可违抗的法则决定的。其他许多伟大概念往往也遵循同样的发展过程。比如上帝、灵魂、不朽、道德世界的秩序。批评性的听众理解在应用这些伟大字眼时，它们的含义是什么，法伊兴格尔补充说，如果没有批评能力的人产生了误解，那么这有时也是有用的。因为这些事物是理想，而从逻辑上讲，所有理想都是虚构。正如科学导致了想象，同样，生活也导致了不可能，没有这些概念我们就无法达到我们生来就要攀登的顶点。"无论如何，照字义讲起来，我们最有价值的概念都是一文不值的"。

当我们回顾法伊兴格尔总结的这个广阔领域时，我们就会发现思维和存 101 在必须永远都处于两个不同的层面上。黑格尔及其门徒打算把主观过程转变为客观的世界过程，法伊兴格尔强调这是无法实现的。自在之物、绝对，仍然是虚构，但是，是终极的、最必要的虚构，因为没有它们，表象就不可理解。我们只能把现实理解为赫拉克利特的偶然事件的溪流（尽管法伊兴格尔没有指出：这一"现实"也只能是一种形象或符号），而且如果我们不是依靠虚构才获得了用来控制现实之流的想象性的立场和界限，那么，我们的思维本身也将流动不息。思维的特殊艺术和目的就在于用与存在本身截然不同的其他方法去获得存在。但希望用这样的方法理解世界是既不现实又愚蠢的，因为我们只是试图理解我们自己的虚构。我们永远也无法解开所谓的世界之谜，因为对我们来说似乎是个谜的那个东西只是我们自己制造的矛盾。尽管思维的方式并不等于存在的方式，因为它们的基础截然不同，但是思维与存在往往有某种相似之处，虽然我们考虑的现实是被我们歪曲了的现实，但实际结果却又往往是正确的。正因为思维不同于现实，它的形式也必须有

102 所区别，以便与现实相适应。我们的概念、我们约定俗成的记号，都具有一种虚构的功能，等级较低的思维可以比作纸币，而较高级形式的思维则是一种诗歌。

因此，想象是所有思维的组成部分。我们可以对实际的科学思维与无功利性的审美思维加以区别。然而，所有思维最终都是一种比较。科学虚构与审美虚构相似。诗人是所有思想家的典型：诗歌与科学两种领域之间没有明显的界限。二者本身同样都不是目的，而是达到更高目的的手段。

法伊兴格尔的"似是而非"学说不能不受到来自不止一方的批评，相当明显的是，无论其总的原则多么合理，特殊的"虚构"都可以改变其地位，而且自从那部著作问世以来就已出现了这种情况。此外，这一学说本身也并不总是十分一致的。而且我们也无法认为，法伊兴格尔已经回答了他提出的那个问题。无论如何，在哲学中，重要的不是实现目的，而是顺便遇到的事物。法伊兴格尔的哲学不仅有趣，因为它非常清晰、非常生动地描绘了现代思维中的一种广泛流行的倾向。如果得到正确的理解，它就能为那些曾看到 *103* 过自己梦想的精神大厦（无论是什么样的大厦）而又在它面前跌倒、不禁产生幻灭情绪的人提供一种强劲的影响。我们制造了自己的世界，如果我们把它建得歪斜了，我们可以重新制造它，使它更近似地忠实于事实，尽管不可能绝对忠实。这个世界永远都不可能最后建成，我们总是走向那些能更真实地回答我们不断增长的知识及经验的更大、更好的虚构。法伊兴格尔讲得很好，甚至我们走路也是由一系列有规律的错误、由固定的连续不断落在这一侧、又落到另一侧的动作才能完成的。我们一生的全过程也是这样，一切思维也是一种经过调整的错误。法伊兴格尔强调指出，我们不可能胡乱选择我们的错误，或根据使我们愉快的偶然事件来选择，这样的虚构只能变为使人愚钝的教义，古老的休眠力（*vis dormitiva*）就是它们的典型，它们只是那些没有重要用途、不能给我们任何帮助的外壳。有好的虚构也有坏的虚构，正如有好的诗人，也有坏的诗人一样。正是在对我们的错误进行选择和调整的过程中，在我们准备接受对不可达到的现实的无限接近的状态中，我们才能正确地思维、正确地生活。只要我们能在这种调整中取得成功，我们就能胜利。福煦在他的《战争法则》中引用了德·梅斯特的话："人们自己认为已经失败的战争，才是失败的战争"。在虚构中胜利的战斗才是胜利。在生活的战斗中，在生活的全部艺术中也是如此。弗洛伊德认为梦就是帮助我们睡眠的虚构，我们可以把思维看作帮助我们生活的虚构。人类要依靠想象生活。

三

我们认为，我们最高尚的行为是从我们习惯上看作是最低级的行为中产 *104* 生的。诚然，这只是进化的必然结果，与我们一样的两足动物也是由多足动物脱身出来的，我们现在认为后者只不过与一些寄生昆虫相去不远，而且，那些两眼注视星辰的成年人（有时他们就这样想），几年前不过只是一头四脚爬行的幼兽罢了。哲学家、科学家以及任何有时也思考似乎是抽象或无功利性问题的普通人的冲动，初看起来似乎是伟大的原始本能十分次要和间接的产物（我们必须把思维游戏的全部范围包括在对好奇刺激做出的反应中）。然而要把这种次要的冲动与根本性的原始本能，也许是最主要的本能，比如性本能，直接联系起来也并不困难。从精神方面讲（当然这不是其最基本的方面），性本能主要是，也许完全就是对好奇刺激做出的反应。在精神表层下，真正的活力是急于行动的以生理为基础的本能，但是，第一次

105　意识到精神刺激的男女少年并没注意到其所由产生的本能，甚至可能把这作为它的特定生理表现而忽略其重要性。儿童只能意识到新的奇特事物，而他不断地从任何可以接触到的或可能的信息来源得到满足，其本身永不休止的活动的想象力造成的紧张努力也会提供帮助。这与那些面临复杂而又无法解决的问题的形而上学家、生物学家或任何思想家所处的位置完全相同。使儿童首先受到这种挫折的就是这种障碍，他们不像这些思想家，由于执拗的大自然的沉默而遭受挫折，而是由于家长或教师的沉默或由于他们有意使他步入迷途而遭受挫折。

　　婴儿到底是从什么地方来的？这可能是许多儿童最早遇到的科学问题，用这种方式提出问题非常难于解答，从儿童习惯于求助的信息来源不会找到满意答案。他只能独自作一些自己力所能及的少量的不完整观察，他们根据这些线索探寻理性的成果，而且凭着想象编织了理论，虽然多少有些偏离真理，但也许可能对这些现象做出解释。这是真正的科学过程：理性与想象围绕着从观察现实得到的片断进行游戏，对儿童的头脑来说这无疑是一种有价值的训练，尽管这一过程过分延长就可能阻碍或歪曲自然的发展，如果从中引出的理论是完全谬误的，正如成年人某些时候引出的科学理论一样，如不及时纠正也会引向种种不幸的结果。

　　稍后不久，男孩长大进入青春期，他的头脑中很自然又会出现另一个问题：女人是怎么回事？这种相应的好奇心同样也会较少地、较仔细地隐藏在女孩心中。早些时候，这个问题似乎毫无兴趣，甚至根本不会想到提出这个问题，因为那时男女儿童很少认识到性的差异，有时根本认识不到。现在这

106　个问题有时竟成了急不可耐的问题，要解决它，男孩就必须把自己掌握的一切科学手段集中起来。世界上没有直接回答这个问题的方法，至少对那些行为端正、有自尊心的男孩或羞怯、谦虚的女孩来说是这样。这样一来，青春

的理性变得高度紧张起来，而正在发育的活力被引向各种新渠道，以便对未知的、由于不完全了解而变得迷人的现实构成一幅想象性的图画。由教义、假设和虚构构成的、在种族历史中发展而来的所有已知的主要精神过程，都本能地为了这一目的在青年人的头脑中被重新创造了，被无休止地构造、再构造和检验，以充实这幅图画。这位青年研究者成了勤奋的文学研究人员，他不辞劳苦地探索着，他在《圣经》或其他古代原始的无注释的书籍中找出有关段落。他翻看雕像和图画。也许他们会找到某些古老的粗略的解剖手册，但是那一长串拉丁文的人体构造名称对青年研究者只能造成障碍而不能带来任何帮助，他们无法把这些名称与雕像的光滑表面一一对应起来。然 *107* 而，思维的这种创造性和批判性习惯以及由这种探索激发起来的科学精神注定要产生无限的价值，甚至当这种急切探索三角区的行为已经完成了它的理性作用，它已经变成了一块熟悉的地区、他已经开始用一种淡漠，或者最多也是以一种亲切的温情看待它的时候，这种习惯和科学精神还会长久保持下去的。

无论它的结果将被证明具有多么永久的价值，这都只是一个简短和偶然的插曲。随着青春期的完结，随着成年时期的到来，一种更大、更高的激情将充满青春的灵魂。他们开始忘记了女人的肉体，他们的理想主义似乎使他们超越了肉体：他们希望了解和捕捉的是女人的个性（非常可能是某个特定女人的个性）。

在这个年龄往往会出现一种双重发展（也就是说，这些青年人具有精神发育的潜能），这种发展包括了两种恰恰相反的方向，二者同样都远离了明确的肉欲，在这个年龄，肉欲有时（虽然不经常是）在意识中处于最不突出的地位。一方面，一位理想化的异性（有时也会是同性的）人物会产生一种吸引力（也许这是一个相当遥远的人，正因为如此，他们才极容易被理想化），甚至有时这个人物是一部小说中的女主人公。这样一种理想的吸引力会起到想象性和情感性的发酵作用。这种想象力受到刺激，就首先从其偶然

108　遇到的或从内心引申出来的材料中构造了一幅理想人物的一致和谐的画图。于是感情就受到培养或训练，围绕着这样构造的人物用一种新的非个人性、没有自私心理，甚至是自我牺牲的献身精神活动起来。但是这一过程不足以占用正发育的心灵的全部能量，由于其数量非常之少，这些刺激本身由于自身的性质不可能得到任何满足，因为它们的性质决定了它们不可能得到适当的反应。

这样一来，在青春期就会出现这种情况：这条由精神能量构成的情感性与理智的溪流发源于内部，与构筑了爱情对象的最初的个人功能同时流入了另一条更大、更具有非个人特色的渠道。确实，它被引向了更高层次，被转变了，以引入新的理想对象来发挥全新的功能。宗教、艺术和科学的光彩夺目的形象（无论它们有多么真实，可能还有其他辅助来源），也是这样开始从意识底层浮现出来。它们往往会吸收和体现新的能量，而其最初的个人对象可能会沉入背景中，在这种年龄，它甚至会完全从意识中消失。

精神活动不完全局限于直接感官对象的人，每人都肯定会在某种微小范围内发生这一过程，在这个过程中会产生所有抽象思维以及所有艺术创造。

109　但是，在某些具有更复杂心理结构的个人身上，这个过程就极其重要了。诚然，在那些最高度复杂的机体中，它就变成了我们所谓的天才。在诗歌与哲学、在艺术与科学最辉煌的成就中，去观察在青春期的发展中的最初根源再也不会受到禁止了。

我们来看一看这个不断显示出来的伟大真理吧。费里罗，在赢得杰出历史学家的盛誉以前曾潜心于心理学，他在30年以前就曾提出：艺术冲动及其有关表现都是转变了的性本能，"可以这样说"，性冲动"是产生艺

术的原料"，他把这种转变与妇女不发达的性的情感联系起来，但是，这个设想太草率了，因为即使撇开这样的转变是绝不能完成的以及在妇女中远远不如在男子中那样常见这样的事实不谈，我们也必须考虑在其中完成情感转变（性别会产生差异）的两种结构的性质，因为完成工作的这两架机器显然不完全是依赖同等数量的燃料，而且还要依赖两部发动机的结构。莫比乌斯是一位杰出的、有独创精神、甚至有些乖僻的德国心理学家，他对性的能量在数量上的差异也感兴趣，他认为艺术冲动就是性的第二特征。也就是说，毫无疑问（我们可以提出一种设想）在由低级到高级的动物系列中，*110*正如雄性的外在特征与外在行为是由受到压抑的有机的性欲冲动（努力在征服雌性动物的羞怯心理的斗争中不顾一切地显示自己的欲望）发展而来的。因此在心理方面也出现了一种类似的冲动（或者说是其后来的一种发展），它用艺术的形式完成同样的任务，在以后，这种形式会变为独立的行为而且会脱离这种最初的生物功能得到进一步发展。我们认为从非常低级的动物以至人类，为雄性动物提供装饰的自然装饰物，以及由文身、饰物、服装及珠宝构成的补充，还有低级动物以及人类中都存在的游行、舞蹈、歌曲和音乐小夜曲与野蛮人的爱情抒情诗联系起来，形成了文明的最优雅的开端。

然而，值得注意的是，这些设想引起了一种雄性优越或雄性卑劣（这要根据我们的价值体系而定）的假定，它不必要地造成了偏见、混淆了问题。我们必须撇开在任何一种性别中显示的任何假定的性优势来考虑艺术起源问题。在我本人关于我称之为自体性行为（auto-erotic）行为的观念中（我在25年以前提出的），我正是想把它置于这样的基础上，因为我认为这些自动恋现象是从生物体受到阻碍的自发的性能量中产生的，而且从简单的肉体过程*111*扩展为最高级的心理表现，"要说艺术、道德和一般文明中的最优秀因素实际上可以不植根于自动恋的冲动中，那是不可能的"，尽管我仔细地补充了一点：我们一定不要把性能量向其他力量形式的转变本身当作所有人类最优秀的关于同情、艺术和宗教的天赋的全部原因。❶

沿着这条思路，我们也许可以认为（尼采、辛顿以及其他早些时候的思想家也模糊地认识到这一点）：现在人们首先正在对各种最广义中的艺术所由形成的能动过程做出重要解释。人们想到了弗洛伊德，特别是奥托·兰克，他也许是始终站在这位大师身边的最有才华、最有洞察力的青年研究人员。在1905年，朗克写下一篇论艺术家的短文❷，他在其中就提出了这种机制，而且艺术家也被置于普通做梦者与神经病患者之间，精神分析学家认为他们恰当的位置就在于此，艺术的低级形式，比如神话创作与梦境很接近，而其高级形式，如戏剧、哲学与宗教的创立都接近精神性神经病，但是这一切都具有一种升华了的植根于性能量的某些显示中的生命力量。

往往会出现这种情况，在人们对艺术家进行解释的那些尝试中，科学家被忽略或被遗忘在背景中了，而且情况确实如此。但是现在我们知道艺术与科学有同样的根源。最杰出的科学家也是公认的艺术家，而最古老的艺术形式（确实非常古老，亚瑟·伊万斯曾指出人类远在没有语言之前就会绘画了）无疑是与巫术（它就是原始人的科学，或是他们与科学最接近的东西）联系在一起的。诚然，科学本能与性本能之间的联系并不是最近才提出的见解。许多年以前一位荷兰著名作家就明确提出了这个观点。穆尔塔图里在他的短篇小说《小沃尔特历险记》的结尾处写道："大自然肯定冒着毁灭的危险聪明地行动着，在此处也聪明地把全部力量转到了一个方向。道德家和心

❶ 参阅哈夫洛克·埃利斯《性心理学研究》，卷一。
❷ 参阅奥托·兰克《艺术家：性心理学中的萌芽》。

理学家很早以前就认识到（他们没有探寻原因）好奇心是爱情的主要因素之一。但是，他们只想到了性爱，由于把两种有关的目标在相应的方式中提到更高的层次，我相信高尚的求知欲与高尚的爱情都产生于同一土壤。锲而不舍地去探寻、去揭示、去占有、去指挥、去顶礼膜拜，这是情人与大自然的探索者共同的任务和渴望。因此，每位罗斯或富兰克林都是极地上的一位维特，任何爱恋的人都是精神上的蒙哥·帕克。"

四

只要我们开始用我们徒劳地称之为无功利的方式（正如莱布尼茨所说，无功利是一个吐火女怪——Chimera，因为其中包括了更高的功利），去思考周围的世界，我们就会变成青年、变成情人和艺术家，但同时在我们思想中还有一种性形象的重要倾向❶。在我们本身，这并不总是清晰的，我们已经被文明的常规、被所谓的教育的人为形式弄得迟钝了。在比较原始思维的神话创造中这一点很清晰，但在文明时期，在天才人物（如诗人、哲学家、画家以及我们必须承认的科学家）的工作中，这种倾向得到了最引人注目的表现。我们考虑一下最早的现代科学家之一列奥纳多·达·芬奇的个性与行为，就足以理解这一点。直到最近一些时期以前，要这样描绘达·芬奇都是非常离奇的。他仍然像在他的时代一样，似乎主要是一位画家，一位世俗狭窄意义中的艺术家，或者像布朗宁指出的那样，他是最伟大的画家之一，他是能在新耶路撒冷四壁中一面墙壁上作画的画家。甚至同是这样称赞他的那

113

---

❶ 我在《性心理学研究》第5卷已经涉及了语言符号学中的性倾向，而且弗洛伊德与荣格也强调了原始传奇中的类似倾向，许多人认为是过分强调了。

些同时代人也有一点怀疑达·芬奇在这方面的能力。他完成的作品非常之

114　少，他工作得非常缓慢，他留下了许许多多未完成的作品，在他们看来，他
特别反复无常，也特别不稳定。对他们来说，他是一个永远解不开的谜。他
们没有看到任何人都没有他那样洞察一切的目光，那样专一的注意力，那样
不可动摇的意志力，而在他的脸上就可以清晰地看到这一切。达·芬奇在绘
画、雕塑和建筑中所取得的一切成就无论多么新奇和宏伟，都如最有能力的
研究达·芬奇的学者索尔米（Solmi）所说，只不过是向他的时代做出的让
步，实际上是对自己的本性的歪曲，从青年时代到老年，他把自己的全部
力量都用于一个目的：探索大自然的知识和秘密。在我们的时代，伯恩哈
特·贝林森是一位敏感、活跃、信息灵通的艺术评论家，开始时他也按习惯
观念把达·芬奇当作画家来尊崇他，随着年纪增长，随着判断能力日渐成
熟，他渐渐采取了一种更有批判性的态度，把达·芬奇的艺术成就降低到适
当的尺度，但他并没有对作为在科学中取得惊人成就的艺术家的达·芬奇产
生任何兴趣。我们应当充分地理解：轻蔑群众的气质，甚至极而言之，似乎
是仇恨社会的气质，即泰门（Timon）❶的精神（在达·芬奇的作品中曾偶然
出现）无疑不可避免地与他的人道的温情气质混合在一起。这位严肃献身于
知识的人也像《效法基督》的作者一样宣称："爱情征服一切。"这并不矛
盾。《福音书》告诉我们：这位向最神圣的社会机构及其最尊贵的代表们倾

115　泻了讽刺和谴责的轻蔑潮水的人也正是那位凭借着母性温柔的翅翼俯视人类
事物中的哀婉的人。

　　确实，当我们的想象力正围绕着未来超人这个概念游戏的时候，达·芬

---

❶ 泰门（Timon），典出莎士比亚剧作：《雅典的泰门》，他是剧中主人公。原是雅典富有贵
族，因好客破产，遭朋友摈弃，遂成厌世者，愤世嫉俗者。——译者

奇在我们面前以它的先行者的身份走来了。瓦萨利从来没有见过达·芬奇，但是他对达·芬奇做了非常出色的描述，他只能把他称为一位"超越自然"和"神圣"的人。在更近代的时期，尼采谈到达·芬奇时说："他具有某种超级欧洲人的（super-European）和沉默的东西，他具有一位曾阅历了无数善恶事物的人的性格"。尼采表达得虽然很模糊，但他比瓦萨利更切近地接触到这位永远都是难以理解、都是迷人的人的突出特征。每个天才人物都是从与众不同的角度观察世界的，而这正是他们的悲剧。但这个角度往往是可以测量的。我们不能从达·芬奇站立的地方测量这个角度，他与我们习以为常的人类思维线路背道而驰，有时这些方式是一种启示，有时则是难以理解的秘密。我们想起了赫拉克利特的名言："人判断事物有时错误有时正确，神判断一切都是公平的"。关于达·芬奇是否超越了所有艺术家或科学家的争论是愚蠢的，甚至是无意义的。在达·芬奇活动的巨大轨道中，差别很小，甚至根本不存在差别。瓦萨利反映了达·芬奇同时代人的观点，而他们对此感到费解。他们无法理解，达·芬奇为什么不是那些挤满佛罗伦萨作坊的工艺品匠人中的一员呢？他们看到一位美貌、身材匀称的人，长着长而卷曲的胡须，穿着玫瑰色短袖束腰衬衣，他们把他叫作匠人、艺术家，而又认为他非常古怪。但是，这位艺术家工作的媒介是大自然，而在这媒介中工作的那人还是一位科学家，绘画中的每个问题对达·芬奇来说都是科学问题，他探索物理学中的每个问题又都本着艺术家的精神。他说："人类的智慧绝不会超过大自然的智慧发明出任何更简单、更美丽、更合目的的东西"。对他正如后来对斯宾诺莎来说一样，现实与完善就是一回事。他把生活的两个方面作为自己的任务的组成部分，即：人类知识领域的扩展，人类技术力量的增强，他说，艺术（或如他所说是实践）如果没有科学就是一支没有舵的小船。当然，他本人把大部分精力都用于绘画，这是他那个时代常用的自我

116

表现的媒介，尽管他创作的画非常少，他甚至还写过一篇论绘画的论文，确实，他对绘画的可能性比迄今所有艺术家理解得都更广泛。柯罗❶站在达·芬奇的绘画前赞叹说："这是一位现代风景画的创造者"，他还精彩地

117 描绘了一位身穿白色服装的妇人站在阳光闪烁的绿茵上所形成的色彩与光线的准确效果，这表明达·芬奇清晰地领悟到室外光（*Plein-airiste*）问题。无疑这将证明他可能预见了尚未问世的方法。他拒绝这些方法，因为在他看来，艺术家在明暗之间活动可能工作起来最得心应手，确实他是把明与暗成功地结合起来的第一位画家（正如他还说过，我们可以认为快乐与痛苦是一对孪生兄弟，因为它们永远都在一起，但是，它们总是背对着背，因为它们永远都相反），他还发明了明暗对比法（*Chiaroscuro*），光线显示了阴影的丰富，阴影又突出了光线的明亮。任何发明都不可能更多地体现出这位把握了永远都包含着对立统一的世界的人的特征，他比其他许多人都更强烈地领悟到这对立的双方。

　　然而，值得注意的是，达·芬奇经常说艺术家的职责就在于探索和模仿大自然，这是受正统艺术家强烈谴责的观点。但达·芬奇不是正统艺术家，甚至可能不像人们传统上认为的那样：他是世界上最杰出的画家之一。人们可能赞成贝林森试图"揭露"达·芬奇的那种有吸引力的做法（似乎令人难以信服）。贝林森像所有人一样衷心赞美那些单色绘画（除去那幅未完成的《仰慕》，他认为这是艺术的顶峰）但他认为彩色绘画大部分都没有意义并

118 令人反感。他认为不能把达·芬奇列为比波提切利还要高明的画家，他还得出一个结论：与其说达·芬奇是一位伟大的画家，还不如说他是一位伟大的

---

❶ 柯罗（Jean-Baptisle Camile Corot，1796~1875），法国杰出画家，以风景画著称，代表作有《孟特芳丹的回忆》《威尼斯的早晨》。——译者

绘画发明家。达·芬奇本人可能对这一结论也会表示同意。他曾说过，绘画对他来说是可以把哲学沉思应用于任何形式特性的一种精妙发明。在达·芬奇自己看来，他永远是一个躬着脊背站在大自然幽暗的山洞口向里窥视的人，他一只手抚着膝盖、另一只手搭在眼睛上，专心致志地窥视着黑暗，既有恐惧也有希望，惧怕那山洞令人毛骨悚然的幽暗，而又希望发现其中可能藏有的奇迹。在这里我们远离了这位画家的传统观念，却接近了大自然神秘的一位伟大探索者的观念，我们完全可以顺便指出，他是可以与达·芬奇相媲美的非常少数的几位凡人之一，他在晚年认为自己只不过是一个在伟大真理之海的岸边寻找贝壳和石子的孩子。

完全可以认为达·芬奇既主要是画家又主要是工程师。他是以军事工程师和建筑师的身份为米兰大公服务的，而且最后在许多领域都提出了主张；人们可能注意到：他说自己有能力建筑我们现在会毫不犹豫地称为"坦克"的那种东西。在后期，他实际上已被任命为凯撒·波吉亚的建筑师和总工程师，他以这种身份参与了在许许多多的工作。他都应用了这种能力。确实，人们认为他就是职业工程师的先驱。他是即将出现的蒸汽机、蒸汽船和蒸汽运输工具的预言家。同时他还有无数发明，其中有弹道机械与大炮、蒸汽枪（steam-guns）以及带螺旋枪门的后膛式武器。他的科学总是倾向于转变成应用科学。他指出，实验显示了通向实践的路，科学则是艺术的指南。因此，他认为世界上每个问题都是广义的工程问题。全部自然都是一种由力组成的产生美丽效果的能动过程，正是这种作为一个整体的关于世界的独特观念似乎为达·芬奇提供了神奇的鉴别力，使他能在各个领域探寻充满活力的机制。要概括地指出达·芬奇正在其中创造一个新世界的广阔范围是不可能的，首先，他用大写字母提出一种观点："太阳是静止不动的"，地球只是"与月亮很相似的"星球，此外，他还发明了极有独创性的器械，比如潜

119

水钟、游泳安全带、尺寸适当的降落伞，另外，现在已经是人所共知的：达·芬奇不仅集中精力考虑了飞行问题，而且科学地体会到其中将要遇到的困难，甚至在设计飞行器的时候独特地克服了这些困难。我们只要按照专家

120 的科学指导列举下面几点就足够了：达·芬奇曾以生物学家的精神研究过植物学，他还是地质学的奠基人，他发现了化石的意义，并认识到河流侵蚀的重要性，由于他对力学理论及其在和平与战争中的用途的研究，他使自己成为现代科学家的原型。他还是生命机制各个领域中的生物学家，是先于维萨留斯（他并不知道他的伟大先行者的工作）在解剖学中精细研究的开创者，他发现盖伦（Galen）是靠不住的，在此之后他进行了直接研究和死后尸体解剖，在研究心脏的血泵特性时，他几乎还预见了哈维的血液循环概念。此外，他还是一位水利学家、水文学家、几何学家、代数学家、力学家和光学家。❶ 在许多领域中，达·芬奇都以自己神奇的洞察力探索构成世界的各种力的性质，以自己的神圣艺术用各种方法把它们应用于人类，这只是其中在后世为人们所揭示的少数几个领域。几个世纪以来，它们都隐匿在散落于欧洲各地的笔记本中，很难为人理解。但这并不是因为表达它们的时候使用了含糊的语言和偶然的直觉，而是表现了一种克服各种困难的确切细节时的坚韧精神，而且他也缺乏耐心地勤奋，在通常的情况下，这是天性机敏的代用品，而他是一位天性异常机敏的人，这样的人物，在语言上最雄辩、最有说

121 服力。同时，他那些更普遍、更深思熟虑的结论都是用极清晰、极简洁的风格表达的，除其他所有特点外，这一风格也使达·芬奇成为一位卓越的语言

---

❶ 爱因斯坦与莫什科夫斯基谈话时对达·芬奇关于现代科学的预见表示怀疑。但是，几乎看不出他对这个问题曾做过研究，而在许多领域中对此进行过研究的专家的明确陈述是不容忽视的。

大师，这与意大利散文华丽、冗长的特点截然不同。❶

然而我们必须把如此大量的智力成就归之于他的那个人并不是关在实验室中的抽象哲学家。即使从外表看，他也是这个星球上迄今所曾行走过的最有吸引力、最生动的人物之一。正如神圣和神秘的人物有时会遇到的那种情况一样，他是一个私生子，母亲叫卡特琳娜，我们只知道她是"血统高贵"的人物，与他的父亲西尔·皮埃罗同属于芬奇家族，在达·芬奇出世几年后，她做了当地一位市民的受人尊敬的太太。西尔·皮埃罗·达·芬奇是一位公证人，出身于公证人世家，他是佛罗伦萨最忙碌的公证人，显然他是个身材苗壮、精力充沛的人，他结过四次婚，他最小的孩子比列奥纳多小50 *122*岁。我们听说列奥纳多本人在青年时代也力大过人，他优美、富有魅力、才华横溢，尤其擅长歌唱和演奏长笛，尽管他只受过初等教育。除去在多才多艺、但那时还很年轻的韦罗基奥的作坊学习过以外，他完全是自修的，正因为如此，他才能彻底摆脱权威和传统，这使他甚至对与他本人关系密切的希腊人也不感兴趣。他是用左手做事的人，他特殊的写字方法长期以来都引起怀疑：是不是为了隐匿而故意为之？但今天人们已经承认，这就像没受过训练、用左手做事的孩子们反写的字一样。在达·芬奇奇特的天性中，这并不是唯一的反常之处。我们现在知道，他曾多次被人指控为犯有同性恋的青年，结果始终不得而知，但有某些原因可以认为他对监狱内的情况很熟悉。终其一生，他都喜爱把漂亮的青年人聚在自己身边，虽然他并没有放纵或邪恶的名声。他的性生活的确切气质至今仍很模糊。这一点使我们受到嘲弄，

---

❶ 对达·芬奇的意大利文读者来说，由索尔米博士编辑、由巴贝拉出版的部头不大而很厚的一卷《片断》就是珍贵的取之不尽的袖珍参考书。对英文读者来说，麦克库尔迪那部部头稍大、但内容并不丰富的摘选的《手册》、或做了更多删节的《思想》肯定足够了。赫伯特·霍尔恩那部注释本的瓦萨利的《艺术家传略》是了解达·芬奇的生平事业的绝妙著作。

而且它从他那些最著名的绘画中走出来像鬼魂一样缠绕着我们。举例而言，卢浮宫的那幅《施洗者约翰》，我们可能会同今天的杰出艺术评论家一起把它作为厚颜无耻的亵渎而不予理睬，或久久为之苦思冥索，而不能清晰地判断出达·芬奇在这里闯入了弗洛伊德的哪个无意识的模糊领域。弗洛伊德本人曾用自己最迷人的论文之一对达·芬奇的神秘个性作了精神分析性的解释。他认为这是个疑问，我们可以相信，也可以不相信。但弗洛伊德正确地认识到达·芬奇的性激情大部分都升华为理性的激情，这与他本人的话是相符合的："除非首先去认识，我们无法去爱或去恨任何事物"。他还说过："真实、伟大的爱情产生于伟大的知识，如果你认识的少，你就只能爱得少或根本无法去爱"。因此达·芬奇成了一位生活大师。瓦萨利这样描述他："他那美丽非凡的面容产生的光辉使任何沮丧的精神都变得安详"，瓦萨利的这些词句几乎也曾用来描述过另一位最重要而又大有区别的人物：神圣的耶稣会会士方济各·沙勿略（Francis Xavier）。以自我约束来占有爱与恨的源泉就是要超越善恶，因而也就占有了超人那种使由于善恶而破碎的心灵愈合的力量。

　　每个天才人物在某种程度上都同时是男人、女人和儿童的结合。达·芬奇把这三者最大限度地结合起来而又无任何明显的冲突。毫无疑问，达·芬奇具有婴儿的气质，而且除去他的性生活气质问题，他甚至像孩子一样在发明奇妙的玩具和设想一些令人困窘的花招时异乎寻常地快乐。同样，在他的绘画与生活中，都明显地具有突出的女性温柔。伊莎贝拉·德·艾斯特在请达·芬奇在寺院中绘画圣婴基督时，公正地提到"构成您艺术特色的温柔与甜美"。他的温柔不仅表现于对人类的态度中，也表现于对所有生物，包括动物甚至植物的态度中，而且看来他好像是一位素食主义者。但他同时又具有明显的男子气概，毫无虚弱、柔软的痕迹。他既喜欢丑，也喜欢美，他喜欢参观医院观察病人，以满足自己的求知欲，他对战斗和战争也进行深思，在设计残忍的军事性破坏机械时，他没有一点内疚。他的心灵具有明确的现实和实证气质，虽然他几乎踏入了所有思想领域，但他绝对没有接触过形而上学，尽管他对大自然的崇拜充满了宗教的感情色彩，甚至有些狂喜，但他对现存的宗教明确地表示轻蔑，而且一直使"上帝羞怯的朋友们"感到震惊。根据感觉和实践，他主张个人灵魂高尚的孤独，他只是对芸芸众生表示轻蔑。他在老年时为自己画了一幅自画像，我们看到在他的面孔上深深印着这种气质，在对广阔世界的理性沉思中包含了凝视、专注而无情的目光。

诚然，达·芬奇最后是作为一位令人敬畏而不是令人喜爱的人物向我们走来的。但是作为我们怯懦地试图想象的最高尚的超人典型，达·芬奇并不是人类的劲敌，而是人类敌人的劲敌。他以清晰的目光，用有力的双手从大自然中扯出伟大的秘密，他用自己的精力制作出的强大的新工具都为我们人类带来了用途和欢乐。因此可以说达·芬奇是苦思冥想的人类精神的永恒象征，它的任务永远都不会完结。直至今日，它仍然站在大自然，甚至站在人类天性的幽暗山洞口上，躬着脊背，遮住照在眼睛上的光线，目不转睛地向幽暗深处窥望。怀着恐惧和希望，对毛骨悚然的黑暗感到恐惧，对可能会偶然碰到赎罪奇迹怀着希望。

五

达·芬奇不仅在科学中是至高无上地伟大，而且也是科学精神的化身、艺术家和大自然的热爱者，这是应当牢牢记住的事实。如果能把这一点更清晰地呈现在意识中，那么许多错误原是可以避免的。我们也就再不会看到设计艺术家由于受到他们所谓的思想艺术家的局限而荒谬地发怒了。而那些思想狭隘的学究，比如布伦蒂埃也就再也不可能像几年前或今后仍可能会出现的那样：在他们愚蠢地宣布他们所说的"科学的破产"时，被人们当作先知来欢迎了，而无论他们在自己的领域中是多么能干。不幸的是，许多冠有"科学家"名称的人根本没有资格享受这个头衔。他们可能正诚实可靠地在小小的房间里积累事实，而其他人由于更真实地受到科学精神的鼓舞也许在一天之内就能完成他们的工作，他们也许正在从事多少有些必要的工作：把天才的科学家已经完成的发现应用于实际生活。他们使用"科学"头衔的资格就像那些在陶瓷店中摆放瓶、碟的人使用"艺术"头衔的资格一样，毫无区别。❶ 他们甚至还不知道"科学"不是像堆砌孤立事实那样积累知识，而是对知识的积极组织，是把神妙的工具利刃应用于世界，没有最广阔的视野、没有最活跃、最丰富的想象力，这个任务是无法完成的。

　　在那些更有天才的科学家中，我与其中一位在某些时候具有几项相同的兴趣，他就是弗朗西斯·高尔顿。他不是一位职业科学家，他甚至表示可以把他对科学的热爱仅仅当作一种嗜好。从普通职业科学家的观点看，他可能是一位业余爱好者。某些人甚至认为他不是一位有学问的业余爱好者。我怀疑他是否真正掌握了任何学科的文献，尽管我相信这是无关紧要的。当他听到在他正在研究的领域中有某个著名科学家时，他总要去参观这个人的工作，他对遗传学领域中的魏斯曼就是如此。我在读他的信时笑了，高尔顿竟

──────────

❶ 摩尔利·罗伯茨可以被看作是达·芬奇学校中的学生，他也像他一样在艺术领域中受到训练，在他那部富有启发性的著作《人体中的冲突》中，到处都是对他偶然遇到的自称为"科学家"的无知专家们进行讽刺的例子。

然不会正确拼写魏斯曼的名字。❶ 他在科学中的态度可以说是开拓性的，正如17世纪晚期和18世纪早期博物馆中的那些开拓者的态度一样：对那些刚刚开始，或者尚未开始引起好奇心的东西抱着一种不稳定的好奇态度，这些人有：特雷德斯康特、阿什莫勒、艾夫林和斯洛阿纳。因此，当我对墨西哥的仙人掌、无刺仙人掌进行亲自试验，来观察它们产生的视觉特性时，这在英国是十分陌生的，高尔顿却表示了热切的兴趣，并要亲自前去实验，后来因为年纪已大被人劝阻了。但是，在此基础上，高尔顿的好奇心并不仅仅是孩子般的盘根究底，这种好奇心与组织得几乎无可匹敌的头脑相谐调，既敏捷又平衡。因此，一方面他的好奇心被转变为有无限独创性和发明性的方法，另一方面，它又受到坚定不移的谨慎和明智的指导与约束。他知道怎样保持微妙的平衡而无任何严肃、紧张或任性，而是幽默、宽厚、带着经久不衰的谦逊。正是各种品质的这种罕见结合（人们可以在他的"人类才能询问表"中找到所有这些品质）使他成为天才人物的真正典型；不是由于职业或深思熟虑的训练，而是由于天赋的才能，他把光明投向世界的黑暗之处，在往日留给异想天开的想法或根本没有意识到的人类经验的偏僻领域中创造一种科学。终其一生，他都是一位艺术家，或如记载所说，他在生命的最后一年主要从事小说写作，这是他以全部神奇活动能力完成的一件作品，此外，他没有写过任何其他作品。只有他的浪漫才是真实的。

　　高尔顿还有一个更著名的表兄弟，叫查尔斯·达尔文，他在大自然和科学领域中也体现了与情人和艺术家同样的纯洁。无疑，我们会再次看到一些迟钝的人，对他们来说，把这样的名字用于达尔文是不恰当的。还有一

128

---

❶ 不用说，我指出这点并不是要贬低高尔顿。拼写单词时的仔细与对事物的细心关注绝无必然联系，前者走到极端就是迂腐。直到近代，英国作家，甚至是最伟大的作家都往往忽略拼写，如果因此认为他们在思想上也是粗心大意，那就太愚蠢了。

些人，在他们看来，达尔文几乎不是天才，而仅仅是一位枯燥的、辛勤、迂腐的研究事实的人。有一次，他本人甚至为自己对诗歌和艺术的冷漠表示悲叹，许多人对此都难以忘怀。但是，达尔文是那些特殊人物中的一员，在他们的潜意识中，如果说不是在他们的意识中，大自然植入了这种信念："科学就是诗歌"，而在一个完全脱离了常规的诗歌与艺术的领域中，他也像一

个诗人和艺术家。只有具有这种天赋的人才能在阅读马尔萨斯时得到启示，把自然选择理解为塑造生命形式的无限连续的创造性力量，他那古怪的泛生论（theory of pangenesis）也是如此。甚至在琐碎的实验事务中，比如，他把音乐家请到温室中演奏巴松管，以判断音乐是否会影响植物，他也具有诗人或艺术家的全部创造性想象力。在他对大自然的全部态度中，他都是诗人和艺术家，但我不知道是否有人指出这点。他工作很努力，但对他来说，工作是一种游戏，而且完全可能：如果工作不是游戏，那么以他脆弱的健康是无法完成自己的工作的。在《达尔文生平及其书信集》中，我们可以多次看到在描述他的观察或实验时，他使用了这样的句子："我感到非常快乐"。他还说生物学问题就像一盘棋。诚然，我不知道还有哪个伟大的科学家比达尔文更像一位艺术家，比他更有意识地认识到自己正在与世界游戏、能从生活的乐趣中得到比他更多的美妙激情。那位可能确实曾经认为"诗歌和艺术"是枯燥的人，本人却创造了性选择理论，这使生命的全部转化都成了艺术、使它的秘密成为诗歌。❶

我们并不仅仅是在生物学家当中才能发现情人与艺术家的态度，从他们的观点看，也许认为要获得这种态度比较容易，因为他们关心的是活的大自

129（左侧边码）

130（左侧边码）

---

❶ 达尔文甚至过高估计了他的性选择理论的审美因素，而且不必要地损害了这理论，因为他有时粗心大意地假设了一种有意识的审美因素。（我曾在其他地方偶尔指出过）

然。我们发现，天才人物在某些人认为枯燥的物理学领域中游戏时，他们这种态度同样也是引人注目的。法拉第确实是在一间简陋的实验室中工作的，但这样的地方对真正的科学精神来说，也许可以说是至关重要的，如果没有他在电磁学中的研究，我们也许就失去现代生活中那些最实用的机器了，比如发动机和电话，我们对此也许感到痛苦，也许不会。然而，在法拉第眼前并没有实用性目的，也许他就像诗人琢磨情感一样在研究着大自然。这还不足以使他成为他那样的最杰出的科学家。他的传记作者，本斯·琼斯与他非常熟悉，他总结道：法拉第的第一个重要特征就是他对事实的信赖，第二个则是他的想象力。这样我们就接触到他天性的根源了。不过我们应该记住，这两个特征不是孤立和截然不同的。就其本身而言，它们可能是对立的气质，但在法拉第身上它们被结合在富有生命的张力中，它们就变成了为非常强大的探索大自然秘密的工具。廷德尔是他的朋友和合作者，似乎已经认识到这一点。他写道："法拉第有非常强大的想象力，他能从极细微的起点上升到最宏伟的目标。"从"氧气和氮气的气泡想到包围着地球的大气层，"但是，"他又像一个强大的骑手驾驭着它。"法拉第本人也说过类似的话："让想象力自由驰骋，但要用判断和原则来约束；要用实验进行控制和指导。"另外，他还说过，在青年时代他是"一个想象力非常活跃的人。甚至相信《天方夜谭》就像相信《大英百科全书》一样，毫无怀疑，"也许他还曾补充说，他一直都是这样。但他很快就获得了一种几乎是本能的东西：根据实验检验事实，如果没有进行这样的检验，对那些所谓的事实也要表示怀疑，他接受以这样的方式得到的一切结论，而对人们普遍承认的信仰则表示十分冷漠。（确实，他是桑德曼尼亚教堂中的一位忠实、虔诚的长者，但这并不是这位奇人的唯一奇特性格）。廷德尔曾强调指出法拉第精神活动中的这两个侧面。他"异常活泼"，是"一个好激动和性格暴躁的人，""在他

131

的温柔下面是一座灼热的火山"。他本人也相信在自己的遗传中有凯尔特族的血统，他的家族是从爱尔兰移居来的，现在在爱尔兰，我找不到任何姓法拉第或姓氏与此相近的人，由于廷德尔本人是爱尔兰人，他乐于相信这个传说是真实的。这只能说明法拉第性格中感情活动的一面。他的性格中还有另一面，廷德尔也曾强调指出，这就是：对秩序的热爱、极端的坚韧、他的高度自制能将内在的火焰转变为明亮、集中的白热光。廷德尔指出这两种特性的融合，使"他成了一位先知，而且往往凭着只能根据同情才能得到理解的灵感工作"。他广阔、充满情感的想象力在这灵感的触动下变成了真理的仆从，并立刻获得了生命。进行物理实验时，他常常体会到孩子般的快乐，他的双眼闪烁发光。"甚至在生命的最后日子里，他几乎都会为公布一项新实验而欢快舞蹈"。塞尔万努斯·汤姆森在他论法拉第的书中，也像廷德尔那样强调指出了这种孩子般的快乐与富于想象的夸张、不断坚持试验和证明的冲动的结合，"然而，在把从实验的启发中得到的观念推向逻辑结论时，他从不犹豫，而无论它们似乎可能与公认的思维模式有多大的距离"。他的方法就是《天方夜谭》的方法，是转向事实领域的方法。

　　法拉第不是数学家。但是，如果我们转向开普勒，他是在抽象的计算领域中活动的，我们也会发现与此完全一样的性格结合。我们要感谢的是开普勒而不是哥白尼，是他建立了我们宇宙的日心说，牛顿的先驱者是开普勒而不是其他任何人。有人曾说，如果世界上没有开普勒，那么就很难设想谁能取代他的地位并在我们宇宙的科学创立学说中扮演他的特定角色。因为这种先驱者的角色需要表面上似乎是相反的性格的特殊融合。只有狂热、大胆、有独创性的进取精神才能挣脱统治了天文学达千年之久的古老传统和僵死的先入之见。也只有具有无限耐心、仔细、勤奋、准确的研究者才能确立取代这些传统和先入之见所必需的新的革命观念。开普勒完成了这种罕见的才能融合。他具有最荒谬夸张的想象力，他比世界所知道的任何人都更加关注计算的精确性。他甚至相信地球是一种动物，如果说它有肺脏或有腮，他也不会感到惊讶！同时，他在寻求确切的真理时是那样执着，那样孜孜不倦地辛苦，以至他的某些最复杂的计算都是反复计算过的，甚至达到70次之多，而且没有对数的帮助。这两种构成了科学中最杰出艺术家的基本性格，从来没有像在开普勒身上显示的这样清晰。

开普勒完全可能把我们引向爱因斯坦，爱因斯坦是自开普勒以来最伟大的理解宇宙的先驱者，实际上，他不仅仅是一位先驱，因为他已经赢得了可与牛顿媲美的地位。重要的是，尽管爱因斯坦极端谨慎、具有批判头脑，并以他的常识著称，但他对开普勒极为赞佩，他常常引证开普勒。因为爱因斯坦也是一位想象丰富的艺术家。❶

很明显，爱因斯坦是一位艺术家，甚至从外貌上看也是这样，那些见过他的人就常常这样说，有人写道："他更像一位音乐家而不像科学家"，那些熟悉他的人说他"在本质上既是艺术家又是发现者"。事实上在赢得最广泛承认的一个艺术领域中，他是一位艺术家，他是才华横溢的音乐家，优秀的小提琴家，据说当他即兴演奏钢琴时，他自己说道："这是我生活的必需"。有人说，在欣赏音乐时，他的面孔容光焕发，他喜欢巴赫、海顿、莫扎特，而不太喜欢贝多芬和瓦格纳，对肖邦、舒曼以及音乐中的所谓浪漫

❶ 在所谓抽象的科学中，往往很难从伟大人物中发现想象丰富的艺术家，其原因可能在于缺乏关于他们个人的资料。即使是他们科学界的朋友也很少有耐心，甚至很少有理解力去恭敬地观察他们并做出记录。关于牛顿个人的情况，我们几乎一无所知。至于爱因斯坦，我们有幸读到莫什科沃斯基的著作：《爱因斯坦》（英译本的书名是 *Einstein the Searcher* ——《探索者爱因斯坦》），其中包括了许多富有启发性的对话，以及一位具有高度理解力和欣赏力的崇拜者进行的观察，作者以博斯韦尔的笔法记述了这些观察，这使人隐约想起了爱克曼关于歌德的书，（莫什科沃斯基确实知道此书），尽管它远远没有取得特别突出的成就。本章所述多数取材于此。

主义者，他是很冷淡的，这是预料之中的。他对音乐的爱好是与生俱来的，在儿童时代，它就发展了，他还创作过一些小的歌曲，如《赞美上帝》，而且自己演唱，甚至在早年，音乐、大自然和上帝对他来说就开始成为一体。

135　莱布尼茨说："音乐是人类灵魂在计数而又不意识到计数时得到的快乐"。音乐是最抽象、最接近数学的艺术（我们可以想到音乐与数学都在毕达哥拉斯的发现中获得了自己的科学开端），它成为爱因斯坦最钟爱的艺术是不足为奇的。❶ 而且更合乎情理的是，除了音乐他还对建筑产生了浓厚兴趣，歌德把这种艺术称为"凝结的音乐"，因为在这里我们实际上已经投入到力学的领域，静力学和动力学在这里都转变成可见的美。他对绘画没有兴趣，但他爱好文学，尽管他不是一位伟大的读者。确实，他在文学中寻找的与其说是艺术还不如说是情感，在这个领域中吸引他的再也不是严肃的体系论，因此他不喜欢易卜生，他最喜欢的是塞万提斯、凯勒和斯特林堡，他对莎士比亚赞赏不已，但是对歌德就比较冷淡，在所有伟大的作家中，他更狂热地喜欢那些最能激起情感、在精神机体中产生了最深刻分裂的作家，陀斯妥耶夫斯基，尤其是他的杰作：《卡拉玛佐夫兄弟》，"陀斯妥耶夫斯基给我的东西，比任何科学家、比高斯给我的东西还要多"。对爱因斯坦来说，所有的

136　文学分析或审美敏感都没有贯穿《卡拉玛佐夫兄弟》这样的作品的核心，它只能凭借情感来捕捉。当他谈到这部作品时，他的面孔就放射着光辉，他只能用"道德的满足"这句话来表达自己的心情。因为在常人眼中的道德作为一个体系对爱因斯坦没有什么意义，他甚至不会把它包括在科学中，使他感到满足的是体现在艺术中的道德快乐。此外，据说爱因斯坦在感情存

---

❶ 斯本格勒在《西方的没落》第10卷第329页指出，音乐在我们欧洲文化各个阶段上的发展实际都与数学的发展阶段紧密相连。

在上的基调就是索福克勒斯的安提戈涅的呼声："我到这里不是与你互相仇恨的，而是与你相爱的。"他认为生活中最美好的就是闪烁着幸福光辉的面孔。他是激进的民主主义者与和平主义者，而不是（有时被人认为是）社会主义者，他信仰一切脑力劳动中的国际主义，他认为这并没有理由毁灭民族特征。

爱因斯坦不仅在他闲暇和游戏时才是一位艺术家（这是应该强调指出的），就像大国务活动家也会打高尔夫球或伟大的军人也会种兰花一样。他在自己全部工作中都保持了这种态度。他在情感中去探寻科学根源，而这里也恰恰是艺术的根源。关于他极为敬佩的物理学家麦克斯·普朗克，爱因斯坦说道："使他胜任自己工作的情感状态与一位信徒或恋人的情感很近似"。我们可以说，爱因斯坦本人也是这样。我们不能像某些人假设的那样，把他列入断言所有真正科学都是严格的测量的刻板学派，他认为生物科学必须在很大程度上脱离数学。他曾指出，如果数学真的是科学的唯一途径，那么，大自然对歌德来说就难以辨识了，他没有数学头脑，他甚至反对数学，但他却具有比许多精确的研究者还要强大的直觉能力。❶他认为科学中所有伟大成就都起于直觉。他经常不断重复这一点，但他还补充说：直觉绝不应是孤立的，因为创造力也是必需的。他倾向于把通常认为是纯思维作品的许多科学发现当作真正的艺术品。他可能已经把这种观点体现到所有教育中，把教育变成自由、生动活泼的过程，没有记忆的训练、没有考试，使它成为一个主要是求助于感官、以引出微妙反应的过程。本着这一目的，甚

137

---

❶ 在此处我要提到一次仔细的考察，见恩斯特·卡西尔的《理念与格式塔》（1921），其中有一篇文章：《歌德与数学性物理学：关于认识论的研究》。这表明了：在某些方面歌德指示了数学性物理学根据自身的途径所曾走过的历程，即使最没有数学头脑，歌德的科学态度也无可非议。

138 至为了获得道德人格，他愿意每个儿童都学手工艺、细木工、图书装订或其他技艺，与埃利·富尔一样 ❶ ，他非常相信影院的教育价值。我们看到在爱因斯坦的所有行为背后都有一个观念：物理学家的工作就是去获得一幅图画，就像他所说的：是一幅"世界的图画"。1918年在为普朗克举行庆祝仪式时，爱因斯坦说："我同意叔本华的观点：吸引人们走向科学与艺术的最强烈的动机之一就是渴望逃避痛苦粗俗、孤寂沉闷的日常生活，而且要打破他们本身反复无常的欲望的束缚。它把那些比较敏锐的感觉从其个人存在中驱入了客观知觉与理解的世界中。有一种力量可以把噪杂拥挤的城市中的居民驱赶到宁静的阿尔卑斯高地，在那里他们似乎可以得到永恒的观念，这种动力就与此相类似。与这种消极的动机相联还有一种积极的动机，它迫使人们去寻求一种与自身天性相符的关于世界的简化和概括的观念，用这种图景取而代之并征服世界。画家、诗人、哲学家和科学家每个人都以自己的方式来这样做"。斯本格勒曾深思熟虑地指出，物理学、数学、宗教与伟大的艺术都有完美的同一性。❷ 我们可以公平地指出，爱因斯坦就是这种同一性的崇高化身。

　　当我们达到了数学家的领域时，我们也就置身于那些在某种程度上似乎
139 是一切人类活动中最不近人情、最远离诗歌的过程中。然而正是在这里，艺术家才为他的想象力找到了最完整的领域。贝尔特兰德·罗素在他的《神秘主义与逻辑》中说："数学可以界定为这样一种学科：在那里我们从来不知道自己在谈论什么，也不知道我们所说的是否真实"。我们处在艺术的想象

---

❶ 参阅他著名的论文《电影造型》，见埃利·富尔的《伊甸园的树木》（1922）。无论如何，这是埃利寻找的一种未来、新生的电影院，"它要成为群众的艺术、成为强大的交流中心，在那里新的交响乐形式将在混乱的激情中产生，并为了优美、升华的审美目的得到应用。"
❷ 斯本格勒《西方的没落》，卷1第576页。

领域中，而数学家从事的则是创造性的工作，其井然的秩序与音乐相似，而且他们在另一个层次上也再现了宇宙秩序，因而变成一种关于天体的音乐。不足为奇，一些最伟大的数学家都曾不止一次地求助于艺术，以期发现与自己工作的某种相似性。他们确实在各种各样的艺术中、在诗歌中、在绘画中、在雕塑中发现了这种相似性，尽管似乎肯定应该在音乐中，在这种最抽象的、关于数字与时间的艺术中，我们才能发现最密切的相似性。米塔格—莱夫勒尔说："数学家最好的工作就是艺术，是一种高尚、完美的艺术，像想象力最神秘的梦一样大胆，它是清晰和明澈的。数学天才与艺术天才都互相接触了"。西尔韦斯特在《倒数理论》中写道："难道代数没有获得纯粹艺术的尊严吗？数学家在这里用一只自由的手发展自己的概念，正如在音乐主旋律或绘画对象中一样。它已经达到这种程度，每个适当发展的代数结构都像一幅技巧娴熟的风景画，人们都期待着它暗示远在画布之外的无限遥远的距离"。罗素还说："正确地观察可以看到，数学不仅具有真理，而且具有至高无上的美，一种冷静和严肃的美，就像雕塑的美……在数学中就像在诗歌中一样，可以发现真正的欢乐精神、激情和超越人类的感觉，而这正是最高的卓越的东西的试金石"。

数学家在人类思维的阶梯上已经达到了最高梯级。但是，我们所有人一直在攀登的也是这一阶梯，就像从个人的婴儿时期和种族的婴儿时期向上攀登一样。莫里哀笔下的儒尔当谈了40多年的散文却不知道散文是什么。人类曾在整个漫长生涯中思考诗歌，却同样对它一无所知。

第四章

写作的艺术

一

我们时时都受到严肃的警告：语言在现代作家手中已经陷入病态。即使没有成为"老年性运动失调"或"全身瘫痪"的患者，它也已经退化了。当然，我们的告诫者很可能试图激起我们健全的自我批评精神。无论我们写作得好与不好，我们无论怎样严肃地关注我们正打算做的事情都不会过分的。我们也许永远都要感激那些激励我们的人，他们使我们在追求一项永远都无法完美实现的任务时能作出更清醒的努力。

然而，这些告诫者同时也不能不在我们心中激起深深的反抗。我们不仅对批评者本人比被批评者在写作中更无能的现象留下深刻印象。我们还要对他为指导我们而定下的几乎所有规则的有效性表示怀疑。我们也要对他所由出发的前提的公正性进行彻底争论。我们这三条反对意见全面地概括了整个基础，第一条可以暂时放在一旁（因为古老的反驳总是无效的，让医生给自己治病绝不会有什么益处），我们可以把第三条作为第一条。

142　　　人们对自己祖先至高无上的力量往往要俯首致敬。这在古今中外都是一样。甚至一度名盛一时的书——《创世记》的作者也相信：

"在古代大地上曾出现过巨人"，那些年迈的强者，那些声名赫赫的人以及今天还活着的人，他们更普遍地哀叹的就是现代人与数世纪之前我们的祖先比较在体格上的退化。偶尔也会出现一位科学家，比如帕森斯教授，他们曾经测量了我们现在仍能看到堆积在海斯地窟（the crypt at Hythe）中的祖先遗骨，他们发现这些古代男女平均身高明显低于他们今日的后裔（尽管也会出现偶然的例外）。对传统的生命力来说，幸运的是，我们对科学抱有一种健全的怀疑。同样，对我们在文学上的平均身高而言也是如此。学术评论家把自己当作公认传统的特定委托人，而且他绝不会屈尊进行任何有关真正事实的科学调查。他们从睡梦中醒来，喃喃地对自己的时代说几句可想而知的斥责，然后又堕入睡梦。他似乎往往并不知道甚至在三个世纪前，在英国散文的最发达时代，斯威夫特（他当然是一位最杰出的大师）就已经对"我们风格的堕落"发出哀叹了。

143　　　如果有人主张，今天的一般作家无法与早些时代的杰出作家相提并论（任何时代都只有一两位杰出作家），那么，我们只能大声相告：如果能够把他们相提并论，那才是怪事呢。但学术评论家的意思往往正是这样。如果他不怕麻烦，把今天的一般散文作家与伊丽莎白那样伟大时代的一般作家相比，他就能很容易说服自己：无论前者有多么不完善，他都不用为这种比较担心。无论普遍的进步能否被描述为"一种讨厌的东西替代了另一种讨厌的东西"，对于风格的进步而言，肯定是如此，我们普通人日常写作中的不完善由于我们祖先写作中的另一种非常不完善的情况得到平衡。比如，哈克路特曾把一群伟大而多才多艺的作家都汇辑到那些值得赞美的文集中，这些文集只是因为与风格毫无关系才成为真正伟大、真正迷人的作品，我们对他们的文学方法有什么可羡慕的呢？罗利本人对那个有损名誉（他清楚地、正确地感觉到这点）的插曲所做的叙述中并无什么特色，这个插曲就是：由于任性的格林维尔而丢失了《复仇记》。其中大部分是枯燥无味、单调的，他用明显的方式叙述了明显的事实，而当他在少数情况下试图把任何不明显的东西叙述清楚时，他又令人绝望地失败了。他们根本没有那种困扰着当代评论家的对风格的小小的无意识的特色。但是，他们的全部风格就是他们从未摆脱的平庸特色。他们只是由于岁月造成的简明和新奇的风格而得到解脱。我们必须记住：所有平庸都是非个人性的，而且还要记住，当我们把它们的表现形式用印刷品传播开来的时候，我们不过是使这种平庸变得更明显罢了。即使教导这些平庸之辈去培养一些关于时尚或虚荣的特色也无济于事。生活和文学的伟大评论家，雷米·德·古尔蒙特指出，克劳德·贝纳德的《生理学实验教程》都要比缪塞的《世纪儿忏悔录》显示出更多的个性。因为个性不是某种可以被寻找出来的东西，而是自发地扩散出来的光辉。甚至可以说，越是要躲避它，它就越要显现出来，而且没有任何作家能比那位几乎创作了一种非个性真理的福楼拜的个性更丰富（无疑，在以前人们也常常这样说）。但是放弃追求个性（无论这是多么值得称赞）都不足以从平庸引申出个性。 *144*

　　此外，评论家似乎往往忽略了一个明显事实：现在写作的人在人口中占的比例非常大，而且他们可以看到自己写作的东西被印刷出来。我们生活在我们所谓的民主时代中，在这个时代里，所有的人都受到义务教育，学会在纸上写写画画。因此，当一个傻瓜（去掉其中的贬义）把笔伸入墨水中的时候，都会觉得自己已经变成了一位散文作家，就像儒尔当一样。这种感觉只在一种非常有限的意义下才是合理的，如果我们希望把今天各种事物的条件与以往人们在内部或外部某种急迫刺激下进行写作的时代的条件相比，那 *145*

么，我们在一开始就肯定会把百分之九十五以上的所谓现代作家排除在比较之外。也许还有人会补充说：被这样排斥掉的作家不能不包括世界上许多极有名的人物。今天有许多出于各种动机而不是出于真正的写作才华而去写作的人物。如果我们不是偶然知道：在各个年代里都会出现这种现象，或者知道甚全当我们的散文语言几乎前所未有地接近了完美程度时，评论家仍然在悲叹着它的腐败，在为新的懒惰做法而伤心，这些新的懒办法增加了咝咝的发音，它们把arriveth写成了arrives，把walked读成了walkd，而且在这些评论家的批评中表明他们对英语的历史及其发展并不比我们的评论家今天所显示的知识更丰富，那么，认为在这个问题上今天可以和过去相比较，而且面对我们语言的没落而感到战栗，就似乎是一种衰老的举止。

　　因为今天我们理解了他们所说的话，也就不难理解他们为数不多的一些规劝为何竟然像鹦鹉似的喋喋不休了。比如，有人认为，他们过多地重复了对分离不定式恶劣用法发出的严肃告诫反而加重了他们小心翼翼避免的拙劣作家拘泥形式的做法。这种迷信看法似乎起源于与拉丁文的错误类比，在拉丁文中，不定式从来不能分离，因为它无法分离。在更自由的英语中，它是可分离的，至少在过去500年中，最伟大的英语大师们一直这样做，只有优秀作家才从来不是无奈地、不由自由地使用这种形式，而是带着明确的目的使用分离不定式，这就是唯一要遵守的法则。绝对禁止使用分离不定式是那些十足无知、十足愚蠢的人的特征，他们无法认识一种作为英语语言的精髓的用法。❶

　　同样，人们也许会提到那些人，他们的每个句子都必须以一个有意义的

146

---

❶ 也许还应指出：在这些问题上犯错误的是业余文学语法学家而不是专家。专家的态度（见 C. T. 欧宁斯：《英语高级句法》）是非常有道理的。

词结尾，而且绝不能以前置词作结尾；也许还会提到那些摈弃在技术上已被称为后习惯性前缀（post-habited prefix）的人。他们同样是有道德并且自称为不赶时髦的人，他们认为一曲音乐必须总是单调地以砰然作响的和弦结尾。只是在这里，正如在音乐中一样，他们甚至连旧式的美德都不具备，（如果真是美德！）因为句子后面所谓的前置词是英语的特征，而且与英语的斯堪的纳维亚血缘有关（在更广泛和古老的义上讲，是丹麦语），这是英语最优秀的血缘之一，它带来了大量的可塑性力量，这使英语更为灵活，这种因素有助于使英语避免盎格鲁—撒克逊语极端严谨的倾向和拉丁语、法语 *147* 影响中笨拙拘泥形式的特征。我们现在讨论的这种愚蠢偏见似乎可以追溯到法语范例（句子后面不能出现前置词）恰巧占据主导地位的时期。它在英语中的使用是与不规则的优美与简洁、富于变化的微妙节奏相连的，我们的语言能够接受它们。

在这类"分离不定式"和"句后前置词"问题上，对这两种有疑义的用法的全部有效性和权威性绝不应产生任何怀疑。但是，在另外几个地方，甚至优秀的评论家也试图接受文学语法学家的谴责。只须指出一点就够了，即：关于代词"我"（me）的主格用法。当然，任何考虑到社会实践又考虑到心理需要的人都不会不认识：我们必须承认"我"（me）在英语中的双重用法。法国人在这类问题上似乎有一种更优秀的社会与心理机智，他们已经认识到"我"（Je）不能作为第一人称的唯一主格，因而为它补充了"我"（moi）（用作主语）。当法国人问谁在那里的时候，他们不是回答"Je"。但是，自命为讲纯正英语的人却可能不得不回答："I"，而不是"me"。尊贵的克娄巴特拉问送信使者："她和我一样高吗？"自命为讲纯正英语的人在阅读时肯定要把这个句子中的代词"我"（me）改为主格"我"（I）。我们倒不必羡慕他。

148　　　这样的例子表明语言的自由、健全的生命是怎样独立于语法规则的。这并不是贬低语法学家的工作，只是把他们界定为用法的阐述者，而不是用法的立法者。语法家的规则是有用的，这不仅在于为了知道怎样最好地遵守这些法则，而是在于为了知道怎样最好地摆脱它们。没有法则，自由就可能变为放纵。然而我们必须认识，在它最高度地显示生命和力量时，甚至放纵也是语言必要的垃圾。英语语言从来没有像在16世纪那样可以放肆地使用句法，但是对伟大的艺术家来说，它也从来不像那时的英语可以成为更有活力、更适用的塑造材料。正因为如此，我们在16世纪出现了莎士比亚。在德赖登 ❶ 以后的日子里（虽然德赖登是位卓越的作家，从事着一项令人羡慕的工作），在英语语言中已经不可能出现最杰出的艺术家了，而且，如果出现了某位莎士比亚，那么他就要在与语法学家进行的徒劳斗争中空费自己的全部力量。法语与英语经历了类似的、几乎是同步的历程。在16世纪的法语中，有一种宏伟的自然力量和财富：在拉伯雷的作品中，它甚至是过分浮华的，在蒙田的作品中，它始终是灵活、富于变化的（起伏变化而又多姿多彩，*ondoyant et divers*），而且始终充满自然的欢乐和自由。但是自马莱伯及其门徒之后，法语语言获得了有条理、准确和形式性的特点，它们质量卓绝，但是无疑，它们不得不付出代价：出现某种程度的浅薄与古板，甚至某

149　种僵化。卢梭从瑞士为法语带来大量的新鲜血液，也带来了完全属于他个人的新奇而不可言说的高雅，因此如果我们现在迟迟不愿与兰道（Landor）一起承认卢梭在和谐上面超过了所有现代人，那只是因为他们已经接受了他的教导，而且后来的浪漫主义者在雨果的旗帜下也注入了色彩与光辉。然而为法语语言奋斗了一个世纪之久的所有这些伟大的艺术家，从来都不能恢复维

---

❶ 德赖登（John Dryden，1631~1700），英国诗人、剧作家、批评家。——译者

永 ❶ 和蒙田在其边界之内轻而易举地发现的那种芬芳、风味和实质。在这种事物中，正如在其他事物中一样，我们称为进步的那种现象就意味着发现了新的理想的特性，因而也失去了其他至少也是同样理想的特性。

此外，还有人频繁地发出另一种告诫，特别是在最近时期，这是针对语言筹码（verbal counters）以及那些用旧了、甚至是不能再用的短语而发的，这是我们通常用现代法语称之为口头禅（cliche's）的东西。我们用它来表示：使用旧的固定短语（歌德称之为盖过图章的或gestempelt）以省去为创造有生命的新短语表达我们的意思而带来的麻烦。口头禅这个词是这样成为印刷文字的，它来源于一个旧的口头法语单词，其意为：发出丁丁响声（这与德语的拍打／Klatschen一词有关），我们英语中已包括了这个词，即"咔嗒咔嗒"或"噼噼啪啪"（click or clack），在某种意义上，它将为这种文学目的补充更现代的技术含义。但是，对口头禅发出告诫是徒劳的。由于优秀作家都是活生生的人，他渴望生动的语言，而口头禅绝非如此，因此会本能地避免过分使用它们，但是神经质的、拙劣的作家在胆怯不安地避免使用这些禁忌中的口头禅时，却染上了最可悲的习惯，就像已故的罗伯特·罗斯先生，他一方面惴惴不安地避免使用口头禅，却一面又养成了一种习惯：反其道而行之，他写散文，给人一种感觉：好像走在尖锐的燧石上，因为一条碎石路虽然不如鲜花草坪那样宜于漫步，但总要比用一块块都被倒转过来、尖刃朝上的碎石铺砌的道路好些。事实上，要在语言中避免使用口头禅和筹码是不可能的，如果真能如此，那么其后果将会极为乏味、极为痛苦。我们已经知道，"口头禅"这个词本身就是一个用旧了的筹码，它的原始含义都

❶ 维永（Francois Villon，1431?~1463年以后），法国诗人，平民出身，在法国到处流浪，一生五六次入狱，两次被判死刑，作品有《大遗言集》及《绞刑架上之歌》。——译者

已消失，甚至它的从属性含义也只在此时勉强显示出来。如果那些谴责口头
禅的人们还有理智领悟它，那么，这就是一个重要的事实。人们无法避免使
用口头禅，即使在谴责它们的这个行为中也无法避免。只要我们足够敏锐地
观察，即可看出，它们几乎包括了全部的语言，甚至把每个孤立的词都包括
151　在内。如果有人避免它们，那么，他就让人无法理解。即使是那些最适于被
称为筹码的普通短语也不是绝对就应受到谴责。它们之所以变得如此被人们
滥用，正是因为它们非常适于应用，波德莱尔理解这一点，他说："庸俗的
惯用语包括了无限深刻的思想"❶。此处只须遵循一条法则（这甚至是艺术
中每个领域的法则），即：要知道自己在做什么，而不要像无知、无思维、
漫不经心地跟着群羊走路的绵羊，而要尽可能真实地用语言表达自己的思
想。确实，如果我们试图清晰、准确地表达思想，那么，只要我们知道怎样
去做，就没有什么不能做的事情，但是，"只要"这两个字最好要加上着重
号。一个人在一生中花费了最好的时光去写前人没有写过的事物、去写非常
难写的事物，才有资格承认这一任务的艰难。

　　因此，写作就成了一项艰巨的脑力劳动，一个需要最紧张的肌肉活动升
向天国的过程，这是最强健、最勇敢、最活跃的人也绝不能指望凭着猛力完
成的过程。他必须真实（无论是在他正在工作的外部世界中，还是在他自身
152　的内在世界中），由于真理只能通过自己的气质被发现，因此他做的工作就
是对世界从未见过的结合进行表达。

　　有时人们指出：伟大的作家很少引证别人的作品，这基本上是正确的，

---

❶ 有趣的是另一位贵族式的语言大师也曾进行过完全类似的观察。兰道引用了霍恩·图克的
话说："如果没有广泛基础，任何词句都不会变成俗语。粗俗的语言有其物理性根源，即已知
的、已被人理解的、发挥作用的事物。"同时，对于乱用口头禅，兰道也像波德莱尔一样是一
位严格的法官。

因为他们发现很难把一种思想和语言的外在乐曲与自己的乐曲融合起来。还有人说过，蒙田是一个例外，但这就缺乏真实性了。蒙田所引证的东西往往都被转化了，因此就铸入了他自己的精神模式。罗伯特·伯顿 ❶ 也是如此。如果不是这样，那么这些作家（尤其是伯顿）几乎就无法跻身伟大作家的行列。然而，值得注意的重要事实并不是伟大作家很少引用他人的作品，而是他知道怎样引用。叔本华在这方面是一位大师。他具有从罕见的书籍中引用词句的奇妙才能，他还能不时地把这些词句像珠宝一般嵌在他的作品中，由于这种巧妙的技术，这些词句仿佛就是专门为此而写的一样。恰恰是渺小的作家而不是伟大的作家才似乎从来都不引用他人的作品，其原因在于，除此之外，他们实际上从来没作过任何别的事情。❷

不仅在写作中，而且在一切艺术中，在一切科学中，每个人面临的任务 *153* 都像培根规定的那样：人类为大自然提供补充。伟大的现代艺术家塞尚就在绘画中认识到这相同的语句，他曾对沃拉德 ❸（Vollard）说："希望创造艺术的人必须遵循培根的教导，他认为艺术家就是为大自然提供补充的人"。

---

❶ 伯顿（Robert Burton，1577~1640），英国神学学者，著有《忧郁症解剖学》，其中包括医学、历史、古典与文艺复兴时期各种知识及趣谈。——译者
❷ 谈到一位被人们大量引用的作家，（这应该是一种满足，但我表示怀疑）我可以说我曾观察到：那些引用他的文字的人大致分为两类，一类是优秀作家（或者不管怎样是平凡的作家），另一类属于拙劣作家。第一类作家十分准确地引用并适当地说明出处，第二类作家不讲究准确性，而且只是极模糊地暗示或根本不提他们是在引用别人的东西。这似乎也会表明优秀作家要比拙劣作家更诚实，但这个结论对拙劣作家来说可能不公正。事实是，他本人很少有什么思想或知识，他不能充分清醒地认识自己在做什么。他很像一个贪婪的孩子，看到面前的食物就乱抓一通，而不能认识这是不是他的食物。然而还有第三类作家，他们不能抵抗诱惑：故意把他人苦心得来的思想或知识作为自己的东西公之于众，有时可能还会用一句含糊其辞的话："众所周知"加以掩饰。
❸ 安布鲁瓦茨·沃拉德（Ambnoise Vollard，1866~1939），20世纪初最著名的法国艺术经销商、收藏家、出版商，他在精神和经济上支持了当时众多的艺术家，如塞尚、马约尔、雷诺阿、高更、梵高等，和毕加索更是保持着长期合作关系。——译者

因此，如果艺术家成功地发挥了自己真正的作用，那么，他就必然是那种使一切事物都变得面目一新的人。❶那位写作了《启示录》的杰出艺术家曾以寓言方式，也许是无意识的东方方式表达了这个观点，因为他把艺术家描绘为倾听内心王位上发出神圣旨意的人："看哪，我将一切都更新了。你要写上"！无论是什么艺术，这旨意都是相同的，尽管作家在这里享有选择自己艺术的特权，把它作为所有艺术富有灵感的范例提出来。

　　因此，写作是一项紧张的脑力劳动，不经过最良好的训练、没有最细微*154*的理性才能是无法完成的。这是迄今为止全部争论的结果。世界上拙劣的作品所以如此之多，是因为无知、习惯和假正经已经在写作中占据了主导地位，尤其是那些根本不知道自己教什么、自己往往成了特殊的反面教员的学究式教师与评论家也占据了主导地位。另一方面，多少世纪以来，世界上各处还有一些优秀作品，其原因是还有一些人不仅具备勇气、热情和耐心，而且也具备知识和集中的理性注意力以及寻求真理的决心，甚至还有他们想象的那种信念：他们所寻求的天赋寓于勤奋之中。

　　然而，如果是一切仅此而已，那么，正如我们清楚地看到的，许多永远也成不了作家的人将成为伟大作家，如果这就是一切，那么写作甚至无法被人当作一种艺术。因为艺术，或艺术的一个方面超越了有意识的知识，正如兰道所说，诗人"并没有认识到他所知道的一切，而且最后似乎就像蚕并不了解自己吐出的丝的精美一样"。这位伟大作家还谈到优秀的诗歌，其中也具有同样的真理，即："无知和笨拙使诗歌减少了一半快感"。埃利·富

---

❶ 克罗齐无疑是我们时代最有启发性的文学评论家，他以自己的方式坚持主张这一根本的事实。他会指出，世界上没有客观的判断标准，我们不能以自己的法则和范畴去接触艺术品。我们必须理解艺术家自己的价值，只有这样我们才能对他的作品作出判断。因此文学批评家的任务比庸人所想象的要大大地困难了。我要补充一点：这对艺术领域中的批评也同样适用，而且这也包括爱的艺术和一般的生活艺术。

尔在《伊甸园之树》中曾说：我们常常用双脚走路，知识和欲望就是两个支柱，一个是深思熟虑获得的东西，另一个则来自深厚的本能，我们的运动永远都是从一端跳到另一端，寻求我们从来都未获得的重心。❶ 因此，写作风格的获致也如人类一切交往中的风格一样，是某种超越了由刻苦努力而来的巨大能力。还有人把它界定为（有时我认为他们界定的极好）"优雅而不失风趣"❷。在知识和努力所能获致的一切之外，肯定有一种自发的优雅，就像从美丽和谐的大自然深处涌出的泉水，而且肯定还有一种西班牙人称之为"盐"（sal）的特征，因此在当地妇女的语言中非常正确地受到称赞，这种盐的特征产生了风味特点和防腐的优点。❸

最优秀的散文语言不过就是在最好的日常语言这块土地上建造的天国艺术中的理想，但在一个民族漫长的历史中，它只能得到片刻实现。在希腊，柏拉图不朽地、光芒四射地实现了这个理想，在英国，只是在17世纪最后几年和18世纪初的几年中才被人们获致，然后就蹒跚地走向那个世纪的结束，最后在约翰逊的迂腐与浪漫主义者的诗意放纵之间被压碎了。但是，对其他时期而言，只有最幸运的天才才可能在罕见的时刻达到那种完美，即圣保罗的理想："优雅而不失风趣"。

机械的时代非常满足于由机械创作的作品，无疑这是幸运。如果人们提

---

❶ "这种追求就是一切伟大思想家、伟大艺术家，实际上还有那些希望深刻地生活的人们（虽然他们没有表达出来）的艺术。如果舞蹈使我们非常靠近了上帝，我相信这是因为舞蹈象征地为我们表现了这种姿势的运动。"（埃利·富尔：《伊甸园之树》，第318页。）

❷ 原文为：grace seasoned with salt，这是《新约》《歌罗西书》中的话，《新约》译为"你们的言语要常常带着和气，好像用盐调和，"此处为了贴切语境，做了如此改动。——译者。

❸ 尼采在《看哪，这人》中谈论海涅时认为"天国的罪恶"基本上是完美的，（"有一天我和海涅将被人们认为是迄今为止最伟大的德国语言艺术家"，他非常自大地说，但可能是正确的。）他还补充道："人类和种族需要把他们的上帝与色情狂等同起来，我就根据这点评判他们的价值。"无疑，对现代人来说这是费解的，但它自有其含义。

到与此非常有关的一件事实的象征意义，那就很不高雅了（太生理学化、太伤感、也太陈旧了）：尽管心脏毫无疑问是一架机器，但它又是一个敏感有节奏地跳动的器官，肉质的琴弦从心室伸向瓣膜，它还是一架竖琴，伟大的艺术家可以演奏它，直到我们的心脏也和谐地跳动起来。然而还有某些人，对他们来说，情况似乎始终是：在跨越宇宙的伟大探险中，除去机械的技巧，艺术家语言的节奏就是他心脏的节奏，他韵律的脚步就是他精神的脚步。

二

　　因此，我们能经常认识不到学习书写在某种程度上是有关个人天性的事。甚至在儿童时代，我们按照在书眉上刻有格言的习字帖学写字时也是这样。确实有某些人（也可能是大多数人），他们能很快获得一种能力：能比较满意地模仿面前那无可指责的范本。而有些人则不行。我记得我的第一位男教师是个好挖苦人的小个子法国人，我那双没有受过训练的手激怒了他，他有时竟指责我是用烧火木棍写字的，有时甚至讥笑我驯养了蜘蛛让它们爬过我的作业本，后来还有一位教师，他是个个人主义者，他较为耐心，但有时也半信半疑地带着乐观主义喃喃自语："我的孩子，你自己有手啊"。这不是缺乏我们所说的那种驯顺，而是缺乏对神经系统的强制要求，意志所作的努力确实可以使神经系统屈服，但不能使它折断。

　　然而那些仔细制定了风格法则的作家却很少认识到像写字这类如此简单的事情中也包含着这种复杂性和神秘性。没有人能够指出使儿童模仿面前的铜版习字帖的耐心努力发生偏离的有多少是从远祖恢复的隔代遗传特性，有多少是家族的神经习惯，又有多少是刚愎而根深蒂固的个人癖性。儿子写的字往往像父亲写的字，尽管他很少或从来没有看到父亲的笔迹，兄弟们写的字极为相似，尽管他们是由不同的教师教育的甚至远隔重洋。有人注意到：古老尊贵的泰雷斯家族经过了多少代人之后，他们在斯托马基特教区记事簿上的笔迹依然如故。我曾经注意到：我本人的一个亲属、他那特殊的笔迹与两个世纪前一位祖先的笔迹完全相同，而他肯定没有看到过他的笔迹。这种相似性往往不是严格的结构上的相似，而是总的神韵或潜在的结构上的相似。❶ 人们不免会想：在这种问题上就像在其他问题上一样，各种可能性往往都受到限制，当婴儿在母亲腹内形成的时候，大自然就投下了同样古老的骰子和同样古老而又不可避免会重复出现的组合。但是这种观念很难符合各种事实，我们对极为精细的遗传特征，对它在似乎最难以捉摸的精神特性中的存在日益增长的知识，表明了那个骰子可以根据我们没有觉察的和声而起落。孟德尔学派的分析的发展将会及时帮助我们理解它们。

风格中属于隔代遗传、属于遗传特征、属于无意识天性的部分可能非常之大，这在很大程度上要比书法中相应的部分更难以理解，因为一个文人的祖先也许没有人试图用风格表达自己，甚至只有一个弥尔顿代表沉默的湮没无闻的家族讲话，而他讲的话能有多少真实也确是值得怀疑的事。只有当我们知道了家族的特征和业绩之后，我们才会推测其真实性。卡莱尔的家族史比其他任何家族的历史都能提供更多的富有教益的启示。在卡莱尔家族中从来没有作家，如果说有作家，那么在卡莱尔已形成了写作风格的时候，他也不会试图模仿他们了。然而我们无法设想这个严肃、勤奋、出身平民的低地

❶ 自我写下这段文字后，我发现雷柯克细微的观察为许许多多的观念开辟了道路。他在很久以前就注意到向祖先的笔迹的复归现象。（参阅《记忆的某些有机法则》，见《精神科学杂志》，1875年7月。）

158

159

苏格兰人的家族（以其与条顿族疏远的相似性，以其粗俗、狭隘的特点，以其武断、不可言喻的力量）会出现一种比最后这个儿子所造成的文字转变更适当的转变了，他可怜、弱小的形象有一张迷路儿童的面孔，他在四壁装了软垫的房间里写作，把祖先们的粗壮肌肉和繁殖活动变成了长达半个多世纪之久关于工作和沉默的流畅雄辩，因此把他的名字用金字写在大英博物馆的穹顶上。❶

160　　　当我们考察种族的而不是家族的特征时，我们更容易找到例证：关于祖先，甚至远祖具有的克服环境及支配风格的力量。莎士比亚和培根都是伊丽莎白时代的人，他们都自青年时代起就居住在伦敦，在某种程度上，甚至几乎是在同样的范围内活动的。但是传统和环境造成的全部影响（有时对我们来说是非常强大的），甚至不足以为他们的风格带来最微细的表面上的相似性，我们不会错把一个人的句子当作另一个人的句子。我们常常能记住：莎士比亚的性格欢快放纵，有些啰唆，他有一种本质的理想主义，他出身于性格上已发生变化的民族，由于不断衰退的不列颠人被凯尔特人包围，这个

---

❶ 这段文字是在15年前写下的，由于后来卡莱尔遭到不应有的贬低，特别是目前，我要补充一下，这段文字不能作为对卡莱尔的天赋的评价。25年前我似乎曾试图在私人信件中（写给我已故的朋友安古斯·麦克伊牧师）对他作出评价，请允许我在此引用它。那是在1883年，卡莱尔的《回忆录》出版后不久："这不是卡莱尔的风格，但是它更精细些。流行的判断是大谬特谬的。我们不摆脱'伟大的预言家'这个概念就永远也无法理解卡莱尔。卡莱尔不是一位'伟大的道德教师'（如人们曾经教导我们的那样）而是高尚意义下的一位伟大喜剧家，他的著作乃是奇妙的喜剧。他就是苏格兰的阿里斯托芬，正如拉伯雷是法国的、海涅是德国的阿里斯托芬一样，当然，他带有强烈的北方人的想象力，他比希腊人更笨拙、更不完善、更深刻。但是间隔了很长的距离，他与阿里斯托芬还有密切的相似之处，他们都具有同样的混合：鲁莽的方法与保守的精神。卡莱尔谈到兰姆时使用的就是真正的阿里斯托芬的方式。他的幽默也是极大胆的，（此处也有某些奇特的相似。）同样，在他的抒情性爆发中，他也是追随阿里斯托芬，当然也是隔着一段距离。当然不能把他比作一位艺术家。他不像拉伯雷那样创造了一个可以玩耍的世界，而是在总的方面像阿里斯托芬那样，他借助已存在的事物来做游戏运动。"我在青年时代作的这个评价与那时流行的观点不同，因为卡莱尔被当作偶像崇拜了，毫无疑问，现在也不同于当前流行的观点，但原因恰恰相反。只有在极端的情况下，懒惰的公众心灵才能得以保持。

民族的外围民族已经向威尔士人转变了。❶ 我们永远都会记住，培根天性严肃、有自我克制能力，他那有抱负的理性激情产生的热情受到压抑，他还具有一种变幻无常的自然主义，这一切都深深植根于那块东部的盎格鲁大地上，他却从未到过这片土地。在莎士比亚的血管中流动着那些创造了"马比诺吉昂"（Mabinogion）❷ 传奇的人们的血液，我们知道培根与爱默生的祖辈们生长在同一乡村。我们也许会考虑到勒南混合了的布列顿与加斯科涅祖先，在他的大脑中，在他风格的每一条轮廓线和旋律中，布列塔尼的古代吟游诗人都与蒙田、布兰托米和其他人的部落汇合在一起。我们再举一例，我们不会不认识到在托马斯·布朗爵士的风格中（也许后来在霍桑的风格中也是如此），那种潜在的才能的魅力是由居住在威尔士边界的祖先们流传下来的。

161

在这些例子中，可以清楚地把遗传影响与仅是外部的和传统的影响区别开来。我们并不需要用暗示来贬低传统，它是文明进步的基础。语言本身就是一种传统、一种自然发展的习俗，因此它确实具有广泛的适应性和用途。它是艺术、音乐和诗歌的粗糙未定形的材料。但是从它的形式方面讲，无论其作为表达的工具和媒介有多么重要的意义，语言都是一种自然习俗、一种积淀的传统。

但是，甚至传统往往也只是遗传特征的物质再现。许多伟大作家的个性后面存在传统，而在传统后面存在种族。艾迪生的风格就很好地说明了这一点。这种风格及其精细下面的弹性纤维与由亲切的日常语言得到的某种自由都是极容易辨认的结构性标记，都具有一种倾向（即倾向于已经必然要述说

---

❶ J. 贝多伊《不列颠民族志》，第254页。
❷ 威尔士中世纪故事集。——译者

162 的一种用途）：这种倾向允许把前置词放在句子后面，而不允许将它秩序井然地放在代词前面，在拉丁文中二者是连在一起的。在一个世纪之中，英语中的拉丁文与法文因素都发展到了极点，就如在吉朋和约翰逊的作品中一样，艾迪生散文截然不同的特征仍然很明显（尽管与小说大不相同），对一个逝去的年代中的社会主义者来说，它似乎是由粗心大意造成的，甚至是由于放纵造成的，从最好的方面讲，这也是由于个人癖性造成的。然而事实上，我们知道情况并非如此。正如艾迪生的名字表示的，他具有斯堪的纳维亚英国人的血统，他所归属的坎伯兰郡大多数都是斯堪的纳维亚人，与其相连的弗尼斯半岛（那里也有大量类似的源于父名的姓氏）确实是英国最纯正的斯堪的纳维亚人居住区之一。正如我们所知，在斯堪的纳维亚语言中，在以它们为基础的英国方言中，前置词往往出现在句尾，斯堪的纳维亚的结构因素构成了英语不可分割的一部分，甚至超过了拉丁语和法语的因素，因为它作为后者的组成部分，主要是扩大了词汇，而没有塑造我们语言的结构。因此，艾迪生没有引入个人癖性或做出可疑的放纵行为，反之，他仍在继承自己祖先们的传统，同时又在坚持英语语言的有机特性。也许还应补充一

163 点：艾迪生不仅在他作品的物质结构中，而且在精神特征上也显示了斯堪的纳维亚的亲缘关系。这种细致富于同情的观察、温柔忧郁的气质、安静克制的幽默，在现代挪威作家身上，比如约纳斯·李的身上又表现出来。

　　我们撇开这些祖先和传统的影响不谈，在作家（甚至是个人）的艺术中仍然大量存在我们只能称之为本能的艺术。对音乐艺术来说就是如此，音乐在其最辉煌的时期属于所有伟大的散文作家。每位作家都有自己的音乐，尽管只有少数人的音乐是可以听的，而且只有在少数难得的机会才能听到。那些精心制作自己个人节拍的作家写的散文听起来很单调，始终令人越发疲倦，就像沉闷的风格主义那样影响着我们。这种机械制造的散文确实需要聪

明的匠人去生产，但是，正如兰道所说："凡认为任何东西都是相同的人，肯定是拙劣的作家"。伟大作家尽管往往只是他们本人，但在适当刺激的压力下，他们获得了自己风格的完美音乐。他们的音乐是可以听到的情感变化，只有当情感的波浪涌动时才能出现。它不能恰当地表达随意效果。我们只能说在风格的表面上掠过了精神的风，它们又把它升华为有韵律的运动。对每个作家来说，这些波浪都有自己特定的振动频率，自己特定的形状和间歇。培根那丰富、深刻而低沉的音调与纽曼那种萦回宛转、微弱而颤抖的旋律，毫无共同之处，德·昆西的华丽辞藻中的高昂刺耳的假声与佩特忧郁的低调音乐也相去甚远。 *164*

正如心理学家教导我们的那样，模仿是天性的一部分。当我们开始学习写作时，我们很少不去模仿的，而且就大部分情况而言，这是无意识的。无论到后来他变得多么有独创性，每一位青年诗人的诗句往往都是按照某个偶然使作品走向世界的大师的韵律特征简单写出来的，以前模仿的往往是丁尼生的诗句，后来则是斯温伯恩的诗句，现在则是各种各样后起诗人的诗句，在散文中情况也是这样，但是韵律的特征就不容易听到了。

当一个作家慢慢地发现了自己的重心时，其他作家的韵律造成的影响就不再明显了，除非它能与他的自然运动和速度相符合。这是一件熟悉的事实。也许我们不容易体会：每位伟大作家不仅形成了自己的曲调，而且也形成了自己的音符。换言之，他甚至创造了自己的词汇。这不仅更明显地体现在这个事实中：每位作家在构成语言的大量词汇中只使用了有限数量的词汇，而且也体现在：即使在这些词汇中他也有自己的偏爱。❶ 一个作家正 *165*

---

❶ 举例而言，我曾研究过各种作家描绘色彩的词，发现每个诗人都有自己的色彩惯用语。我也常常研究句子长短的变化以及使用韵脚的特点。我也参考过A.尼斯弗罗在这方面的某些研究，如"文学资料统计方法"，见《意大利评论》，1917年8月。

是在其赋予单词和名称的含义中创造自己的词汇的。我们知道，所有的语言都是形象化的描述和隐喻，甚至基本事物的最简单的名称也都是隐喻，这些隐喻的基础就是使人联想到创造语言的原始人的那些相似性。除非像用语言表达自己对世界的新观念的天才原始人那样。他看到了充满能量的事物，或由于色彩而熠熠生辉，或喷吐着芬芳，在他面前走过的作家忽略了这些事物，他必须用表达他所感受到的特征的名称来为这些事物命名。他个人的新的感觉与知觉引导着他，创造了自己的隐喻词汇。如果我们考察一下蒙田的风格，它是如此清新、充满个性和创造性，那么，我们就会看到其独特之处主要在于它的词汇，这不像拉伯雷的词汇，这不是重新制造出来的，而是在其隐喻的价值中就存在新奇，这种新价值在每一步都得到尝试和调和，使之符合它们背后那个高度个性化的人的尺度，这个人也因此发挥了自己的创造力量。在后来的日子里，于斯曼确实是从一个比蒙田更古怪的角度观察世界的，但是，他坚定诚实，具有彻底的献身精神，他致力于创造自己的词汇，这词汇新奇的美最初使我们感到生疏。

　　研究于斯曼，会把人引向风格中不可忽视的一个侧面。认为文学艺术家是在表达关于世界的新观念、在为他所看到的事物命名，这基本上是正确的，而且我认为这可能是最重要的部分。我想对我们大多数人来说，我们关于大自然的观念大部分（虽然绝非全部）是由我们曾经看过的图画、我们读过的诗歌构成的，它们留下了持久的记忆（我知道我本人就是这样）。这就是说大自然是通过曾经使我们激动的最杰出的艺术家散发的气氛向我们走来的。但是我们在这里注意的乃是艺术家工作的过程而不是他的审美影响。艺术家寻找那些自身具有丰富内容的词汇，它们可以繁花盛开，也可以衰败。它们向各个方向伸出了触角，它们由于永远变化和在远处发生反响的含义而震颤。作家并不总是（或往往是）简单地准备关于事物的附有解释的分类目录，他是个艺术家，他的颜料就是词汇。他往往只是从世界的事物中得到了自己的启发，他创作自己的图画而没有对他打算描绘的景象留下任何真实的相似性。迪雅尔丹告诉我们，有一次他与于斯曼去听瓦格纳的音乐会，他几乎没有听音乐，但是侍者递给他的节目单使他着了迷，他跑回家去写了一篇关于《汤豪舍》的光辉诗篇。相反，马拉梅则沉迷于音乐，对他来说，音乐就是世界的声音，诗歌的目的就是要通过使它本身变为音乐来表现世界；他像一位先驱者站在高处，俯视着应许的乐土，试图捕捉关于新的感觉和未来艺术的暗示，但是，他绝不像于斯曼那样是一位伟大的语言大师。于斯曼曾为古斯塔夫·莫罗和费里西安·罗普斯写下了杰出的篇章，毫无疑问，他认为自己揭示了最杰出的艺术家（我们没有必要过分地追随时尚贬低这两位艺术家），但是，实际上他只是为他们的节目单所吸引，而在那里体会到一种恰好极其适合勾画出自己特定艺术的刺激。波德莱尔写作的东西可能没有这样华丽，但是，他可能会作出更有决定性的评价。

167

然而，即使最伟大的作家也会在语言技巧中仅仅因单词而造成的陶醉受到影响。莎士比亚永远都不满足于"把绿色说成红色的"，与此同时，他最需要的是"许许多多的海洋变成了肉红色的"。这在济慈那里很引人注目（正如他的第一位敏感而又敏锐的评论家利·亨特清楚地解释的）他真正关心的往往是美的单词，而在《圣爱格尼丝之夜》中，他关心的似乎是美的事物。有时他用这种方法确实会把青年读者引入歧途，当我是个12岁的孩子时，在济慈的诗中读到"斑岩"（porphyry）这个词，我以为这是一种奇妙的物质，我想如果他能长寿，能够跨过新伦敦桥走向圣托马斯医院，人们就会告诉他：他脚下踏着的花岗岩就叫斑岩，那时他会大吃一惊。我想起魏尔兰有时常用各种不同的音调重复某些特别偏僻的单词，在口中滚来滚去，就像吮食一块糖果，把它舔成自己喜欢的形状，有些人也许对他用来作歌名

168

的某些单词感到有些奇怪，（比如："绿"）但是，如果他们知道了魏尔兰最初的选择过程，他们就会理解他是怎样把这些单词与音乐和歌词结合起来的。

在大自然的世界中，最美丽的是鸟、是花、是宝石。但是站在大自然面前的诗人的态度恰恰像于斯曼欣赏艺术时的态度：他感兴趣的只是节目单。诗人对鸟类往往只具备最普通、最基本的知识，他们成了鸟类学家的笑料，他们与那种画家的水平相差不远：他在风景画中画了一棵树，人们问他这是什么树，他却回答："啊，这就是那种普通的树"。甚至歌德也把路旁的金翅雀错当成了云雀。人们可以肯定，即使是今天的诗人也很少有人在衣袋中装着伯恩哈德·霍夫曼袖珍本的《鸟类世界指南》，他们甚至可能没听到过这本书的书名。他关于花的知识似乎也只限于花名的特性。我很久以来就珍爱一种雅致、十分常见的英国野花，但从来没有看到一首描写它的诗，因为它那令人失望的名字叫刺草（stitchwort），只是到近来，它才在散文中得到应有的欣赏（萨尔特写的诗文）。关于宝石，情况也是这样。在我看来，那为数不多的参观者中几乎没有诗人（除去我偶尔带去的一位以外）在对所有那些美的东西沉思。诗人真正关心的是单词和内心的反响，有时甚至是故意的。弥尔顿误用了"多花蔷薇"这个单词时，人们可以体会到他从这个名字得到的无意识魅力，但人们无法肯定这是否就完全是无意识的。柯勒律治因为说巴松管是"响亮的"而受人严厉指责。但是，柯勒律治是对这个单词的"音色"而不是对这件乐器的音色做出反应的，如果有人告诉他巴松管不是响亮的，我想他可能会回答说："不错，如果它不是响亮的，但它应该是响亮的"。在柯勒律治活动的层次上，"响亮的巴松管"是绝对正确的。我们知道语言艺术家是在单词中而不是在事物中活动的。诚然，单词最初是与事物紧密联系在一起的，但是在它们远处的反响中，它们被许多

169

联想丰富了，被许多色彩浸透了；它们获得了自己的生命，在另一个层次而不是在事物的层次上活动着，正是在这个层次上，文字艺术家作为艺术家所关注的就是它们。

　　因此就出现了这种情况：文字艺术家与色彩艺术家一样都要永远活动于 *170* 两个层次之中，即新的观念与新的创造这两个层次中。他有时要塑造外部世界，有时则要塑造内在世界，有时由于偏爱，他们更多地徘徊于这个层次而不是另一个层次。文字艺术家并不是不可抗拒地沉迷于对事物的确切研究中，或被大自然的强烈的爱所打动。最精细、最忠实地描写大自然的诗人往往不是伟大的诗人。这是可以理解的：因为诗人（甚至是广义中也使用散文的诗人）主要是人类情感的工具而不是科学观察的工具。然而，那些具有无限力量源泉的诗人，在早年的生活中就在自身中积累了关于某个现实的外部世界的详尽知识。❶诚然人们可能感到疑问：自从荷马以来，世界上到底有没有最杰出的诗人不具备这种内在的敏感印象的源泉以供汲取。青年莎士比亚写诗时是精细描绘，那时他不是伟大的诗人，他不像青年的马洛那样是个伟大诗人，但是他积累素材，当他成为伟大诗人时，他可以任意得心应手 *171* 地取用。没有这样的源泉，除自己讲故事的才能之外，小说家也永远不会获得那些能打动我们心弦的诗人格调。《追忆逝水年华》（*A'la Recherche du Temps Perdu*）是一部伟大的现代小说的名字，但是，在一生某个时期每个小说家都是奔向遥远故乡的危险航海冒险中的尤利西斯。有人认为乔治·艾略特以及她早年对乡村人民生活的熟悉，哈代对大自然声音的精细敏感，康

---

❶ 保罗·莫朗告诉我们，普鲁斯特可能会说："缪斯是记忆的女儿，任何艺术都离不开记忆力，"当然，在普鲁斯特的艺术中这是非常正确的。正是艺术的因素在创造气氛的同时也表现了强烈的亲近关系，既表现了外部的疏远又表现了内在的亲近。托马斯·哈代的抒情诗的亲切魅力来自其中突出的记忆，（在《后期与早期的抒情诗》中人们可以看到这点）这就是它们不能被人充分理解的原因，当然那些不再年轻的人们不在此例。

拉德捕捉了甲板上水手洞察一切的视力中的闪光，只要他们离开这里走入他们无法汲取这些古老源泉的景象中，无论这些艺术家的冒险多么光彩夺目，也会失去它们亲切魅力的力量。今天关于这种情况最突出的例子就是西班牙小说家布拉斯科·伊巴涅斯，在小说中他描写了巴伦西亚的肥沃地区（*Valencian huerta*），那些土地浸透了他的青春，这些作品深刻而辛辣，后来他转而写作大都市人的各种问题小说，这些作品是完全可以忽略的。

到时间我们会逐渐熟悉伟大作家的风格，当我们阅读时，我们能很容易地、无意地把它们翻译过来，就像翻译我们熟悉的外语一样，我们已经学会了解创造了这词汇的创造者的特殊印记，所以我们理解这词汇。但是，在一开始，对我们来说，伟大的作家是不可理解的，他们仿佛是用我们根本没有学过的语言写作似的。在距现在已是很遥远的日子里，《草叶集》对世界来说还是一本新书，很少有人第一次阅读时不感到反感，甚至是强烈的反感，无论他们是怎样诚实地阅读，而且现在很难了解：一旦这些人阅读了斯温伯恩的《诗歌与民谣》，第一次看到那犹如图画般的象形文字而又没有答案时，他们会怎样呢？但即使在今天，许许多多的人仍认为普鲁斯特是无法阅读的，认为乔伊斯莫名其妙。在我们找到门径和线索之前，新的作家一直是晦涩的。其中存在兰道所说的真理：诗人必须自己创造享受他的天堂的人。

对大多数有意地学习写作的人来说，词汇一般不如安排词汇的艺术重要。这样一来，学习写作的人往往成了我们一开始就遇到的虔诚地学习语法和句法的学生。这确实是一种不断增长的倾向。文明的发展离不开有意识地追求形式上的秩序，而作家则追随着文明的进程，作家是根据时尚或根据志向写作的，而不是根据创造性天才的神圣权利写作。这是一种不幸的倾向，因为受其影响的那些人是因为人多而获胜的。正如我们所知，真正的写作不是用这种方法学习的，正如太阳系不是根据天文学家的法则构造的，因此写作也不是根据语法学家的法则进行的。天文学家和语法学家同样都只是在末尾才出现的，来对自己乐于探索的各个领域中通常发生的事物做一般化的描述。当一个新的彗星（无论是宇宙中的还是文学中的）进入他们的天空时，必须加以调整的是他们的描述，而不是彗星。一个民族及其文学最突出的衰退特征莫过于对法则的奴性和十足的卑躬屈膝。这只能走向僵化、走向关节强直、走向石化，所有这些都是通往死亡之路的标志。在任何民主的平民时代，那时每个人都认为自己就像别人一样是个优秀作家，他们从他人那里引出自己的法则，但没有符合自己特性的法则，人类是不可避免要沿着这条陡峭小径奔走的，而且是在一个群体之中。

我们可以在拼写这种小事中找一个例证说明前进中的文明的平民僵化症。诚然，我们不能忽视这一事实：写字是为了阅读，它的外表是不能完全忽视的。但是，归根结蒂，它要借助于耳朵，而拼写与风格可以没有什么关系。可以恰当地说，拼写规则是少数的，甚至没有什么规则，在伟大时代，人们能够理解这一点，并且可以相应地做出大胆的举止。在这个问题上，他们发挥了良好的个人判断力，而且无疑也允许广泛的变化。正如我们所知，莎士比亚甚至可以用几种不同的方法拼写自己的名字，而且这一切都正确。当伟大的古老伊丽莎白时代的航海家马丁·弗罗比歇爵士用笔踏上自己不平凡而又艰难的征途时，他以朴素的英雄主义精神创造了极独特的拼写方法，而他正是以这精神时刻准备着驶向陌生的海洋。当然他的书信体小说非常有趣，但并不十分值得赞佩，可是我们没有理由认为那些接收这些信件的杰出人物对它们会有任何轻蔑。更贫血的时代甚至对拼写中的创造性的生命力也无法容忍，因此也就出现了这样一些时期，那时任何美丽和手工制作的东西都被成批生产的、统一的、廉价的机器制造品取而代之，在单词中也适用同样的原则，因此，拼写变成了机械性的行业。我们必须使我们的拼写保持一致的规格，即使全体一致都拼得

173

174

不好。❶正如那种由于完全无知而错把芦笋倒着吃下去的人而不得不声称自己
就喜欢吃这样一样，我们的民族在拼写这种事情中也是这样，我们的祖先由于
偶然或由于无知采用了某些拼写形式，而我们作为他们的子孙不得不宣布我们
就喜欢这些形式。这样一来，我们不仅在拼写中失去了全部个性，而且我们还
以自己的损失而骄傲，并且扩大了我们的僵化。在英国我们已经不可能充分地
放松我们僵硬的精神关节而铸出一个字母，在美国，他们几乎也不会允许承认
这个字母。我们认为，在这类事物中保持严格和形式是方便的，因此我们感到
满意：我们扼杀了我们单词的生命，只获得了死亡的便利，这对我们来说是无
关紧要的。毫无疑问，如果男人和女人都能变为刻板的几何图形，那也是同样
方便的（正如我们的立法有时实际认为的那样），但是，我们也会受到报偿：
我们放弃了一切曾构成了生命的无限多样的变化与美丽的曲线。

　　毫无疑问，在风格这类更大的问题中，我们已经为了奴性十足地遵守机械
化的法则付出了惨重代价，而无论它们是多么方便、多么必要。正如我们现在
不得不注意的，那些美丽而不正确的东西非常频繁地出现在17世纪伟大作家
甚至那些小作家的作品中，现在它们已经消失了，因为现在每个人都能写出任
何人都容易阅读的东西，也能写出任何人都没有强烈欲望去读的东西。但是，
当托马斯·布朗写作《宗教医学》时，他采取了一种艺术：遵从个人的法则而
又摈弃那一直诱惑着我们的自由灵感。令人惊奇的是，无论风格中的冷漠或

---

❶ 牛津大学出版社曾出版了一本部头不大的《排字工人与校对员规则》，其中规定了这种统
一性。它包括了把以ise结尾的地方改为ize的病态愿望，尽管这个怪癖很迷人，但作为规则就
骇人听闻了。这是一本有用有趣的手册，有人担心因此会鼓励许多不必要甚至讨厌的用法。即
使我们不考虑这类事情中各种类型的伟大历史传统，但当我们综合考虑它们的时候，我们也无
法弄清那些鼓励每个人都像同伴那样拼写的优点能否与那些鼓励每个人都不要像同伴那样拼写
的优点相平衡？当我在澳大利亚丛林中当教师时，我从我的学生所做的或多或少是正确的拼写
练习中得到的快乐远不如我偶然从他们父母的短笺中得到的快乐多，他们的父母从来没学过拼
写，却能用庄重的风格拼写。我们固执地抛弃了一个无限快乐的源泉。

谬误能被引到多么遥远，它都能完全适用于即使是复杂和微妙的目的。佩皮斯 ❶ 在写作他的《日记》时就有一种罕见的献身精神，同时又以一种简洁、漫不经心和专一的目光盯住事实本身，而且还离奇地摆脱了自我意识，而这样他就无权宣称具有我们约定俗成地称为风格的那种东西了，他开始写《日记》的时候，工作紧张而生活没有一点点的欢乐。然而在这个媒介中，他不仅完美地装载了任何语言都不曾出现过的关于过去年代最生动地认识到的、最欢快地详细描绘的图画，此外，他也描绘了自己的心理肖像，这幅肖像以其宁静、无偏见的正义、以其精妙的浓淡变化、以大胆的色彩对比具备了委拉斯凯兹最优秀作品的所有特征。我们可以说，这里没有任何风格，这里只有日记作者，他用漫不经心的强烈生命力为自己的观察写作，同时对已经在这里显示的奇迹来说，也没有其他我们认为更适合或非常适合的风格了。

布朗的个性自由导致了壮丽，而佩皮斯的个性自由则导致了清晰。但是壮丽并不是作品的全部，同样，尽管人们一次又一次地转向清晰，它也不是作品的全部。我们在此处又从另一侧接触了我们已经讨论过的观点。柏格森在回答下面这个问题时——"你为什么要写作哲学呢？"正如他本人所说，无意中透露出与哲学家之外的其他作家有关的某些意见。他指出，一个技 *177* 术性单词，甚至为了偶然机会，为了特殊意义而创造的单词，都总是有自己的位置的，只要受过教育的读者（他没有指出，尽管很难确定是否有这种受过教育的读者）都能很容易、甚至根本没有注意地接受它，他还指出在哲学散文中，在一切散文中，甚至在所有艺术中，"完美的表达就是那些非常

---

❶ 佩皮斯（Samuel Pepys，1633～1703），英国散文家、政治家。他对英国文学最大的贡献是他的《日记》（1825），他用速记写日记历时九年，（1660年1月1日至1669年5月31日）长达2500页，记录17世纪英国的政治生活和历史事件，他的散文自然流畅，有如文雅的谈话。——译者

自然、或者说非常必然地出现的表达，它是由非常专横的命运造成的，它的专横使我们无法在它面前停顿下来，只能径直走向它试图表达的东西，似乎它与这个观念融为一体，它由于透明的力量而变得无法辨认了"❶。这话说得很好，柏格森也属于清晰这一类型。然而我并不认为这就是应该讨论的一切。风格并不是一块玻璃，而玻璃最重要的事情就是不要出现瑕疵。柏格森本人的风格并不非常精妙，人们从来都没停下来赞赏它的特点，同样正如一位抱有敌意的评论家（爱德华·迪雅尔丹）指出的，它并不总是清澈透明的。散文中的舞蹈者正如诗歌中的舞蹈者一样（哲学家或任何作家）都必须透过自己所穿的服装显露出自己的四肢，而这服装也必须具有自身适当的美，如果它不具备美，那么这艺术就是失败。这种显露就是失败。风格确实不仅仅是一种看不见的透明媒介，确实不仅仅是一件服装，而正如古尔蒙特所说，它就是思想本身。这是一种精神实体的神奇质变，它用我们能够接受和吸收这实体的唯一形式为我们实现了它，如果它的清晰没有与它的美平衡，我们就不能充分地维持那种最高尚的功能。无疑，如果我们更多地倾向一个侧面，那么我们应该选择的就是清晰而不是美，因为在那一侧面我们可能会遇到一个托马斯·布朗，而在这一面与其说我们意识到的是神奇质变，还不如说是上面有厚厚的刺绣和金光闪闪的珠宝的服装，但我们往往不能肯定下面是否隐藏了很多内容。再向前跨进一步，我们就接触到邓南遮，这是一个辉煌的面具，下面却空无一物，正如在罗马的街道上，某些时候人们可以看到方济各会男修道士，满头华丽的装饰，有如罗马皇帝，然而人们可以猜测这是毫无用途的。值得注意的是这位意大利作家选择了一个非常浮华高贵的名字如加布里埃尔·邓南遮以掩盖毫无意义的真名。圣母领报的伟大天

---

❶ 参阅《新世界》1922年12月15日。

178

使为他们自己的真实名字创造了美。现在有谁认为莎士比亚的名字可笑？而济慈（Keats）的名字又是多么可爱！

作为艺术和谐的一部分（和谐必然是从冲突中产生的），我们必须观察两个层次之间永存的外表上的变换，这两个层次就是视觉层次与创造层次，就是内在形式与罩在外面的服装，这种变换有时也会分散艺术家本人的注意力。先知耶利米有一次说（现在预言家无疑会有机会认识他讲的真理），对周围的人来说，他似乎只是"一个善于奏乐，声音幽雅之人。"但是，他没有认识只有 *179* 通过声音和器乐的这种特性，他的哀叹才具有生命力，或者才能存在，如果传颂了诗歌，那么神谕也就被传播了。诚然，《旧约》与《新约》中他的那些先知伙伴，都曾用竖琴的声音迷住了人类，而他们曾用那些竖琴在巴比伦水域吟唱。我们完全有把握可以说，如果人类不是一次又一次地从"那个善于奏乐，声音幽雅之人"那里听到它，那么全部《圣经》很早以前就可能被所有的人遗忘了，只有少数聪明的考古学家除外。苏格拉底说哲学简直就是音乐。但是，人们可以说宗教也是音乐。森林之神和仙女随着笛声跳起神圣的舞蹈，这就是生命的象征，它从希腊浅浮雕雕刻家的日子起直到我们的时代，一直在人类的眼前浮动，我们这个时代的人从《新精神》的字句中捕捉到了新的和谐的闪光。我们只能追随着知道怎样演奏的吹笛人，即使走向我们自己的毁灭。人类身上也许有许多令人讨厌的东西。但是他们仍具有迷人的气质。如果人类丢掉了它，世界就要完结了。

人们曾向自己问道：旧的写作方式作为一种个人艺术是怎样被新的写作方式取代的呢？后者仅仅是非个人的准科学，它受到形式和人为法则的严格 *180* 限制。可以肯定，在思想的伟大新潮流的存在中可以发现这个答案，这个潮流在17世纪末人类的心灵中开始掀起了巨大波澜。我们应该记住，正是在这个时期，在英国和法国出现了新的失去了生命力的散文（尽管它更灵活），这种散文简洁准确、具有有意识的秩序性，也有审慎的方法。但是仅仅在几年之前，一个巨大的理性浪潮横扫了法国和英国，为数学、几何学、天文学、物理学以及有关学科带来了前所未有的非常强烈的刺激。笛卡尔在法国、牛顿在英国作为这场运动的典型代表脱颖而出。如果说这场运动必然会对语言产生任何影响（我们知道语言对思想的反应非常敏感），那么实际发生的变化所带来的影响是任何其他方式都无法比拟的。那里有任何产生影响的机会。❶ 数学和几何学的这种突然扩展是如此巨大和新奇，以至于人们对此中的兴趣已经超出了科学家的小范围，它甚至激励了街上的行人、客厅中的妇女，确实有一位妇女，是世界上那种聪明欢快的妇女，她把牛顿深奥的著作译成了法文。因此人们创立风格的新特性不仅是为了表达思想的新特性，而是因为在人类心灵中活动着新的科学理想。在19世纪初，思想也为语言带来了类似的反应，那时曾有人试图再次为语言增加生命力，打破上一世纪形成的僵化、刻板的模式。这种尝试立即被一组新科学的觉醒领先了，但是，这一次，生命的各门科学、生物学研究与居维叶和拉马克、与约翰·亨特和伊拉斯莫斯·达尔文结合起来了。到了20世纪，我们看到生物学精神及其科学中的历史形式与艺术中的浪漫形式的暂时枯竭，我们得到了一种新的古典精神，其中包括了数学科学的复兴，甚至在此之前就开始对语言产生了影响。

　　对古代作家来说，写作是一种自由发挥的艺术而不是跟在抽象科学的某些思想后面的徒劳尝试，因此赞美他们绝不意味着对礼仪和秩序的轻

---

❶ 费利斯·格林斯特利在他对约瑟夫·格兰维尔的研究中（第183页）谈到笛卡尔对英国散文风格的影响，他从斯普拉特的《皇家学会的历史》中引证：学会"严格要求其成员以严密、坦率、自然的方式讲话，要肯定地表达自己的意见，要朴素流畅，要尽量使任何事物都接近教学的明确。"皇家学会通过了一项决议拒绝"一切夸张、离题和冗赘的风格"。

蔑，一切书面语言离开了礼仪和秩序必然是缺少艺术性和晦涩的。伟大时代的伟大作家站在古典主义和浪漫主义之上总是遵循着这种礼仪和秩序。在他们手中，这种遵循并不是对外在规则的奴性和刻板的依附，而是一种美丽的习俗、一种生而优秀的教养，这就是在人类交往中那些尚未由于亲昵或任何重大的生死危机打破的可以自然遵守的东西。

　　艺术的自由绝不等于艺术的漫不经心。诚然，我们完全可以说越是自由就越是困难，因为根据样式来制作从来都是最容易的事。只要他们的技艺是有意识的技艺，那么，对那些寻找非个性或个性理想风格的人来说，问题是同样艰巨的。福楼拜（确实是徒劳的）试图成为一位最客观的艺术家，并打算以英雄的活力把语言塑造成抽象完美的形态。尼采是最有个性的风格艺术家之一，他也有同样的打算，用他的话说，就是试图像雕塑家创造塑像一样在散文的稿纸上工作。无论他们追随的（有意识地或本能地）是哪一种理想，尽管结果可能并无根本区别，但可以肯定的是：从理论上讲，个人的风格道路是更可靠的（尽管在实践上并一定是这样），而且它往往也能更深刻地感动我们大多数人。法兰西第二帝国的伟大散文作家们曾做出前所未有的努力去雕刻或描绘一种非个性的散文，但其最终得到的美和效果似乎无法与它包含的辉煌能量相比。茹尔·德·龚古尔的哥哥认为：他确确实实是由于不停地奋斗以获得一种客观的风格而造成的精神衰竭死亡的，这种风格适于表达他看到的世界的微妙结构。尽管龚古尔兄弟是文学史中的伟人，但他们并没有开辟新的道路，同时他们也不是人们仍然喜欢阅读的作家，因此他们的《日记》只有像文献一样才具有持久的价值。

　　但是，任何流派的伟大作家每个人都以自己的方式证实了：比风格的那些惯例和礼仪更深刻的是任何作家都无法逃避的一条法则，只有通过学习才能获得，但绝不能通过教导而获得。这就是思想逻辑的法则。如果作家从此

182

能够更紧密、更明晰地追随自己思想的形式和过程，那么，语言结构的一切常规法则就可以放在一边了。他必须永远遵循的只是这种逻辑的法则，而且只有获得这一法则才能得到安宁。他可能会像但丁那样虔诚地说："他的意志给予我们安宁"。文学风格中的一切进步都有赖于英勇果敢地抛弃堆砌和冗赘，抛弃过去时代因其具有生命曾一度美丽而现在因其死亡已成为虚假的一切常规。斯威夫特风格中简朴、坦率的美有时是这样明显和强烈，它完全有赖于对自己思想的逻辑的这种忠实。语言艺术中一切进步的精髓，两个孪生的特性就是灵活和亲切，而且在它们进步的成就中包括了伟大文学的造诣。如果我们把莎士比亚与他的先辈和同时代人作一比较，我们几乎就无法认为他的想象力远远超过马洛，或者说他的理性把握远远超过了本·琼森（Jenson Ben），但是，在灵活和亲切这两点上他比他们具有不可估量的优势。他能够掌握一种无可比拟的艺术：他能够编织一种语言的服装，非常灵活而又有力，非常透明而又亲切，这为它本身赋予各种细腻的情感与非常敏捷的思想变化。当我们把培根那庄重而有条理的文字与他最亲密的朋友，活泼的威尔士人豪厄尔的《密友书简》相比较时，我们几乎无法相信他们是同时代的人，豪厄尔的风格具有无与伦比的表现力、灵活性和亲切感。所有对后世造成影响的作家都以同样的方法做到了这点。他们抛弃了语言的笨拙、破旧的服装，他们织造了一种更简洁、更熟悉的语言，因而能够表达从前似乎无法表达的微妙或鲁莽的事物。在英国诗歌中，柯珀和华兹华斯曾经这样做了，在英国散文中，艾迪生和兰姆也这样做了。而今天在法文中普鲁斯特是这样做的，在英文中乔伊斯也是这样做的。当一位伟大的作家（如卡莱尔或布朗）在创造自己过于笨拙而不灵活、过于庄重而不亲切的语言时，他可能会引起同伴的赞美，但不会在后来者的语言上留下任何痕迹。人们很难相信这就是乔伊斯的命运。他的《尤利西斯》曾把他早期作品中的特

184

185

征大大地发挥了，人们曾把这部作品当作英语文学中划时代的作品而欢呼，但是，一位杰出评论家认为它只是因为结束了一个纪元而不是因为开创了一个纪元而受人欢呼的。它可能一直在准备着一条新路，由于这种作用，我们可以承认它，而不必同时把它判定为一部杰作，除非我们能够理解它在此处所作的尝试。这部卷帙浩繁的《尤利西斯》是一个普通人及其周围人物日常生活的日常记录。它试图把这个人在这段时间的全部物质和精神活动作为艺术再现出来，毫无省略，甚至连那些极端自然主义的小说家到目前为止都认为太琐碎、太粗鄙而不屑述说的东西也不省略。书中不仅描述了引起行动的思想和冲动，也描述了那些无目的地漂过他的意识领域的思想和情感，而且在描述这种内在生活和外在生活的结合中，乔伊斯有时把这二者放在同一层次上，而获得一种新的简洁风格，尽管有时我们在一开始很难辨别哪些是外在、哪些是内在的生活。另外，如果他高兴，他会毫不犹豫地改变自己风格的调子，而且还会以有意的讽刺和变色龙似的方式悄悄采用其他作家的手法而不加说明。乔伊斯用这些方法在此处获得了新的亲切的视觉，新的灵活 *186* 的表现，而这就是在前进中具有生命力的运动点上的一切伟大文学的精髓。他在艺术中成功地认识到并清楚地展现了其他艺术家忽略或没有看到的东西。如果他在这项困难而又危险的工作中失败了，就如我们某些人想象的那样，而没有获得彻底的清晰和完整的美，那么，不管怎样，他也为后来者提供了达到新高度的可能性，如果不借助他所建造的道路，后来者可能就达不到，甚至想象不到这个新的高度，而这就足以为任何作家带来声誉。

当我们转向普鲁斯特时，我们面对的是一位确实不曾引起激烈争论的作家。许多人对他的作品确实很烦恼，但是，他也像乔伊斯一样不打算面对那样多的偏见，而在法国这甚至是没有必要的，因为在千年的历史中，古代的英勇开拓者已经建造了这条道路。但是为人们带来新的启示的作家就不一定会引起民众的诅咒了。这是他必须面临的一种风险，但不是不可避免的厄运。当群民呼喊着"把他钉十字架，把他钉十字架"的时候，各种媒介中的艺术家从天空听到一个声音："这是我的爱子"！但可以想象的是：人们获得的新启示越完美，他们所引起的反抗就越少。毫无疑问，普鲁斯特已经成了新的亲切视觉、新的灵活的表达的大师，尽管这个启示所借以完成的风格（也许由于其中的复杂性）依然有些难以理解，同时（我们必须指出）也有些疏忽。但是，它毕竟获得了相当程度的清晰、获得了高度的美。因此要承认《追忆逝水年华》是一部伟大杰作并不难，困难在于承认它更明显地是一位勇敢的开拓者的作品。它被人们看作是体现在新的适当风格中的新的审美感觉的启示。马赛尔·普鲁斯特清醒地体验到其他人朦胧地感觉到或根本没有感觉的东西。因此，他的作品的重要意义完全不在于它那些戏剧性插曲的力量或其作为小说的特性。对那些渴望激动人心的场面的、智力有缺陷的评论家来说，有时似乎觉得《在花枝招展的少女身旁》才是普鲁斯特作品中最没有意义的章节。然而，正是在他的叙述中那平静没有波澜的地方，普鲁斯特才最有信心地打上了自己天才的印记，我愿意补充一点，他的天才特别适于英国人的心灵，因为普鲁斯特是在英国传统中而不是在法国传统中活动的。❶

毫无疑问，一个作家可以通过良好有礼貌的驯顺的练习而声名远播。通

187 (margin)

188 (margin)

---

❶ 如果有人问我为什么要从对许多人来说都是有问题、甚至是病态或反常的文学个性中而不是从某些更正常、没有问题的文学个性中，比如托马斯·哈代选取普遍的艺术特性的例子，那么，我将回答：我总认为选取现在仍有疑问的例子要比依靠没有问题的、所有人都会不假思索地顺从接受的例子更有帮助、更有教育意义。四十年前，哈代的天才几乎得不到承认，在那时我似乎应该陈述他的天才特性。今天，当这个特性已经没有疑问时，当哈代已受到普遍爱戴和尊敬时，再这样做似乎就有些懒惰或不恰当了。

过对他人说过的话作毕恭毕敬的研究、精细聪明地捕捉他们的技巧，避开他们的微妙之处、深奥之处、大胆之处，总之，要耐心谨慎地写出铜版印刷的优美习字帖中的格言，这样他最后就可以像斯蒂文森那样成为群众的偶像。但是，伟大的作家只能从自身进行学习。他们学习写作就如同孩子学走路一样。因为思想的逻辑法则与物理运动法则并无不同。在这些学习者最终完美地掌握他们在其中确立了自己至高无上的人类特权的崇高韵律和危险的平衡之前，他们体验过失足、笨拙、踌躇和尝试的滋味。但是，他们的学习过程归根结蒂是以自己的结构和作用，而不是以他人的榜样为基础的。"风格必须建立在模式上面，"这是对风格一无所知的书呆子确立的法则。因为建立在模式上面的风格就是对风格的否定。

在风格中取得伟大成就的热情和勇敢精神绝不会随着时代的流逝而减弱，反之，它会更趋增长。之所以如此，不仅是因为最艰巨的任务往往留在最后，而且也是因为：由于堆积了许多机械的法则和僵硬的习俗，在风格的道路上障碍越来越多了。值得怀疑的是，生命的力量是否在总体上真的胜过周围的死亡惰性。伟大作家必须付出自己心灵的血和汗，在同时代人的咒骂和轻蔑中打破旧的风格模型，把自己的新鲜生命注入新的模型中。从但丁到卡尔杜齐、从拉伯雷到普鲁斯特、从乔叟到惠特曼，这些文坛巨匠都参与了这种奉献自己毕生精力的事业，而在他们身后，死亡的力量又迅速重新聚合起来。这里总会为英雄留下用武之地。确实，凡是精神上不能成为英雄的人都无法写出像样的作品，即使这英雄在街上的行人或在同室的伙伴看来就像鸽子一样温顺。如果一切进步都有赖于语言日益增加的灵活性或亲切性，有赖于更好地适应人类不断变动的灵魂的高度和深度，那么，这个任务是永远也无法完成的。每个作家都重新受到召唤去揭露生命的新地层。由于挖掘了自己的灵魂，他也就成了自己的家庭、国家和民族灵魂的发现者，也成了人

189

类心灵的发现者。因为伟大作家发现风格就如神秘主义者在自己的灵魂中发现上帝一样。这是最后的叹息，以前任何人都没有发出这种叹息，而在此之后每个人都可以随声附和。

最后，读者将会看到，我们终于又回到了我们的出发点。我们已经完成了艺术进化的循环，（确实，在其他任何艺术中就同在写作中一样），我们在前所未有的广阔飞行的最后冲激中发现了我们从那里出发，而现在又以全新目光来看待的事实，为它赋予了新鲜的全面意义。写作是一件艰巨的精神和脑力劳动，只有通过耐心和深思熟虑的工作和非常的勇敢才能完成。然而，我们又只是刚刚开始。写作也是对个人个性的表达，个性是从任何人都无法支配的内在情感的泉中自然喷涌出来的，或是从内部慢慢汲取出来的。但是，即使用这两种对立的因素，我们也不曾得到全面的综合。因为从全面的意义讲，风格不仅是正在表达自己的个人有意和有计划的创造，甚至也不仅仅是无意识和偶然的创造。他这样表达的自我是许多他本人永远也无法完全知道来自何时的遗传倾向。正是由于本能地强调了一种高度敏感或有些不正常的性格，他才被迫把这些倾向注入文字的陌生魔术中。他努力要把自己写在世界这张尚是空白的纸张上，那个笔尖也许具有金属棍棒难以制伏的弹力，也许还具有昆虫翅膀的野性、震颤的固执，但是，它后面却存在伸向无限的力量。它之所以感动我们，是因为它自己也曾被我们多少不同地继承了的脉搏激动了，因为它的根本源泉就在我们从中脱化出来的宇宙中心。

190

第五章

宗教的艺术

一

无论是从褒义还是从贬义上讲，宗教都是一个很大的字眼，我们在此处关心的并不是宗教的一般讨论。这里讨论的是宗教的精髓与核心，我们最好称之为"神秘主义"，而这就是寻找我们与作为整体的世界之间的感情关系的艺术。无疑，使用这个词需要某些勇气。这是对每种受到轻蔑的假精神性事物滥用词汇的通用标记。然而，如果由于发生了滥用这个词的偶然事情，我们就不敢正确地使用这个词，那也是愚蠢的。无论"神秘主义"怎样经常被人滥用，我们在这里还要用它，因为当个人超出了自己个人的目的之外，当他发现了自己在和谐中、在虔诚中或在爱的感情中对更大目标做出的调整时，这是描述自我与非我，个体与全体之间关系的正确术语。

在那些没有思考能力或只会拙劣地思考的人中，设想神秘主义与科学之

192　间充满敌意的对立时 ❶，他们把这词当作了口头禅。如果就像我们有几分理由认为的那样，"科学"是一种"艺术"，"神秘主义"也是一种"艺术"，那么，这种对立几乎就不会是根本性的，因为它们二者都必须从人类自然行为的同一根源产生。

二

诚然，如果我们使用"科学"一词表示：对我们所居住的世界之间的理性关系的组织，它足以给我们某种征服这个世界的力量，我们使用"神秘主义"一词表示：对我们与被设想为整体的世界之间的感情关系的欢快组织，❷那么，我们通常设想存在于二者之间的对立相对来说就起源于近代。

在未开化的人当中几乎不存在这种对立。从严格的意义讲，科学似乎往往是起源于星辰的，这一事实本身就暗示了科学的基础就是神秘的沉思。在我们公正地称之为原始人的民族中，不仅往往没有"科学的"与"神秘的"态度之间的对立，而且这两种态度可能还会融合在同一个人身上。"巫士"是胚胎状态的科学家，正如他也是胚胎状态的神秘主义者，他是二者完美的结合。他不仅修炼巫术，也修炼神圣，他征服了自己的灵魂，他进入了与宇

---

❶ 几乎没有必要指出：如果我们要为"神秘主义"下一个与"科学"不相容的定义，那么，就不能离开这种对立。举例而言，克罗齐就是这样做的，他还承认一个非常重要的过程，即"皈依"，这就是我们此处所说的神秘主义。只是他本人没有用这个词而已。（参见皮科利《贝奈戴托·克罗齐》，第184页。）

❷ 普林格尔·帕提森为神秘主义下了一个为人广泛接受的定义："人类心灵为了享受在与神明的实际交流中得到的赐福而作出的努力，"我之所以不用它，是因为它的意义不明确。在"努力"一词表示我们对艺术的关注时，它也暗示了它被扭曲的病态形式，而"实际交流"则适用于本体论解释。

宙的和谐，这样做，确实在某种程度上也正是由于这样做他才增加了自己的 *193*
知识，他的感觉与观察能力也变得敏锐了，这样他就能够得到对自然过程的
有组织的知识，甚至在某种程度上可以预见或控制这些过程。他是追随圣洁
的隐士们的先辈，同样他也是把各种发明转化为有利可图的专利发明家们的
先辈。这就是我们在全世界各处都可以发现的典型巫士（他们并不能经常恰
当地成为某个典型），无论是在托雷斯海峡周围还是在白令海峡周围，情况
都是一样。然而我们还没有抓住这一事实的意义。

　　萨满教巫师的职责就是使自己置于那些能使他的意志与世界的精髓和谐
的某些条件之下（从神秘的一方面讲，我们可以很方便地称巫士为萨满教巫
师），即使在原始生活中，这些条件也是各种各样的，也是难以捉摸的；因
此，他与那种精髓融为一体，世界的意志将变成他的意志，而且反过来，在
某种意义上讲，他的意志也将变成世界的意志。与此同时，在与世界精神的
结合中，魔法的可能性与控制自然运行的力量都被引入人类的思维，而且随
着其现实的核心、随着无数荒谬的痕迹，一直延续到发达的文明中。

　　但是，与宇宙精髓的这种和谐，通过与自然同一而得到的这种对大自然 *194*
的控制不仅是宗教的实质，也是科学的实质。只是由于具备了与自然的气质
相协调的后天或先天的气质，法拉第或爱迪生，或任何科学发现者、发明家
才能取得自己的成果。从宗教方面讲，原始人的巫士曾获得了自我与非我的
和谐，而且他从顺从中学会了指挥，在科学方面，在他孤立生活的某些特定
条件下，他必然也会获得对自然方法的洞察、对人类行为、对疾病治疗的实
际力量，正如他在想象与情感的方面已经获得了这些力量一样。如果我们能
够看到萨满教巫师（巫士）的这种本质的和双重的态度，如果我们能够排除
所有这些不相干的荒谬之处与那些掩盖了他在原始世界中真正作用的放纵言
行，那么，科学与神秘主义的问题，它们的相互关系就再也不会为我们带来

195 困难了。

在我们继续讨论之前，最好应当指出：原始思维的研究者在这个科学与魔法之间关系的问题上并不完全一致，而且由于在魔法（意为人类控制自然的要求）与宗教（意为人类对自然的服从）之间划出了界线而使问题复杂了。困难似乎是由于试图把截然分明的定义引入并不存在这种定义的思想阶段造成的。巫士和祭司培育了科学，同时又为它包上了玄妙和神秘的形式，近东地区最古老的历史传统似乎就表明了这一点。赫伯特·斯宾塞很早以前就为这一论点搜集了大量证据。今天，麦克杜加尔在他的《社会心理学》中（第13章）承认魔法就是科学的起源，弗雷泽在他的《金枝》的最初版本中把魔法当作"我们自然科学的野蛮的等价物"。马雷特对此"深表怀疑"❶，而且宣称：如果我们能够在这样的语境中使用"科学"一词，那么魔法就是玄妙的科学，就是自然科学的真正对立面。尽管根据他自己的定义而言，马雷特所说的一切非常正确，但是，他似乎没有认识到"等价物"这个词的效用，他对魔法的定义也许过于狭窄了。西尔贝雷❷从精神分析的角度接受了这一观点：真正的科学是由魔法的一个分支发展来的，他指出，一方面，科学是对隐秘的自然法的认识，另一方面，科学也是对心灵力量的强化，这样一来，就形成了两大类别，根据其活动可分为外在的与内在的。

196 这似乎是马雷特忽视的一个真实而细微的区别。在他最近再版的著作中，❸弗雷泽并没有坚持主张科学与魔法之间的关系或相似性，而是乐于指出人类已经经历了三个阶段：魔法、宗教和科学。"在魔法中，人类依靠自己的力量去应付处处使他感到困扰的困难和危险。他们相信大自然肯定确立了一种

❶《宗教的门槛》1914年，第48页。
❷《精神分析总论》（1911年），第272页。
❸《金枝》《不加掩饰的美》，第2卷，第304～305页。

秩序，他们对这秩序肯定可以依赖，而且可以为了自己的目的运用它。"然后，他们发现自己过高地估计了自己的力量，他们谦卑地走上了宗教道路，把宇宙交给更强大的神那多少有些反复无常的意志。但是，他发现这一观点并不恰当，于是又在某种程度上回到比较陈旧的魔法观点上来，他明确地假设了在魔法中只是含蓄地设想过的东西："也就是说，如果仔细观察，就可以看到自然事件的秩序中存在一种固定规律性，它能使我们准确地预见它们的发展过程，而且采取相应行动"。因此，从弗雷泽的观点看，与其说科学是直接从魔法中产生的，还不如说科学本身在原始状态是与魔法同一的，而且人类不是沿直线前进的，而是沿螺旋线前进的。

无论如何，这个早期人物的深刻意义是显而易见的。如果科学和神秘主义同样都以根本的自然本能为基础，都自发地出现在世界各地，如果它们都自然地倾向于在同一个人的身上体现出来，而且每一种冲动都有赖于另一种冲动才能获得自身的全面发展，那么要承认它们之间的不和谐就没有任何理由了。人类进化过程包括了劳动分工，包括了科学与神秘主义沿着特定路线在孤立的个人之中的专业化。❶但是，越来越明显地可以看出，不能认为二者是根本对立的，这是不可想象的，甚至是荒谬的。如果在文明进程中的某个时期，我们真的发现了科学与宗教是对抗的，那么，我们的科学或是我们的宗教肯定出了什么差错。也许二者还会经常同时出现某些差错。因为，如果在正常情况下共同发挥最好作用的那些自然冲动在不同的人中被割裂开来，被专门化了，那么，我们就可以发现萎缩与肥大的共存现象，二者同

197

---

❶ 法尼尔甚至在他的《希腊英雄崇拜》中主张："我们不可能举出任何例证说明更高级的世界宗教是与物理科学的发展相和谐的。"他在科斯岛、伊庇达乌鲁斯和帕格蒙对阿斯克勒庇俄斯的崇拜中发现了一个"特殊、独一无二的"例外，在上述地区，公元前四世纪以后，医生从事理性的医药科学，同时他们又是阿斯克勒庇俄斯神庙的官方祭司。

样都是病态的。科学性的人物将在神秘性上出现萎缩，而神秘性人物将在科学性上出现萎缩。每一种人物都将在自己那一方面出现病态的肥大。但是，这种假设是不合理的，因为在对立的病态情况下，那里缺乏和谐，所以在正常情况下，那里同时肯定也会缺乏和谐。我们必须严格排除患有科学性肥大症而在宗教本能上萎缩的人物以及患有宗教性肥大症而在科学本能上萎缩的人物。这两种人在这里都不可能为我们提供帮助，他们只能引起混乱。我们必须批判性地考察问题，我们要回到问题的开端，对现象作一非常广泛的考量，以至那些似乎互相冲突的因素都能和谐相处。

首先，下面这一事实是无可怀疑的，其理由也是明显的，即一位宗教意识过分发达而科学意识不发达的人必然会与一位情况恰恰相反的人互相冲突。人们很难设想达尔文与圣特雷萨❶会以充分、真正的同情了解对方的观点。情况之所以如此，绝不是因为这两种态度（我们只谈其实质，而不涉及其他）是不相容的。如果我们抛开圣特雷萨萎缩了的伪科学（对她来说，这主要是神学意义的"科学"）不谈，那么，在她的态度中似乎就没有任何不能与激励了达尔文的那种对自然真理的绝对崇拜与奉献相和谐并使其得到提高的东西。如果我们抛开达尔文关于他所悲叹的诗歌及艺术的萎缩了的感觉，抛开他没有任何悲叹而接受的关于整个宇宙的贫血的、世俗的概念，那么，在他的态度中就没有任何不能有助于丰富和扩大特雷萨的精神升华的东西了，也没有任何不能把懒惰、懒散的诱惑远远与她隔绝的东西，所有神秘主义者都认为懒惰是他们难以克服的罪恶，特雷萨以自己的实际行为使它减少到最低限度。然而由于这两个人物至高无上的天才是在他们共同的人类本

❶ 圣特雷萨（St. Theresa，1515~1582），西班牙天主教加尔米罗克派改革家，她为修女建造了17所教堂，她的著作被列为基督教神秘主义的经典，其中包括《完美之路》。——译者

性的对立面发展起来的，他们之间就存在一条不可逾越的鸿沟。这条鸿沟同样也存在于更普通的人们之间，他们尚未表现出在一方面没有得到发展、而在另一方面又得到过分发展的这一共同特性。

即使那些同时患有这种肥大症和萎缩症的人突然省悟到自己只有一边倒的状况，并急于疗救，这种困难也无法减少。这种一边倒的事实本身已经表明这种情况的出现可能有先天的基础，即与生俱来的不和谐，只有通过无限的耐心和特殊的个人经验才能克服它。那些失去平衡的人急于用其英勇和夸张的风度试图恢复其精神平衡的体育活动常常引起观众的兴趣，而且最常见的是引起他们的乐趣。牛顿是迄今为止世界上最典型的科学性人物之一，他是一位作出最艰巨的努力在宇宙的纯理智方面理性地描绘宇宙的研究者，当他到了老年时，他似乎在衰老中已经认识到：他在这方面的才能的惊人的肥大现象并没有从在宗教方面的发展中得到补偿。他立即开始对《但以理书》进行解释，而且对《启示录》的种种预言苦思冥索，并且用的是同样严肃的科学态度，就像他在分析光谱一样。实际上，他根本没有到达宗教的王国，他只是用拙劣的科学替换了优秀的科学。这种在生命尚未完全终结之前作出的探索宗教秘密的衰老努力使人想起精神饥饿的人作出的捕捉爱情的最后努力，它们之间确实有相似之处，人们把后者称为"老处女的疯狂"，正如在这种畸形心理下，那些终生都把自己的爱情放在心灵无意识背景中的妇女被受到压抑的情感的喷发征服了，被它们驱使着创造了一些毫无根据的以她们本人为主角的传奇，同样，那些把宗教放在无意识中几乎不知宗教为何物的科学性人物，最后也会成为想象性宗教的牺牲品。在我们的时代，我们也许曾经目睹了科学心灵试图变为宗教心灵的努力，虽然它们没有达到畸形心理的程度，却也极有启发性。就此而论，要把奥利弗·洛奇与牛顿作一比较将是一种双重含义的赞美。正如洛奇本人承认的，在多年献身于纯物理研究之

200

201 后，他发现自己忽视了生活的宗教侧面，因此就以特有的精力从事发展自己本性中这个萎缩的侧面，他用许多著作描述了这几个阶段。与对未来感到忧虑的牛顿不同，洛奇开始对过去感到忧虑。正如牛顿在思索《但以理书》和《启示录》的含义时发现了他自己所满意的宗教性宁静，洛奇在思索灵魂的起源，在从诗人那里寻找迭句以证实自己的思索时也得到同样的满足。这种工作非常迷人，在他看来，它似乎为世界构筑了伟大的"神示"。"我的神示指出：在关于前世的观念中有某种伟大的真理，它不是明显的真理，也不是容易阐述的真理，而是一种难于表达的真理，不能把它等同于再生或轮回的猜想，它也许是有趣的。我们在以前也许并不是单独的个体，而是庞大的心灵、精神或生命团块的碎屑或断片，是从生命原始水库中取出的一滴水，并且孵化了，直至体现为物质的身体"❶。如果让真正的神秘主义者承认这些黑暗中措辞上的摸索，在"孵化的水滴"这种福音中达到顶点的东西为天国神示，他们会付之一笑。它们肯定表现了追求真正事实的意图。但是，神秘主义者并没有被关于个人的起源、关于前世的理论的思索，即属于柏拉图前期思想的迷人神话困扰。非常明显：当患有肥大症的科学家试图培养自己

202 萎缩的宗教本能时，他要从科学逃脱出来是极为困难的。他对宗教的皈依充其量也只是意味着他用伪科学替换了可靠的科学。

同样，当患有宗教本能肥大症的人试图培养自己萎缩的科学本能时，其结果也是不能令人满意的。诚然，我们在此处关注的是一种比相反的过程更为罕见的现象。找出原因并不难。在人类历史上宗教本能要比科学本能发育得早。那些从自己的宗教渴望中得到大量满足的人，在任何阶段都很少具有科学渴望的意识，他往往会感到自己已经掌握了最高尚的知识。那些朦胧感

---

❶ 奥利弗·洛奇《理性与信仰》，第19页。

到自己的信仰与科学相抵触的宗教怀疑者只是信条的创造物、只是教会的产物，他们不是真正的神秘主义者。那些曾经锻炼过自己的科学本能的真正神秘主义者一般都在一个扩大了的神学体系中为这种锻炼找到了场所，他们把它看作自己宗教的一个组成部分。因此，圣奥古斯丁为自己强烈的、生动的甚至是反复无常的理性冲动找到了场所，毫无疑问，阿奎那更像科学家而不像神秘主义者，同样，他也为强烈的理解力的理性和有条理的发展找到了场所，这种理解力甚至使他在许多对他的神学完全冷漠的人中成了权威和先驱者。

我们再次看到要理解科学与神秘主义的关系，我们就必须回到那些无论在 *203* 哪一方面都没有积累大量的僵死传统、从而在两种伟大的自然本能之间造成人为的离异的时代。我们已经指出，如果超出文明之外，我们就不会发现这种离异，未开化的神秘主者也是未开化的科学家，祭司与医生就是一个人。❶ 在大多数原始社会中，情况也是如此，比如在古代希伯来人中，而且不仅在他们的祭司中，甚至在他们的先知中也是如此。显然，在希伯来语中，最常用的词是与我们的"先知"相对应的，它的含义为："突然讲出精神性真理的人"，而他们不常使用的词其含义为"占卜者"。也就是说，先知主要是宗教中的人，其次才是科学中的人。而且在先知的功能中，预言性因素对那些缺乏宗教本能的人来说似乎就是先知的全部功能，这些因素与宗教没有任何关系，它是一种科学功能。这是一种关于因果的洞察力，一种以广泛观察为基础的关于顺序的概念，它使"先知"能够断言某些行动路线将会导致种族退化，或民族衰亡。这是一种应用历史。"预言能力"与宗教的关系正如气象局的天气预报与宗教 *204*

---

❶ 几乎没有必要指出：功能上的差别迟早要出现，有时它出现的很快。在印度的突达斯（Todas）人中间就是这样。利维尔博士在《突达斯人》（1906年，第249页）指出，"某些突达斯人有占卜的能力，其他人则是男巫，另外的人则有用咒语和礼仪治病的能力，所有这三种功能和祭司或萨满教巫师的功能截然不同。突达斯人在这方面朝着功能的文明已经前进了一程，在他们的社会中，除了祭司外，还有独立的先知、魔法师和巫医。"

的关系一样，后者在早期也是一种与宗教有关的应用科学。

　　如果我们继续停留在文明的范围内，无论我们追溯到多么远的地方，所得的结论都没有重大区别。在历史时期内，最古老的伟大神秘主义者是老子。他生活的年代比耶稣早600年，比释迦牟尼早100年，而且他是比这二者更完美的神秘主义者。此外，他超过了这二者而无可比拟地接近了科学观点。鉴于他的生活年代和国度，甚至他的谋生职业也具有科学特征，如果我们能信任不可靠的传说，那么，他就是一位档案保管员。他的作品，在实质上到处可见宗教与科学的这种和谐，对老子来说，"道"字本身就象征着宗教可以神秘地把我们与之结合起来的一切东西，这个字勉强可以译为"Reason"（意为理性、原因、道理……），尽管这个单词与其全部含义并不适合。这里没有神学或形而上学关于上帝（神这个字本身只出现过一次，可能是后人窜改的）；关于灵魂或不朽的思辨。老子那微妙、深奥的艺术主要在于他用自然真理的形式表达精神性真理的技巧。他的断言不仅涉及宗教的核心，而且也表达了科学的根本方法。这个人物具有神秘主义者的心灵，又有物理学家的气质、生物学家的眼睛。他在宗教与科学合一的领域中活动。

　　如果我们回到更为近代的时期，回到世界中欧洲这个小角落来，沿着地中海岸——我们后世文明的摇篮行走，我们就会一次又一次地发现神秘主义与科学的这种重要统一。我们很可能再也不会像在老子那里以非常纯正的形式找到这种统一了，它完全脱离了一切拙劣的宗教、拙劣的科学的混合。我们种族的极度不平衡的行为、永不平静的欲望（在它导致百万富翁问世之前就已经在观念和传统领域内显示出来），很快就变成了达到这种精神冲动的统一的日益增长的障碍。诚然，在顺从而又凶猛的希腊人中，初看起来，多才多艺和鲁莽似乎总是挡住解决这一问题的根本出路。我们可能会说，只有当希腊人开始吸收东方的影响时，他们才能成为真正的神秘主义者，而且当他们得到神秘主义时，他们又把科学留在身后了。

但是，从一开始，希腊人就有一种神秘主义的气质，这不仅是由于从东方撒在希腊土壤中的种子发芽结果造成的，可能也是由于希腊精神中的重要组成部分，即近东地区的爱奥尼亚学派造成的。巴塞尔的卡尔·乔埃尔曾试 *206* 图对希腊哲学精神的进化进行的一切研究都与这一点有关。他认为，我们把早期希腊自然哲学家主要当作物理学家，把他们当中宗教、诗歌的神秘成分仅仅看作是古风、退步或矛盾的东西是错误的。如果我们不仅是通过浪漫主义精神的反动后裔来理解它，而是把它理解为一种深刻的神秘抒情表达，那么，希腊就需要而且也具备早期的浪漫精神。我们可以把早期希腊的浪漫精神与早期文艺复兴或19世纪初期伟大创造性人物的浪漫主义精神相比较，太阳神古典精神是从更神秘地接近大自然❶的酒神精神的严格戒律与系统发展而来的。如果我们记住这一点，那么，在理解似乎与我们习惯称为"古典主义"的东西不和谐的希腊宗教生活时，就会得到许多帮助。

在毕达哥拉斯这个模糊的人物身上，也许我们不仅可以看到物理科学的伟大领导者的形象，而且也可以看到神秘精神的伟大开创者的形象。无论如何，有一点很清楚：他建立了由经过仔细挑选的成员组成的宗教兄弟会，男女均可加入，他们的生活高深莫测，而且有贵族气派，因此，马格纳·格雷西亚（Magna Grecia）❷的平民不能理解他们，出于愤恨决定要把他们活活烧死，而他们的整个派别大约在公元前500年就消失了。但是，究竟这些早 *207* 期的毕达哥拉斯学派成员（曾有人把他们的社团比作中世纪的骑士团）在多

---

❶ 乔埃尔《浪漫主义精神起源于自然科学》（1903），《尼采与浪漫主义》（1905）。但是，我在此处引证的是若埃尔教授在《现代德国哲学》（卷1）（1921）中对自己的哲学发展的叙述。
❷ 玛格纳·格雷西亚，公元前8世纪至公元4世纪希腊在南意大利的殖民地。——译者

大程度上属于神秘主义者呢，我们可以任意想象，在柏拉图的作品中，到处可以发现毕达哥拉斯的影子。总的来说，我们很少为了清晰地阐述我们现在称为"神秘主义"的东西而转向希腊。我们在卢克莱修那里可以比在他的老师伊壁鸠鲁那里发现更多的神秘主义。而且我们在斯多葛派那里可以更清楚地看到它。诚然，我们在任何地方都不可能找到比马可·奥勒留更纯粹、更简洁的关于宗教的神秘核心的叙述，他把自我与非我在爱与和谐、与献身中的结合作为这种核心。

　　如果我们可以把卢克莱修称作使神秘主义和科学统一的第一位现代人，那么，他就有许多追随者，尽管人们有时认为困难越来越大，神秘灵感的翅翼低垂下来，科学进步的步伐蹒跚了。达·芬奇、布鲁诺、斯宾诺莎和歌德每个人都在这一方面或那一方面，甚至在两个方面，表现出一些不完美之处，他们曾经走进一个领域，在那里宗教冲动似乎与科学冲动从同一中心涌现出来。爱因斯坦的态度在许多地方都非常有趣，他把对纯粹知识的渴望与宗教感情紧密结合起来，他曾说过："在大自然的每个真正探索者身上都有一种宗教的敬意"。许许多多的伟大科学家：牛顿、笛卡尔、高斯与霍尔姆霍茨都曾以这种或那种方式信仰宗教，他往往认为这一事实具有重要意义。如果我们不能把斯威登博格❶与法拉第这类人物都列为这同一类人，那是因为我们不能认识到在他们身上这两种冲动无论多么发达实际上都是从同一中心涌现出来的，或实际上已达到了真正的和谐。我们觉得这些人与类似的人都把自己的神秘主义藏在自己心灵中可以抵抗科学的舱室中，而把他们的科学藏在可以抵抗神秘主义的舱室中，假如这些隔板的墙壁一旦倒塌了，那么

❶ 斯威登博格（Swedenborg，1688~1772）瑞典科学家和神秘主义思想家，他著有代数学、采矿学、冶金、生理学方面的著作，自称能与鬼魂交往。——译者

爆炸性的结果会使我们战栗。

我们再次看到，困难在于：在每一方面都曾出现过围绕着纯粹、充满活力的冲动而增长的非本质性传统，而这两方面增长之间明显的不和谐掩盖了冲动本身的潜在和谐。因此，自然和谐肯定不是通过任何智力造诣，也不是通过任何天生的精神气质方面的才能而获得的，尽管这二者在某些情况下可能会起作用，而是通过幸运的机会获得的，即在每一方面传统的重担都消失了，神秘的冲动可以没有僵死的形而上学的神学约束而自由行动，科学的冲动可以没有僵死的形而上学的形式主义而自由行动。这个幸运的机会在质朴的人中可能要比在聪明而有学识的人中更容易降临。

三

上述讨论可能已经扫清了障碍，使我们认识到：当我们广泛观察这个问题、当我们清除了所有积存下来的迷信时，清除了每一方面的无理性的前提时，因而找到了坚实的基础，在科学与神秘主义之间不仅没有对立，而且在它们的实质上、在开始的时候，它们是紧密相联的。它们之间表面上的离异是由于在这一方面或在另一方面，甚至是在两个方面出现的虚假与不平衡的发展造成的。

然而，所有这些讨论都不足以在我们面前再现这种明显对立的统一。诚然，对我来说，所有关于科学与宗教对立的主张的讨论总是无用的。这是最终超出了争论范围的问题。它不仅有赖于一个人与生俱来而从来不会出现根本变化的全部心理素质，而且它也是自己一生直接经验的结果。因为它是凭经验而来的，所以不能进行有益的讨论。

因此在我看来，既然已经进行了这样多的讨论，既然已经叙述了我认为

210　是人类历史所揭示的神秘主义与科学之间的关系，我就不得不再进一步讨论它，而且叙述一下我个人为下面的观点提出的理由：即，在今天，一位普通的平衡发展的人（在他们身上，这两种冲动都渴望得到满足），可以同时达到宗教冲动和科学冲动的和谐满足。确实，这里有一个严重的困难。第一次陈述个人的宗教经验需要相当大的决心，有些人认为经常这样陈述的经验不可能有深刻的或重要的意义，认为人的生命中潜在的动机如果被摆到表面上来并形之于文字，它们活生生的动力就会消失，对他们来说就更需要相当的决心。自从第一次发生这种经验以来，已经过去了40年，甚至这一事实也无法使这种自述更容易。但我回想起来，我第一次计划写作（事实上已开始写作）的书就是以宗教为基础的，虽然是由个人经验得到启发，但它是非个人经验的。❶后来我把它停下来，对自己说道，我在老年会完成这一著作的，因为在我看来宗教问题永远都是新鲜的，而且那时我还有其他需要更迫切地迅速进行研究的问题。现在我开始感到时机已经来临，我要进一步完成早年提出的计划。

　　与这一代的许多人一样，我根本不是在教会学校笃信宗教的传统气氛中成长起来的。在家庭之外，我很少受到宗教教育，但是在那里我从幼年起就不

211　能不感到宗教是个至关重要的属于个人的问题，它与世界及其时尚毫无关系。当我刚刚长大的时候，我全心全意接受了这种教导。这种早期冲动的实践必然会遵循着我的环境为它规定的道路前进。我接受了摆在我面前的信条，我为了自己个人的满足悄悄地研究了《新约》，我虔诚地按照基督精神塑造我的行为和冲动，而且严格保守秘密。在这一点上并没有突出的外在征象，此外，在家庭外面我进入了一个可能是冷淡的世界，但是它对我内在的志向并无积极的敌

❶ 有趣的是，为了这一计划我在1879年准备了一个关于"改变宗教信仰"的问题调查表，提出一些调查项目，几年后美国的宗教心理学家富有成果地完成了这些调查。

意，如果我不得不作出任何外在的证言，我敢肯定，我将不会求助于宗教理由来表达我的抗议。正如我那时本能地感觉到，现在自觉地相信的那样，宗教就像爱情一样是一种个人问题。这就是我12岁的精神状态。

然后出现了一个情感和理性的扩张时期，在那时科学和批判的本能开始萌芽了。这些完全是自发的，没有受到任何环境影响的刺激。只要我们能避免人为地刺激它们，我们就会发现，去探索、去询问、去调查我们周围事物的性质，找出它们的原因，与宗教冲动一样也是一种本能的冲动。首先，这种科学冲动并不主要涉及信仰的传统主体，在那时这些信仰在我心灵中与宗教本能的活动不可解脱地纠缠在一起。诚然，迄今为止，当这种冲动接触它 *212*
们的时候，它就遇到它们的抵抗。因此我读了勒南的《耶稣传》，此书轻率的情感、进行艺术加工的态度都引起了我的批评，这使我忽视了任何潜在的更合理的特性。然而，探索与批评的冲动总是一种缓慢扩散和感染的影响，对宗教应用这种冲动时时都是因书籍引起的，尽管批评宗教一点也没有受到社会环境的赞许。另外，当我15岁时，我开始阅读了斯温伯恩的《日出前的歌》，尽管此书对我没有很强的个人感染力，我还是体会到：用富有吸引力的现代感情来描绘与基督精神无法比拟、甚至与其信仰明显对立的宗教信仰是可能的。解体的过程是在一些缓慢阶段中生成的，在这个过程完成之前无法觉察这些阶段。最后我体会到我再也没有任何宗教信仰了。我受到养育而无条件接受的所有基督教教义拖着我所体验到的宗教消失了，因为到那时为止我还不能分析所有作为"宗教"而被黏合在一起的东西，把本质的东西与偶然的东西区分开来。这种分析要获得有效的说服力就需要有个人经验，而那时我没有这种经验。

现在我17岁了，宗教信仰的消失并没有在行为上引起任何变化，只是宗教仪式减少了，只要它们不伤害其他人的感情就行，而这些仪式从来都不是为 *213*

了夸耀而举行的。这次革命非常平缓、非常自然，甚至它在内心引起的震动也不明显，与此同时，种种行为以及精神能力的增长都足以占据心灵。只是心情沮丧时，才能敏锐地感到缺少了作为宗教冲动的一种满足的信仰。如果我曾经认识到消除和去掉传统的与非至关重要的信仰后，我能真正得到利益，那么，我很可能就不会敏锐地感觉到这一点。不惜一切代价服从被当作"真理"的东西的召唤不仅是有益、强烈的努力（因此其中也就包括一种宗教精神，尽管它与宗教是对立的），而且它最终也有利于理性的训练。那些从来没有与自己早期的信仰作过斗争的人不仅失掉了道德的，而且也失掉了理性的训练，他们在成长过程中被人用那种信仰喂养了，但那不是他们本人的真正信仰，因为我们自己的任何信仰无不是通过艰苦获得的。缺乏这样的训练将会造成一个人的终生标记，使他在世界上的一切工作都无法取得效果。他失去了批评的训练、分析的训练，在坦率方面的训练以及对个人问题进行果断的非个人性处理的训练，而这是任何其他训练都无法补偿的。在很大程度上，他注定要生活在一片精神的丛林中，他的臂膀很快就要在那里疲弱下来无法清除自己周围的杂木，

214　他的眼睛很快就会失去视力，无法看到光明。

　　然而，当我在无意中参加了锻炼思维力量的最好课程并向大自然献上一种可能是耐心、谦逊、忘我的态度时，我却时时痛苦、甚至绝望地意识到对宗教冲动那种无法满足的渴望。甚至当我阅读那些认为宗教是不必要的书籍时（这是我对宗教的唯一一种感觉），也会加重这些情绪，那些书籍还认为无论科学是否形成信条，都会为我们提供这方面所需的一切。我清楚地记得在这时我带着何等痛苦的感情阅读了D. F. 施特劳斯❶的《旧的信仰与新的

---

❶ 施特劳斯（David Fkiedrich Strauss，1808～1874），德国神学家，唯心主义哲学家，青年黑格尔派左翼领袖之一，他一生致力于批判宗教，主要著作有：《耶稣传》《旧信仰与新信仰》和《伏尔泰》等。——译者

信仰》。这是一个在生命的暮色中享受着海顿的四重奏和慕尼黑的黑啤酒的人进入老年时非常得意地规定的一条科学信条。我现在愿意承认，这二者都是极美妙的东西，但是，当一个人只有17岁，当他被渺茫不可能的理想渴望折磨时，它们只能是灵感的可悲源泉。另外，这个人的哲学地平线也是有限和单调的，就如他生活在其中的审美氛围一样。我必须对自己承认这一点，就我所知，施特劳斯确立的关于宇宙的科学法则表现了人类精神可以在其中 *215* 活动的最广阔的范围。但是，这是个多么可怜的范围！在那个时间，我对尼采抨击施特劳斯的方式一无所知。但是，我有这样一种感觉：他把宇宙描绘得像一座工厂，其中布满了一张由轮子、织机和飞梭构成的网，充满了震耳欲聋的喧嚣。它似乎是由最有能力的科学权威宣布要建造的世界。这是一个我准备接受的世界，然而它又是这样一个世界：我感到我只能在里面永无休止地漫游，就像一个无知的无家可归的孩子。毫无疑问，有时也会出现其他关于宇宙的图景，它多少有些令人沮丧，比如，赫伯特·斯宾塞的《第一原理》描绘的就是这种图景。但是，那时占主导地位的感情总是这样：一方面科学世界观（我主要是指达尔文和赫胥黎的世界观）在我面前描绘了合理的世界图景，确实，如果说我还没有与奥玛一起"把它撕得粉碎"，那么，另一方面我在世界的情感方面却是个陌生人。

必须注意的是，在此同时，我的生活与行为的总体趋势并无过错。我很忙，不仅有许多日常工作要做，而且还对日益扩大的理性的地平线进行了积极有趣的思索。在19岁时，这是特别值得注意的情况，所有宗教信仰的残余已经从心灵表面消失三年了。

我始终对宗教和哲学问题感兴趣，一个非常偶然的机会，在这时我读到了詹姆斯·辛顿的《大自然的生命》，他作为一位真正的科学家而对宗教又 *216* 有独创性和个人性的把握，在过去已经引起了我的注意。六个月前我又读了这部著作，它没有为我留下深刻印象。现在我再也不知道我为什么要重读这本书，这次阅读的效果大不相同。很明显，此时我的心灵已达到一种饱和溶解的程度，它只需要以对我而言是一种启示的形式出现的恰当的接触震动，以便再度结晶。在这时显然出现了恰当的触动。辛顿在这部著作中是以科学的生物学家出现的，他把对生命的机械论解释推进得比以往更远了。❶ 他是一位高度热情的理智型的人，某些在其他情况下可能是形式化或抽象的东西对他来说就是浸透了感情的东西。这样一来，当他把世界看做是一种秩序井然的机械装置时，他并不像施特劳斯那样，满足于停在那里，而看不到其中另外的东西。正如他看到的那样，这个机械装置并不是工厂中的机械装置，它具有生命力，具有生命的全部光辉、热情和美，因此，它不仅是理智可以接受的某种东西，而且也是心灵可以依恋的某种东西。这个概念对我的精神状态造成了明显的影响。它像触电一样迅速发生了作用，沉闷痛苦的紧张消失了，两种对立的心理趋势融合在微妙的和谐中，我对宇宙的全部态度都发生了变化。这种态度再也不是敌意和可怕的，而成了信心和爱心。我的自我与非我合而为一，我的意志与宇宙的意志合而为一。我似乎走入了光明，我的双脚几乎无法触到地面，我进入了新的世界。

217

这场迅速的革命造成的效果是永恒的。起初出现了一两次摇摆，然后那最初的兴奋就积淀在对所有曾苦苦折磨我的问题的安宁平静的态度中。对所有这些问题，我已经变得永远满足了，变得安静了，然而又是彻底地解脱

---

❶ 必须记住：对科学来说，机械假设是永存的，正如法伊兴格尔所说，它是一个必要的虚构。放弃它就是放弃科学。我们时代最著名的活力论者德里施曾经认识到这一点，在叙述自己的精神发展时，他表明开始作为海克尔的学生，对动物学进行了多年研究，在接受活力论的理论后，他放弃了所有动物学的工作而成了哲学教授。（见《现代德国哲学》第1卷，1921年。）当宗教观察家或审美观察家把"机械"当作与机械不同的某种东西时，他就合法地走出了科学的领域，但是他并没有因此毁灭科学的基本假设。

了、自由了。我没有苦苦思索"灵魂"的起源及其命运，我做了充分准备，准备接受关于"灵魂"的任何显得合理的分析。同样，我也没有苦苦思索任何超级存在者或一些超级存在者是否存在的问题，我准备看到这种情况：人们用以描绘精神现实的所有词汇和形式只不过是一种内在经验的一些隐喻与形象。我没有片言只字的宗教信条，因为我没有任何信条。我发现教条是，而且仅仅是内在个人经验的空虚阴影，而过去我曾一度认为教条是真实的，其后我又假设教条是虚假的。我对阴影变得冷淡了，因为我把握了实质。我曾经在似乎是真理的东西的召唤下牺牲了我认为是最可爱的东西，现在我得到了千倍的报偿。从此以后我就可以带着信心和欢乐面对人生了，因为我的心与世界融合在一起，任何能证实与世界和谐的东西都不会脱离它们与我的和谐。❶　　　　　　　　　　　　　　　　　　　　　　　　　　　　　218

　　这样一来，对许多人来说，任何事情似乎都没有发生，我没有得到任何一个可以用科学公式表达的或可以形成宗教信条的明确信仰。确实，这就是这样一个过程的实质。"皈依"并不像人们通常设想的那样是向一种信仰的转变，更严格地讲，它是一次转弯，是一次革命，它没有参照任何外在的主要目标。正如更伟大的神秘主义者经常认为的那样，"天国就在人们内心之中。"把问题说得更准确些，这种变化基本上就是心理因素的互相调整，它能使整个机器和谐地工作。这里没有必要介绍新的概念，更可能的是要抛弃那些已经阻塞了生命进程的僵死概念。心灵有机体（通常的宗教中所说的"灵魂"），一直不能达到自身和谐，现在它真的围绕自己的轴线旋转起　　　219

---

❶ 很久以前，伊迪斯·西姆科斯（在她的《自然法则》中，在上述插曲发生后不久偶然引起我的注意）很好地把"皈依"描述为"精神革命"，它不以任何一种理性思考为基础，而是由于"同类印象积累的证据"造成的，在特定时刻，它并未导致信仰的变化，而导致了各种信仰和印象的彻底重新排列和色彩的重新改变，于是出现了至高无上的后果：宇宙秩序再也不被人视为敌意的，而被理解为友好的。这就是"皈依"的根本事实，这是通向神秘主义的大门。

来，这样做时，它也在宇宙体系中自发地找到了自己真实的轨迹。在与自己同一的过程中，它与宇宙也同一了。●

　　人们将会看到，这个过程与那些下颌或臂膀脱臼者身上发生的肉体变化过程非常相似，而无论这种脱臼是由于某个不规则的动作还是由于外部某种突然冲击造成的。这个不幸的下颌脱臼者与本人、与宇宙都失去了和谐。他的一切努力都无法减轻脱臼的痛苦，他的朋友也无法帮助他，他甚至认为没有治疗办法了。但是，外科医生来了，用双手的拇指轻轻一压，找到准确的痛点，向下再向回一推，下颌又回到原位，患者又恢复了和谐，宇宙被改变了。如果他是很无知的人，他甚至会双膝跪倒在救治者的面前，把他当作神人。我们讨论的是所谓的"精神性"过程（因为把"精神"与"肉体"过程区别开来是人们公认为必要的习俗），但是，这种粗略、不完善的类比可以帮助某些人理解其中的含义。

　　这样一来，它就可以理解那个对某些人来说是难以理解的事实了：我从来都没有想过要把那本为我带来有这种无可估量的价值的刺激的书当作福音书。人们常常认为：那些发生了"皈依"现象的人的这一过程是以某种神奇

●当然，我们怎样分析"宇宙"这个概念（抛开其个人感情的色调不谈，我们关心的主要是这个概念）是一件必须完全不受约束、完全自由的事。詹姆斯·弗雷泽在《金枝》的结尾处（第2卷第306页，"美丽的巴尔德尔"）发现"宇宙"是一个"永远变动不居的思想幻觉效应"，他突然转移到一种更少唯心主义色彩而更多现实主义色彩的立场上，他补充说：宇宙是"屏幕上的影像"。这就是文学艺术家形而上学地描绘事物的方式，而任何不熟悉幻灯（它现在已经发展为电影）的人都不能这样描绘它，但哲学家为了它的象征意义而喜欢这种方法。贝特兰德·罗素是一位更抽象的艺术家，他会拒绝在弗雷泽的观点中将会发现的任何这类"想象性的混合物"，他曾严肃拒绝承认这种事物就是"宇宙"，但他只能不甚严肃地承认世界上毕竟还有"一系列的幽灵"，而这幽灵可以很公平地被贴上"现实"的标签——只要我们不去假设"在幽灵后面的神秘自在之物"就行（《民族》，1923年1月6日）。但是，世界上总有一些人认为幽灵肯定是"某物"的幽灵，我们感官仪器的屏幕上的影像肯定是被某物投下的。因此每人都以自己的方式为"宇宙"下了定义，没有两个人（甚至同一个人也不会长久地）能用同样方式为宇宙下定义。我们必须承认即使是最谦虚的人也有权利为自己的"宇宙"下定义。

方式与某种超自然的影响联系的，如一本书、一个信条、一座教堂或诸如此类的东西。我以前曾读过这本书，我对它无动于衷，我知道这本书只是外科医生的触压，我知道变化的根源在我本身而不在书中。我再也没有重读这本书，我不知道我的书在什么地方，也不知道它是怎样丢失的，我只知道，它完成了自己的使命后，又变成白纸被召唤到天国去了。至于詹姆斯·辛顿，我在发生上述插曲之前就对他产生了兴趣，我现在一直对他抱有兴趣。❶

也许我们可以进一步指出，不能认为这一"皈依"的过程就是绝望的后果，或是向童年的保护性复归。我们有时认为被剥夺了宗教信仰的不幸的个人会越来越深地陷入沮丧，直至最后无意识地跳入感情的深渊以寻求苦恼的解脱，因而走上理智自杀的路。相反，发生这一事件的时期并不是精神上或体力上的低落时期。我忙碌得一点闲暇都没有，在美好的天气中、在美丽的风景中过着健康的户外生活，我在新的学习中、在新力量的不断增长的意识中得到了欢乐。这种心灵的革命不是下降过程的最后阶段，也不是向童年的复归，而应该更恰当地认为是一个上升运动的高潮。它把儿童时代的东西最 *221* *222*

---

❶ "皈依"的简略、基本的轮廓之所以模糊不清了，主要是因为在教堂中对下列人物进行的研究表明，这些人的偏见与迷信已经使它成为一种极复杂的过程，而且与正确和错误的人生问题混合起来，这些问题尽管重要却没有恰当地构成宗教的组成部分。那些等待"拯救了自己灵魂"之后过体面生活的人不可能有一个值得拯救的灵魂。1922年在谢菲尔德举行的宗教会议上，围绕这个题材进行了讨论，它清楚地表明人们对"皈依"是多么无知，（甚至在宗教观念的领导者中间也是如此，）这些观念的对立是多么强烈，而且有时对立的双方都是错误的。有一位杰出的牧师把"皈依"很好地界定为一种关于特征的统一，即意志、理智和感情的统一，这包括了人的整体，通过它可以获得"新的自我"，但是，他又认为这一伟大的革命过程往往是由放弃某种"明确的坏习惯"形成的，他认为突然的皈依根本就不是正常现象，他也不想对下列两种"皈依"加以区分，前者仅仅是热烈的感情诱导引起的歇斯底里的冲击之后的暗示与自我暗示的结果，而后者则是自发的与在毕生中产生的效果。另一位发言者走向另一极端，他主张"皈依"是一个绝对必需的过程，另一位大主教宣称整个的宗教生命（与整个的非宗教生命？）都是皈依的过程，从而最后把"皈依"全部抛弃了。（见《泰晤士报》1922年10月12日）这可能会使一些人感到满意，他们认为这是一种无法从宗教中寻求答案的问题。

后抛弃了，完全进入了成年时代。

这样的过程中没有任何禁欲的东西。人们有时不免会认为赞成神秘主义就是鼓吹禁欲主义。当然许多神秘主义者都是禁欲的。但这是他们的哲学的非本质属性，而不是他们的宗教的精髓。诚然，禁欲主义与正常的宗教毫无关系。充其量它只是关于肉体与灵魂之间关系、关于超验的精神世界存在的一系列哲学教条的结果。这是一种哲学而不是宗教。普罗提诺对我们西方世界产生了如此广泛的影响，因为他是希腊精神旨趣向我们传输的主要渠道，这些旨趣后来体现在基督教精神中，人们往往把他当作典型的神秘主义者，尽管他主要是一位哲学家，他倾向于禁欲主义。在那一点上，我们可以不把他当作典型的希腊人来考虑，但柏拉图早期关于"理念"的超验世界的哲学学说本身就容易导致有利于禁欲生活的发展。诚然，普罗提诺并没有排除任何极端禁欲的观点。灵魂的净化对他来说就是"把灵魂从肉体解脱出来，使它升入精神世界"。但是，他不会赞成往往在基督教禁欲者中盛行的关于灵与肉的粗俗二元论。他是个独身主义者，但他乐于认为性欲是美丽的，尽管是一种幻觉。❶当我们抛弃与禁欲主义有关联的哲学学说时，我们就可以看到：禁欲主义只是我们肯定会认为是神秘主义的病态形式的那种东西的辅助戒律。

与"皈依"现象发生接触的人都被一种观念迷住了：皈依肯定与道德有关。他们似乎有一种设想：皈依是一种能使为恶的人突然向善的东西。这是幻觉。无论道德具有什么优点，它都不在神秘主义者的范围之内。毫无疑问，一个已经踏入这种神秘之门的人很可能是有道德的，因为从此之后他就与自己和谐了，而且这样一个人往往由于自然的冲动也会与他人和谐。比如达·芬奇，他通

_223_

---

❶ 迪安·英格（见《普罗提诺的哲学》，第2卷第165页），曾对普罗提诺与禁欲主义的关系做了某些论述。

过对大自然的爱慕激情成了圣方济各一样的真正的神秘主义者，甚至与他接触都会"使每颗破碎的心灵平静下来"。但是宗教人物并不一定是有道德的人。也就是说，我们绝不应该期望宗教人物必然与他那时代的道德法则相和谐，即使他与自己的伙伴是和谐的。如果我们假设神秘主义者就是我们习惯上称为"有道德"的人，那么，我们就会陷入可怕的混乱。正如我们所知，无论从耶稣生活的社会还是从我们的社会的立场来看，耶稣几乎都是不道德的。无疑这是一个极端的例子，但是，这同样也适用于其他许多神秘主义者，甚至在非常近的时代里，只是程度很小罢了。森林之神与农牧之神在古代都是较小的神，在后来的时代，我们往往误解了他们的神圣功能，并滥用他们神圣的名字。

224

在这样一个过程中不仅没有必要出现道德变化，而且更无必要出现理性变化。宗教不需要包括理性上的自杀。在理性方面也许没有明显的变化。也不曾接受新的信条或教义。[1] 也许可以确切地说，相反，某些偏见，迄今为止是无意识的，都被体验到了、抛弃了。理性的效力只要没有受到约束就可以以更大的自由、在更大的程度上发挥出来。确实，宗教过程在有利的条件下始终都可以直接为加强科学态度做出贡献。宗教信仰的真诚驱动着人们去探询、去分析，最后去毁灭人们的宗教信条，仅仅是这一事实本身就是对理性的无可比拟的训练。在这项任务中，理性受到了最艰苦的考验，它时时受到诱惑，使自己被哄骗到昏睡的宁静中，被引到似是而非的和解中。如果它能忠实于自己，那么，在这里它就受到锻炼可以完成世界上的一切任务，因为其他任何任务都绝不会在真理的呼唤下做出如此彻底的自我牺牲。诚然，

225

---

[1] 于勒·德·戈蒂埃（《官方哲学与哲学》，第150页），曾向佛教和尚询问一个单音节的字中包括的关于他们信仰的符号，即Om（唵）。他补充道，这些和尚属于"世界上绝无仅有的一个哲学种族，"借助于他们纯正的信仰，置身于一个无可争论的基础上，所有关于犹太—希腊—基督传统的宗教哲学只是讲给儿童的童话故事。

在更高层次上最后恢复宗教冲动这件事本身就可以说是对科学冲动的加强，因为它清除了心灵的不和谐，这种不和谐是加于理性行为的一种潜意识约束。新的内在和谐从心灵中心出发为理性的每一次运转赋予信心，而心灵中心与自我和非我同样都是合而为一的。在幽冥之中，信仰的所有形而上学的形象现在都处在科学一边，在信仰各种宗教的人的神秘经验中，这些形象都是极其熟悉的，以致不需要详细说明。因为那些能如此把握自己的道路的人也就能平静、充满信心地寻找自己的道路，而无论它的途径有时看起来多么鲁莽。

因此，在我看来，在个人经验的基础上，这样勾画出来的过程是一种自然过程。宗教冲动与科学冲动的和谐不仅仅是过去历史中引申出来的结论。它也是今天的一个活生生的事实。无论它有时看起来多么模糊，这个过程都存在于人类的天性中，而且始终向所有的人敞开大门。等待他们去经历。

226

四

如果宗教本能的发展与科学本能的发展同样都是自然的，如果这两种本能的和谐的可能性是可证实的经验事实，那么，人们就会问道，在这种问题上为什么会产生争论呢？为什么这一自然经验不是所有人的经验呢？

各种各样的考虑可以帮助我们清楚地看到下列情况是怎样发生的：可以被合理地认为是内心深处的而又神圣的过程怎么变得如此模糊、如此畸形了，以至对立的宗派为它争论不休。正如我们在本书开头部分看到的，在较原始的人们中间，这个过程确实是个简单、自然的过程，它和谐而没有冲突感。那时，一个人似乎没有被那些尚未用文字记下来的种族传统压得透不过气来。他能比较自由地发挥自己的冲动，不受由前人的僵死冲动锻造出来的链条束缚。

在文明中，在我们自己民族未开化的人中，情况依然是这样。我清楚地记得，在一次同一位相识很久的移居者穿越澳大利亚未开垦的丛林的长途旅行中，这个不好激动、缄默的人，有时突然告诉我他常常登上山顶、忘掉了 227 自己和一切，站在那里对周围的景象陷入沉思。这些狂喜的时刻、忘我的时刻与大自然神圣的美结合起来，它们与那位朴素、勤劳、从未进过教堂的人（因为那里没有任何教堂）的理性观点完全协调，但在这样的时刻，他像摩西一样在山上以谦卑的方式见到上帝。毫无疑问，在那些没有受到传统妨碍的朴素的人们当中，甚至在文明的种族中，这样的经验也并不罕见。

事实已多次证实：传统、习俗、等级制度的重担对宗教冲动和科学冲动的显现同样都有致命的影响。我们没有必要指出，在宗教冲动中这种情况是何等容易发生。这只是一个非常非常熟悉的事实：当宗教冲动第一次在年轻的灵魂中萌生时，教会的食尸魔鬼从它们栖息的山洞中窜到外面抓住了这些神圣排泄物的不幸牺牲品，并进一步向他们肯定：他们的狂喜不是自然的显现，就如阳光一样自由，玫瑰开花一样的优美，而是超自然力量在他们身上烙下的显现印记，他们要永远受到僵死神学信条的束缚。他们就这样往往被自己狂喜的诱饵俘获了。那个钓钩紧紧钩住了他们的下颌，他们被盲目的意志牵引着、他们的翅翼萎缩了，消失了，只要涉及更细致的人生问题，他们 228 就不中用了，就要受到咒骂。❶

---

❶ 我们必须永远记住："教会"与"宗教"虽然经常被混淆，但它们绝不是可以互换的术语。"宗教"是自然的冲动，"教会"是社会机构。这种混淆是不幸的。 因此，弗洛伊德（《大众心理学》，第51页）谈到宗教消失与社会主义取而代之的可能性。他的意思不是指"宗教"而是指"教会"。我们不能认为一种自然冲动会消失，而一种机构则容易消失。

但是，在科学上，这个过程也并没有非常明显的区别，尽管它被更细微地掩盖了。人们严肃告诫那些在青年时代就萌生了科学的自然冲动的人：他们面向大自然和真理的自发理性运动是一文不值的，因为一件必要的事就是要接受纪律约束，要受到世世代代科学传统的训练。这种为了有效地探索大自然而进行训练的愿望非常强烈，以至教师与学生都很容易忽略：它包括了大量根本不是科学的东西，比如，各种僵死的传统、古代形而上学体系不现实的片断、偏见和局限，有意识或无意识地对武断的权威的服从。从来没有人向他们清楚地表明科学也是一种艺术。因此实际的结果可能就是：最后很有造诣的科学家也正如很有声望的宗教家并不需要宗教冲动一样，他们成了另一种类型的教会宗派主义的牺牲品。

直到近代，科学和宗教派别才携起手来，对一种古代特殊的形而上学共同提出支持，这就是"物质"的虚构，讨论思维艺术时，我们曾顺便提到它。这个虚构要对歪曲科学精神、对制造科学与宗教的人为对立负很大责任。古代形而上学的各种特征都是从希腊哲学的衰落继承下来的，它们都可以属于"物质"，它们大多都是一些坏的特征，而所有好的特征都可以归于"精神"，"物质"对这一更神圣的"精神"而言扮演了"魔鬼"的角色。这样一来，"唯物主义"就成了意指宇宙中所有最笨重、不透明的、压抑的、毁灭灵魂的、恶魔般的东西的术语了。传统的宗教组织养育了这一虚构，而传统的科学组织则频繁地接受了它，爽快地提出要在这受蔑视的形而上学的实体中发现无限潜力。因此，"物质"一面被踏在脚下，而在另一面则又被当作光荣的旗帜在头顶上挥舞。

然而，正如具有心理学头脑的哲学家最后指出的那样，"物质"只是我们自己发明出来以说明我们的感觉的实体。我们可以看、听、触、闻，而且根据想象力的光彩夺目的综合，我们把所有这些感觉放在一起，为自己描绘出作为这些感觉的源泉的"物质"。现在科学本身正在从"物质"中消除复

229

杂的形而上学的特征。鲍斯威尔告诉我们，约翰逊认为自己是在"用力踢到一块大石上"的时候才确定了"物质"的性质的，现在人们渐渐地把物质仅仅当作一种电的放射物了。我们现在甚至承认炼金术士梦想的那种元素转变了。诚然，我们一直认为"物质"是有重量的。但是，就像约瑟福·汤姆森那样谨慎的物理学家很早以前也指出：重量只是物质的一个"表面上"不变的特性。因此，"物质"变得几乎像"精神"一样"稀薄"了，确实，几乎与"精神"没有什么区别了。于是，神秘主义者关于他生活在精神世界中的自发性断言在此时此地就会等同于科学家用更勤奋的方式获得的同样断言。所以，被"唯物主义"吓住的人已经到达了通往荒谬的最后前哨阵地。他是一位头脑简单的人，他把双手放在自己的双眼上，惊恐地喊道：宇宙消失了！

我们不仅必须认识到我们自己的偏见与我们自己创造的形而上学的虚构事物把宗教和科学的简单现实都弄模糊了，我们还必须看到我们胆怯地担心：唯恐宗教将会杀死我们的科学，或者，科学将会杀死我们的宗教，二者在这里是同样致命的。将要获得自己生命的人必须乐于丢掉它，由于对自我的忠诚、由于勇敢地用真理的尺度进行衡量，最后他才能得到拯救。确实，有一些人微笑地向我们保证：由于采取了这样的方法，我们只能把自己推入错误中，而且要忍受不必要的痛苦。他们宣称世界上没有被当作客观的非个人性现实的"真理"的这种东西，我们不是在"发现"真理，而是在创造真理。因此，你的职责就是去创造将会和谐地满足你天性的需要并能帮助你在实际生活中取得效果的真理。那些没有认识到相对论学说在此处并不是相对的人甚至从相对论提出争论：我们不忠实于真理的做法也是有道理的。当然，近代哲学家，从尼采到克罗齐都喜欢分析"真理"这个概念，并指出这个概念绝没有意指我们习惯上设想它会意指的东西。但是，指出真理是变动不居、甚至是个人心灵的创造物，绝不是说我们可以任意反复无常地玩弄它以适应我们自己一时的方便。如果我们这样做了，我们就只能发现：最后我们陷入了一个池塘，我们在其中必须踏着理性的泥浆一圈一圈地走，而那里根本没有结局。人们完全可以怀疑实用主义者是否真用这种方式发现了自己的真理。实际上，正如那些把自由意志当作现实而做出行动、施加其影响的人得到了最好结果一样，在这种问题上，实际上归根结底最好的结果也是由于把真理当作我们必须耐心追求的客观现实才获得的，为了与其取得一致，我们必须约束我们自己任性的冲动。世界上没有超验的客观真理，我们每个人都是从自己面前的现象中创造自己真理的艺术家，但是，如果在这种创造中，他允许任何外在感情或实际考虑对他发生影响，那么，他就是一个拙劣的艺术家，他的作品就只能遭到毁灭。从实用主义观点看，人们就可能这样说：如果把真理的尺度作为客观标准来应用而产生了最佳实践效果，那么，这种用法从实用主义角度上讲就是正当的。但是，如果是这样，那么我们的立场就与实用主义者出现之前的立场完全一样了，没有他们我们可以很好地生活，甚至生活得更好，因为我们面临着这种危险：他们可能会使我们混淆问题。实际上，他们能给我们的帮助是在理论方面而不是在实践方面。

实用主义者善意地努力寻找信仰与实践之间宽容的和解，并间接地寻求宗教与科学之间的协调，他们不仅是以失败告终了，因为他们没有认识到精神世界的墙壁只能花费大量的代价去攀登，而且还要付出血汗，他们同样也没认识到我们不可能乘坐他们的汽车舒舒服服地滑到天国。而且，我们还遇到了旧式的直觉主义者。❶ 直觉主义者经常与实用主义者携手并进，他们都

---

❶ 我们必须记住，"直觉"这个词，在心理学含义之外（几年以前，迪尔伯恩曾在《心理学评论》中研究过这些含义）还有各种哲学含义。对从新柏拉图主义以来的古代哲学作家来说，它往往是与超自然现实接触的一种特殊器官，对柏格森来说，它既是优于理性的获得知识的方法，又是审美沉思的方法，对克罗齐来说，它只是审美的，而艺术则既是"直觉"又是"表现"（他用这个术语表示了对内在形象的表述）。对克罗齐来说，当心灵被"表达""直觉"了的时候，它的结果就是艺术。对他而言，除去哲学，是没有"宗教"的。

从事着同一件工作，这并非是偶然的。我们已经看到，世界上有一种必须通过理智工作的科学冲动，还有一种宗教冲动，只有满足了这种冲动，理智才能在圣殿的前厅获得一个非常谦卑的地位。因此，只要我们认识到：理性也同样有权利在自己的理智王国确立法则，那么，承认理性不能延伸到宗教王国中就是绝对明智的。但是，在某种精神类型的人们当中，这两种倾向同样是根深蒂固的，以至他们无法摆脱其影响：他们不仅受到驱使超越理智，而且他们还受到驱使，携带着理智与他们一起走出自己的王国。他们说理智的王国是有限的，这很正确，他们还说，灵魂在理智冲动之外还有其他的冲动，为了彻底的满足，生命需要的不仅是知识。但是，在这些人手中，"直觉"的功能本身就会导致他们称之为"知识"的那种产品（直觉的功能是要取代理性的功能），而且还要极为荒谬地打上属于理性产品的印记。

但是，结果不堪设想。这不仅引起了不合逻辑的混乱，而且由于我们为宗教冲动赋予一种它既没有资格享有又不需要的特征，所以从理性的角度看，我们只不过是使它蒙羞受辱。直觉哲学家即使对理性表示否定，仍然非常明显地保持了理性：甚至当他进入他的宗教王国时，他依然是在稀薄的理性氛围中运动着。直觉哲学家比起那些完全不能理解哲学家的理论，但仍能遵循自己的宗教冲动而不向其中塞入理性内容的质朴的人们距离天国更远。因为即使是质朴的人，也会与伟大的神秘主义者同一的，这些神秘主义者都宣称他们获得的不可言说的性质都如艾克哈特所说的是"没有形象"的。它不在理性王国中，它不能带来知识，它是个人灵魂自然本能的结果。

毫无疑义，世界上确实有这样一些人，宗教本能与科学本能在他们身上同样都处于非常低的水平，甚至根本没有得到发展，以至他们根本没有意识。宗教本能不是一种根本的本能。甚至性本能也不是绝对根本的本能，它比上述两种本能都更重要。在人们通往平静、谦卑的坟墓的人生旅程中，只

234

有很少一些本性和冲动是必不可少的。在最低的层次上，一个人性情方面的
235　资质要比牡蛎的资质复杂得多，而且也更多样化，但并不是非常之多。此
外，之所以需要高级动物的资质，主要是为了种族的好处，而不是为了个人
的好处。因此，如果在有些人中间过剩的本性退化了，他们不能理解它们，
把它们混淆了，把它们与其他本性，与这二者之外的许多本能重叠了，那
么，我们是不会惊奇的。如果出现了另外的情况，那倒是奇怪的。

　　当人们从模糊了人们视线的精神或情感的混淆中得出各种推论时，在我
看来，我们就不能不得出一个结论：科学与神秘主义要比某些人使我们相信
的那样更接近对方。在人类文化的开端，这二者远远不是对立的，它们甚至
可以说是同一的。在后来的年代里，不时总会出现一些光彩夺目的人物楷
模，他们在更高层次上具有这两种对立的本能，甚至把它们融合在一起，而
在精神卑下、理智平庸的人们当中，很可能会出现这种情况：在所有时代
中，无数的人是由于本性使他们的宗教与他们的理智和谐的。但是，由于文
明的积淀经验世世代代被保存、被传递下来，本性的这种自由至关重要的功
能就大部分瘫痪了。在每一方面，僵化的传统都积淀了非常深厚的经验，无
生命的形而上学的外衣同样非常紧密地包裹了宗教本性与科学本性的每一次
显现（因为实际上，即使是我们称为"常识"的那些东西也是无生命的形而
236　上学的坚硬团块），因此，没有很多人能成功地以不加掩饰的美显示这些本
性中的任何一种，而且也很少有人能成功地显示这两种本性。因此就出现了
一种永恒的对抗。然而，也许我们正在开始认识到：世界上没有任何能适合
所有人的形而上学公式，每个人都必须成为他自己的哲学的艺术家。我们认
识这一点时，就会比以往更容易从无生命的形而上学中解放出来，因此可以
让宗教本性与科学本性同样得到自由发挥。一个人一定不要吞食过多的信仰
以至无法消化，任何人都不能吸收过去的所有传统，他填入自身的东西只能

是危害本人的自我陶醉的毒药。

综上所述，我们比以前更清楚地看到了神秘主义与科学之间的真正和谐。我们还看到了：在我们获得个人经验之前，所有争论都是毫无意义的。一个人必须在精神世界中痛苦地、孤独地赢得自己的地位。世界上没有其他的拯救方法。应许之地总是在荒野的另一侧。

五

当宗教的全部崇高艺术被降低为与科学的关系的讨论时，我们似乎在一架音色实际非常丰富的乐器上对一根琴弦弹奏的太久了。宗教的核心是神秘主义，这是人所公认的。但是所有伟大神秘主义者又在什么地方呢？为什么没有提到新柏拉图主义者呢？在他们当中开始了全部的现代神秘主义运动，为什么没有提到他们在伊斯兰世界值得夸耀的学生呢？还有拉蒙·卢勒和阿西西的方济各、弗朗索瓦·格扎维埃、圣十字约翰和乔治·法克斯以及《效法基督》与《走向民主》呢？这张写有光荣姓名的表是没有尽头的，但他们都被忽略了。

要记述神秘主义者，无论是异教徒的、是基督徒的还是伊斯兰的都是一件最愉快的工作。这件工作已经完成了，而且往往完成得很好。神秘主义者本身不仅是美的化身，而且他们还把美反射给所有带着理解力接近他们的人。

此外，在宗教神秘主义现象中，我们有一个可以解释许多在表面上似乎与宗教无关的最珍贵的人类事物的线索，只要我们知道它就行。因为这是一种向我们本能地显示其他艺术奥秘的艺术。它以最不加掩饰、最根本的方法向我们再现了曾激励人们寻找表现模式的内在经验，这些模式就是宗教艺术

237

的变形，而表面上又丝毫没有表示它就是如此。人们在诗歌中、音乐中、绘画中往往可以看到它。有人可能会说，除非在某些地方暗示了神秘主义的秘密，人们几乎不可能完全理解雪莱的诗、赛萨尔·弗朗克的音乐或梵高的绘画。之所以如此，并不是因为在这些人物的诗歌、音乐或绘画的已完成的作品中有任何不完善，（因为不能为自己辩护的作品总是拙劣的，）而是因为我们不会掌握解释这些作品的存在的线索。我们甚至会完全走出公认的艺术领域之外，而且，如果我们完全无视宗教的含义，那么，我们甚至会认为对大自然和风景的全部爱情都不是理智的，在现代，这种爱有了非常巨大的发展，而这大部分是通过卢梭这位现代精神世界的主要创造者发展的。

但是，与其说我们现在在这里关心的是宗教冲动穿上的富丽堂皇、色彩斑驳的服装，或是它可能出现的嬗变，还不如说是剥去所有服装之后的那些冲动的质朴、裸露的形状。把神秘主义冲动裸露地描绘出来是至关重要的，因为在人类所有最基本的冲动中，这种冲动是最经常被人用灿烂的、迷人的服装华美地包裹起来的，普通人和敏锐的哲学家的眼睛都受到蒙蔽，其中似乎没有任何生命。必须剥去所有这些服装，求助于朴素的个人直接经验以寻求事实的真正核心，而且要说明这个核心本身（远远没有被分析溶化为科学认为是空洞无物的那种东西）与其他每一种自然的有机功能一样都是一种科学事实。

在这里我们关心的只是艺术的原始材料，即人类舞蹈的毫无掩饰的简单技术，因此，在此处，把隐藏在神秘冲动中的所有最动人的幻想后面的全部自然机制尽量清清楚楚揭示出来就已足矣，而这些机制即使全部化为火焰，也仍然维系和操纵着那些幻想。人们似乎在所有时间里都必须生活在神秘主义者的态度与科学家的态度之间的深层和谐中，其原因就在于此。这种和谐的基础是一种信仰：无论这两种态度的关系多么紧密、无论它们怎样密切合作，它们都是永远分离的。神秘主义者声称自己与科学家一样也认识了同一秩序，科学家声称自己具备了与宗教家同样的情感，这时他们都欺骗了自己。他在不需要引起混淆的地方引起了混淆，也许他甚至犯下了十恶不赦的反对自己完整的精神圣灵的大罪。理性思维的功能（科学艺术的功能）对宗教来说肯定是非常宝贵的，它使所有伪科学、所有哲学的净化成为可能，而所有哲学无论是好是坏，都在大自然的天空下、在阳光的照射下毒化了朴素自发的神秘主义冲动，并为它们罩上了外壳。科学家可能是一位神秘主义者，但他不可能是一位真正的神秘主义者，除非他是一个非常无情的科学家，以至他不能在自己的神秘主义中容忍异己的科学。神秘主义者也可以是一位科学家，但他不可能是一位好科学家，除非他能理解：科学必须永远保持鲜明和纯正，而不要混杂任何神秘主义的感情，他的感情源泉绝不能锈蚀他那锋利的分析解剖刀。借口任何这种锈蚀都可以把解剖刀变为神秘主义的工具是无用的，尽管它在剖析事物的神秘主义核心时会提供令人赞佩的帮助，也许，如果世界上出现了更多的无情的科学家，那么，世界也就会出现更多的具有纯粹神秘主义观念的人。科学本身无论是好是坏，都永远不能成为宗教，正如宗教本身永远也不能成为科学、甚至成为哲学一样。

正是由于回顾了过去，我们才看到了在更诡辩的年代中不太容易接触的一个在根本上是极为简单的事实。我们没有必要再远远地回到非洲和西伯利亚的巫医那里去。异教徒的古代神秘主义与后来各个时代的神秘主义相比，对我们来说无论是多么不熟悉、也无论多么缺乏魅力，但是也许它能更好地向我们揭示其真正的性质。希腊人就像我们的基督教宗派一样虔诚地相信"皈依"的精神价值，而且在他们为了获得皈依的详尽的、系统的方法上超越了这些宗派的大多数，毫无疑问，正如基督教中所常见的那样，这些方法大部分是肤浅的。有人假设：几乎雅典的全体居民肯定都曾参加过伊留西斯派的入会仪式。正如我们所知，这些方法体现在与狄奥尼索斯和德墨忒

240

241　尔和俄耳甫斯及其他神祇有关的神秘仪式中，其中最著名、最典型的是阿蒂

卡·伊留西斯的那些神秘仪式。❶ 在许多情况下，我们往往是透过一层迷人

的雾看古希腊那些神秘仪式的，这有一部分是因为人们正确地感到精神经验

的事情是无法讨论的，因此缺少准确的信息，还有一部分是因为早期基督教

坚持维护与自己非常相似的神秘事物，而又不厌其烦地讲述异教神秘仪式的

邪恶，此外，还有一部分是因为：毫无疑问，异教的神秘仪式实际上要随着

古典文化的普遍衰落而退化。但是，在它们太庞大、简单的基本轮廓中，希

腊神秘仪式还是比较清晰的。因为正如在希腊的"酒神节"中并没有我们所

说的那种"狂欢纵酒的气氛"，它们只不过是一些礼仪活动，同样，在那些

神秘仪式中也并没有我们所说的那些"神秘的"东西。我们并不是在假设

（正如某些时候所假设的那样）：它们的本质就是一种神秘的学说，展示秘

密的仪式就是唯一目的，虽然它是作为方法的组成部分起作用的。神秘仪式

就是一种入会仪式的精神过程，这种仪式对那些尚未经历过此种仪式的人来

说确实肯定是一种秘密，但是，今天除去任何基督教的"复活节"过程中所

242　包含的意义外，它本身并不是"神秘的"，基督教的复活节仪式与希腊神秘

仪式最相似。只有在下述意义中它才是神秘的，即它是无法用语言表达的，

只有通过经验才能了解它，正如异性间的拥抱也无法用语言表达，只有通过

经验才能了解一样。涤罪的最初过程、暗示的影响、某种宗教信仰、在某些

最感人的情况下举行的庄严、富有戏剧性的仪式都与天主教的弥撒非常相

似，后者也是一种既富有戏剧性又神圣的庆祝仪式，它在与上帝的精神沟通

---

❶ 关于神秘仪式的现代文献，特别是关于伊留西斯的文献，在许多语言中都是非常丰富和详
细的。我在此处只想提一部部头不大而又比较陈旧的著作，即齐萨姆在胡尔森讲座发表的《神
秘主义的异教与基督教》（1897），作为一般读物，它已充分揭示了神秘仪式的普遍含义。在
利文斯顿那部有益的论文集《希腊遗产》（1921）中，有一章论述了《宗教》，作者是W.R.英
格博士，这是关于神秘仪式的一次更简洁，也更现代的论述。

中达到高潮，所有这些可能都有助于一个目的（在宗教中它肯定会经常如此，）即仅仅是内心态度的转变，对外在事物新的关系的突然升华了的认识。哲学家们认识到这一点，亚里士多德在一篇现存的文献片断中小心指出，在神秘仪式中得到的不是教诲而是印象和情感，柏拉图毫不犹豫地认为初学哲学的人得到启蒙与在神秘仪式中获得的东西具有同样的性质。因此，当基督教取代了异教的地位时，只是改变了某些外部境况，而同样的过程仍在继续，这也是很自然的。早期教会的洗礼在其后来沦为纯粹的巫术性仪式之前，具有神秘组织的入会仪式的那种性质，事先要经过仔细的准备，受过洗礼的新入会者有时要戴上花冠，正如在伊留西斯那里的新入会者要戴上花冠一样。

当我们走出雅典，沿着通向伊留西斯那残破村庄的美丽道路漫步并徜徉在我们西方世界中主要的神秘主义神殿的庞大、复杂的废墟中的时候，我们心中充满了一些似乎可以追溯到新石器时代的联想，这使我们想起了一个时代：那时正蓬勃发展的心灵的神秘与破土而出的谷物的神秘结为一体，我们的思想可能由于很自然的转变就从德墨武尔和库里（Kore）的神话转向了我们可能曾经听到或知道的一些记忆：具有其他信仰的野蛮的北方人或在遥远的没有信仰的英国和美国、甚至是他们所谓的"复活节"集会中的精神显现。因为人类所做的事情总是相同的，而无论他们采用的伪装多么富于变化、多么奇异。有时，新生命从内心中涌现出来，在人工制作的神殿的狂热气氛中，在拥挤的人群中显现出来，也许它很快就枯萎了，有时盛开的新蕾又取而代之，在天空下、在阳光中，在鲜花丛中可能会更顺利地成长，它似乎是山中的一个幸福的半人半兽的神。但是，当所有伪装被剥去时，在任何地方，任何时间都只有同样简单的过程，都只有一种几乎是生理作用的精神作用，只有大自然创作的艺术。仅此而已。

243

第六章

道德的艺术

一

迄今为止，关于道德的书籍已经多得数不胜数。对人类的心灵来说，任何题材都没有这个题材令人沉迷。诚然，原因可能在于：知道应该怎样生活对我们要比任何事情都更重要。然而，事情又不可能是这样：迄今就其他任何题材写作的书籍都是无益、甚至更无必要。

因为当我们客观地观察这个问题时，它毕竟比较简单。如果我们把注意力转向任何集体社会的道德领域，不论在什么时间、什么地点，我们都可以把它看作一支沿着或多或少被危险包围的生活道路前进的军队。确实，这几乎是一种隐喻，这就是生活的道德侧面，人们可能实际就是这样认识它的。当我们这样考虑时，我们就可以看到：这支军队是由走在前列的极少数先锋分子及后面的大批人马组成的，先锋分子是一些在道德行为上享有有限的自由、能够在各个方面作为巡逻兵起作用的人，而后者在古代军事用语中则被称为黑色卫士（blackguard），它也并不是没有用途的，而这支军队的主体

是庞大密集的多数，我们必须经常把这主体作为重点来考虑，因为它们才是
真正的军队，才是社会。我们所谓的"道德"不过就是对统帅命令的盲目服
从，而无论这命令是否是由军队以为是自己选择的统帅发出的，而且它的意
义又是隐秘的，此外，道德也是一种要与他人保持一致的义务，或者是试图
与他人保持一致，或者是假装与他人保持一致。❶这是一种自动的、几乎是
无意识的过程，而且只有当本人无可救药地掉了队时，它才能变为敏锐的有
意识过程，那时，他可能会被驱逐到军队后面充当黑色卫士。但是，这种情
况很少发生。因此，我们这里就不需要考虑它。即使这种情况经常发生，
也不会出现什么压倒一切的事情，很可能仅仅会出现这种情况：我们所谓的
黑色卫士现在已经成为这支军队的主体，虽然它的纪律不同了。确实，我们
关心的只是纪律或常规，在这一范围内，人们恰当地把它称为习惯，而道德
这个字从本质上讲就是习惯。对群众，甚至在某种程度上是对全体而言，道
德肯定总是一种纪律，正如我们上面所述，把纪律视为科学或艺术是不恰当
的。由于数不胜数的以道德为题材的书籍往往把这一简单而重要的事实混淆
了，使它笼罩在迷雾中，因此就不能不是毫无益处的。这似乎就是作家们的
看法，无论怎样，这是他们对其他作家们写作的东西的看法，或者他们认为
没有必要亲自再去写这样的作品了。这种工作不仅毫无益处，而且也没有目
的，除非人们采取一种尽可能客观的科学态度从事这项工作。因为，尽管一
时一地的社会道德绝不会与另一种社会道德相同，甚至不会与同一社会另一

---

❶ 我们所谓的犯罪在一开始往往是要与他人保持一致的，或做出假装与他人保持一致的努
力，但是由于它是一种极端的或判断错误的努力，它很可能会失败，于是罪犯就落到了社会大
军的后面。一位妇女作家在给我的信中写道："我认为大多数的谋杀案实际上都是由格伦迪太
太引起的"，如果加以适当的限定，这种观点还是值得考虑的。法官在防止、甚至在惩罚谋
杀者的时候之所以显得无能为力其原因就在这里，因为格伦迪太太就在我们每个人的内心中，
作为社会风纪的一个组成部分，她并不能受到绞刑的惩处。

时另一地的道德相同，社会道德是一张产生了差别的由各种条件织成的复杂的网，有一点肯定是显而易见的：试图影响社会道德乃是徒劳的。❶ 如果有人被告知他写下了一本"道德"的书，他就感到得意扬扬，或者有人告诉他，他的书是"不道德"的，他就极度沮丧，这都没有必要。这些形容词的含义都受到严格限制。无论是这本书，还是那本书都不能对社会大军那庞大而密集的大多数产生极微弱的影响。

然而，尽管一切都是如此，在道德问题中始终还存在某些兴趣。因为毕竟有少数个人走在前列，警觉而急切地寻找着道路，他们具有探索通往未来的一切可能性的敏锐天资。当密集的大多数盲目、自发和无意识地追随着这些先驱，沿着他们发现的道路跋涉时，这似乎只能是一条枯燥的路。但是，在他们找到这条路以前，这条路还是有趣的，甚至是特别有趣的。

原因就在于：在任何时代，对那些处于这种境地的人来说，生活都不仅仅是一种纪律。而实际上生活是一种艺术，或者说它可能变为一种艺术。

二

认为生活是一种艺术或可能是一种艺术，而道德家则是这种艺术的评论家，这是非常古老的信念。在希腊人中，这种信念传播得尤为广泛。确实，对希腊人来说，这种信念是根深蒂固的、是出于本能的，以至成了一种被人

---

❶ 赫伯特·斯宾塞在给一位朋友写信时曾很好地表述了道德教育的这种无害性（如果我们乐于这样看待它的话），他写道："和善的宗教经过了近2000年的祈祷，充满敌意的宗教仍然占据主导地位，欧洲已经居住了两亿名异教徒，他们化装成基督徒，对那些希望他们按照他们承认的原则活动的人们进行漫骂。"

含蓄设想的态度，而不是公开表述的信仰。他们谈论有道德的人，就如我们谈论漂亮的人一样，这是很自然的事。"好的"就是"美丽的"，对希腊人来说，伦理的范围与美学范围并无区别。在所有诗人之中，索福克勒斯最为突出，在他的作品中，我们发现了责任与爱好之间的自然协调，这就是美与道德秩序的统一。但是，在tò καλόν中美丽似乎是最根本的，那是一种高贵的、体面的，而且是最重要的美。著名演说家伊索克拉底说："美是一切事物中最重要的东西，任何脱离了美的东西都不能受到珍视，……对美德的赞美就是这样，在生活的各种显现中美德是最美的"。对优秀的希腊人而言，至高无上的美，就是至高无上的神圣，这是他们本能的，甚至经常是有意识的观念。据说，司婚姻之神阿尔戈斯·赫拉的"面容要比他们所有的圣母马利亚都更有神性。"在我们的语言中，之所以没有适合这个希腊概念的词，原因就在这里，对我们来说，审美与生活中一切严肃的事情都是分离的，而试图把审美引入这里，似乎只能是滑稽的。但是，希腊人是把生活本身作为一项技艺或美好的艺术来讨论的。普罗泰戈拉在今天人们的心目中是一位现代科学的先驱，他基本上就是把生活作为艺术看待的，或者是把它看作许多技艺的综合，而他的反对者，柏拉图笔下的苏格拉底始终把道德家假设为某种技艺的评论家。像亚里士多德这样有影响的道德家在他的《诗学》中也用实事求是的方式写道，如果我们打算确定一个行为在道德上是否正确，那么，我们就一定不能仅仅考虑行为的内在特性，而且还要考虑做出这种行为的人以及这种行为的对象、时间、手段和动机。这种对生活的态度就无法求助于僵死的道德律条；这就意味着一项行为必须在特定时刻适于特定关系，因此，它的道德价值只能根据观察者对比例与和谐的天生感情的标准来判断。我们对一件艺术品就是这种态度。

对那些坚持"唯美主义"现代观念的人来说，下面这一点似乎是不可思

议的：对希腊人的态度最完整的论述却是通过一位生活在我们基督教时代的 *249*
哲学家的著作传给我们的，在3世纪，这位亚历山大的希腊人在罗马生活和教
书，那时希腊世界已经衰落了，他是个宗教性的神秘主义者，此外，他的生
活和教学都渗透了严格的禁欲主义，某些人会把这种禁欲主义归之于中世纪
而不是希腊。❶ 普罗提诺是一位思想家，他那令人振奋的影响在今天仍然具
有生命力，可能是在他的著作中，我们找到了得到最完美反映的希腊人的态
度，找到了它最高尚的侧面，也许主要是通过来自普罗提诺的渠道（尽管它
们的源头往往不为人们所知），希腊人的道德精神才能流传到现代。据说，
18世纪和19世纪的许多伟大思想家和道德家最终都对普罗提诺表示感激，他
是希腊精神在3世纪的真正创造性成果的唯一代表。❷

　　正如人们通常认为的那样，普罗提诺似乎对艺术不感兴趣，而且是一位
缺乏耐心、性急和杂乱无章的作家，他甚至不愿花费时间正确地进行拼写。 *250*
他所有的艺术都在精神领域中。他认为，无法把美学与伦理学和宗教分别开
来。他有一篇论美的优美演说，这是他的著作《九章》中的一章，他关心的
主要是精神的美。但他坚持认为在美德中含有美，这种美与物质世界的美具

---

❶ 但是，后面的禁欲主义完全是希腊禁欲倾向的结果，希腊的禁欲倾向可以追溯到柏拉图，
其后又经过安提斯泰尼、芝诺、爱比克泰德而流传下来，所有这些人都希望让灵魂从物质中解
放出来。新柏拉图主义者进一步推进了这种倾向，因为在他们的时代，到处泛滥的无政府主义
和混乱把世界和社会搅得比以往任何时代都更糟糕，无法使它们成为适合灵魂的天国。不是基
督教使世界变成了禁欲主义的（在耶稣的教诲中也有享乐主义的成分），而是世界使基督教变
成禁欲主义的，而且，一个基督徒很容易成为新柏拉图主义者，因为他们都是由同样的一些力
量塑造而成的。
❷ 莫里斯·克罗伊塞特在他的《希腊文学史》（第5卷第820~831页中）用几页富有启发性的
文字对普罗提诺作了评论。从更热情、更富同情心的立场上，英格博士对普罗提诺作了更广泛
的解释，他那著名的吉弗尔德讲座：《普罗提诺的哲学》（1918）就是这种解释。我还可以提
到一个详细的学术研究；卢汶大学的柯齐兹：《普罗提诺的美学》（1913），他认为普罗提诺
是古代客观美学的顶点，也是通往现代主观美学之路的开端。

有同样性质，"那些除了黄昏和清晨的美之外从来不知正义和智慧的美丽面容的人也不会看到美德的光辉"。他进一步指出，是美引起了爱的情感，尽管在这里他似乎超出了纯粹的美学领域。"这就是美必须永远都要引出的精神：惊奇和极有趣的苦恼、思慕和爱情，而且战栗也是一种欢乐。因为所有这些无法看到的东西也可以像那些可以看见的东西一样被人们感觉到，许多人都感觉到了它，只是每个人感觉的程度不同而已，但是，那些更深刻的灵魂则能更真实、更容易地接受这种高级的爱，正如所有人都对身体的美感到欢乐一样，但并不是所有人都会深刻地感受到，只有那些感受到深切痛苦的人才是恋人"。对普罗提诺来说，美德和真理与美是处在同一个层次的。甚至有人说美是一切事物中最根本的，最终甚至等同于绝对与实体。因此，很自然地，在道德领域中，他无论是对"灭绝邪恶和灌输美德"，还是对"引入秩序和美以取代美德"都漠然置之，在这两种情况中，"我们谈论的都是真实的事物"。"在灵魂的现象中，善是一种自然的协调，而恶是一种不协调"。但是，普罗提诺明确拒绝这种观点：美仅仅是对称，因此他避免了某些更现代的审美道德家的狭隘概念，尤其是哈奇森❶的观点。于是他问道：太阳为什么是美的呢？此外，还有黄金、光明、黑夜和星辰，它们为什么美呢？"美是某种超越了对称的东西，对称之所以美是有一条更模糊的原则"，在普罗提诺看来，这就是它与"理想形式"的近似，可以立即被灵魂认识和肯定。

在某些人看来，普罗提诺似乎把道德即美学的观念弄得荒谬了，他们甚至认为：伟大时代的希腊人让道德的性质处于朦胧状态是明智的。但是，普罗提诺抓住了事物的根源。他已经认识到：灵魂的道德生命就是舞蹈，"我

---

❶ 哈奇森（Hutcheson Francis，1694~1746），一译赫契森，英国伦理学家。——译者

们可以想一想合唱舞蹈中的表演者，尽管每个人都有自己的特定角色，而且有时我们只能听到一个人的歌声，其他人则默不作声，但是，他们还是一起歌唱的，每个人都为合唱队增加了某种属于他个人的东西，所有的人都一起提高他们的歌声还不够，他们必须有选择地在为他安排的乐段中演唱自己的角色。灵魂也是这样"❶。正如边恩指出的，审美情感的希腊化延伸并没有使道德气质减弱。我们可以看到，当它像在普罗提诺那里一样变得非常明确时，情况就是这样，甚至是显然如此的，而且对大多数人习惯上认为是现代化的道德生活的所有理想都充满了革命性的敌意。

　　像往常一样，在希腊人中，这只是一种含蓄的态度，同样，我们在希腊人的学生罗马人那里也看到了这种态度。就大多数情况而言，罗马人的艺术冲动非常有限，他们的实践性心灵需要准确性和明确性，事实证明他们对生活就是艺术这种观念的反抗，也许他们在自己道德的核心始终保留着这个观念。圣奥古斯丁是站在旧的罗马世界与新的基督教世界之间的门槛上的人物，有趣的是他竟能够写下这样的字句："美好和正确地生活的艺术就是古人为'善'下的定义"。因为拉丁人认为艺术（ars）这个字是从希腊文中的善字（ἀρετή）引申而来的。❷ 然而，希腊人与罗马人的道德观念之间实际上还存在区别。人们普遍都承认，希腊人的观念是审美的，而且是在最确切的意义上使用这个词的，但罗马人就不是这样，当西塞罗打算把希腊文献中"美的"行为翻译为拉丁文时，这个行为就变成了"高尚的"行为。希腊人关心的是自己对自身行为的感觉，而罗马人关心的则是别人对自己的看法，是在自己背后反映出来的荣辱感。

　　希伯来人甚至做梦都没有想到这种艺术。他们对道德的态度充分体现在

---

❶ 《九章》，第3卷，第6章。我基本上是以斯蒂芬·麦克纳的译本为依据的。
❷ 圣奥古斯丁《忏悔录》，第4卷，第21章。

摩西以及访问西奈的故事中，这次出访导致了十诫碑文的诞生，在一些古老的教堂中，我们仍然可以看到这样的碑文。甚至我们现代人关于道德的情感也主要是希伯来的，在某种程度上是罗马的，而几乎没有希腊人的情感。无论如何，在理论上我们始终承认摩西式的道德观念是严格的法规、不可更改的法则，这是武断地规定的，需要盲目服从。

道德是一种艺术的概念一度受到基督徒的轻蔑，现在似乎在人们心目中又得到了赞许。各种肤色的伟大思想家为它铺平了道路，他们在许多根本观点上存在分歧，但所有人都一致断言真理的相对性和严格的行为准则作为生活指导力量的是不适当的。就大部分而言，他们都明确地、或是含蓄地断言了这种艺术的权威性。

19世纪往往受到康德格言的鼓舞，当它听康德宣布一种不可更改的道德律的至高无上的权威时，这个世纪恭敬地脱帽致敬。诚然，康德感觉到了从沙夫茨伯里那里流淌下来的影响溪流，他也曾试图把美学与自己的体系融合在一起。但是，康德丝毫没有真正艺术家的精神。道德艺术对他来说只是一套冰冷、僵死、准确的格言。一位富有同情心的传记作家谈到康德时曾说：康德就是一些格言。有时它们是一些美好的格言。但是作为世界上实践行为的指南、作为这些行为的动机又怎样呢？柯尼斯堡这位体弱多病的教授的格言今天对我们来说几乎就不是原来的面目了。我们仍然无法使格言与艺术协调一致。同样，我们再也不会这样设想：考察这位哲学家的个性是不切本题的。如果考虑太阳光谱的个性，那不能说明什么问题，但是考察道德律的时候个性将会说明大量问题。因为个性是道德的真正原料。这位省级大学城中的老教授的道德格言具有自身的趣味。但是像卡萨诺瓦❶那样的恋爱文学作

---

❶ 卡萨诺瓦（Casanova de Seigalt，1725~1798），意大利恋爱文学作家和冒险家，他的回忆录生动地描绘了他那时代欧洲人的生活与道德。——译者

家的格言也有它们的趣味。而歌德的道德格言可能比这两者的趣味更浓。世界上有康德那样严格的直言命令，也有其他格言，虽不太严格却更有怀旧气息的希腊名言，某些富有灵感的人把这样的名言归之于沃特·惠特曼："使最完美的人感到甜美的任何东西最终都是正确的"。

三

从根本上考虑，我们可以循着两条途径走向人生的道德目的：一条路是传统的路，归根结蒂这条路是天性的道路，多数人走的都是这条路，另一条路似乎是理性的路，少数人走的是这条路。到最后，这两条路也是同一条路，因为理性也是天性。诚然，像亨利·希德威克那样机智的分析性研究者已成功地列举了各种各样的"伦理方法"。但是，总的来说，世界上只能有两条主要的生活道路，而且只有一条已经被证明是至为重要的。人类正是循着由天性筑成的传统道路才走到了文明的门槛：无论他们在理性的指引下能得到多少利益，他们都不会有意识地让理性控制自己的道德生活。诫碑永远是"上帝树立的"，也就是说，它们代表着有机体努力对实践需求做出反应的朦胧冲动。任何人都不会梦想：宣布它们是理性的就是对这些诫律的称赞。

显然，天性和传统二者这样结合起来在构筑原始人的道德时发挥了有生命力和仁慈的作用。"神的命令"往往是一种受游牧部落特定生活环境限制的命令。甚至当道德律在我们文明人看来已是"不合自然规律"的时候，情况依然是这样。波利尼西亚群岛的生存手段与开拓的可能性都很有限，那里的岛民的杀婴习俗显然是必不可少的办法，它的后果体现了仁慈与人道主

255

义。游牧的爱斯基摩人杀死老年人的行为同样也是必不可少的、仁慈的办
256　法，当社团中每个成员都必须有自助能力时，那些牺牲者本人也会这样认
为的。原始的道德行为法则在原始人中间存在巨大差异，但在原始生活的
道路上，所有这些法则都或多或少是有益的。诚然，它们为歧异的个人道
德行为提供的活动范围很小，甚至没有提供这种范围，但是，这种做法也是
有利的。

　　但是，当人们走近文明时，这也是天性的传统道德肯定要遇到的一块坚
石。部落再也不能保持原有的团结。社会差异往往使家庭形成一个单位，而
精神差异甚至使单独的个人形成一个单位。全体部落的共同利益已经破裂，
因此传统道德同时失去了它的价值和力量。

　　与文明协调一致的抽象理智也在这个方向上发挥了作用。确实，理性在
一个方面是一种合成力量，因为它表现了传统道德的假设是有牢固基础的，
那种假设就是：个人利益与社会利益的一致性。但是，它同时也是一种分解
力量。因为如果说它显示了生活目的中的普遍统一性，那么，它也创造了许
许多多、形形色色令人困惑的求生的分散性理由。在理性活跃地侵入之前，
生活曾是高度习俗化了，甚至是仪式化的艺术，或者说，不管怎样，生活还
257　是一种纪律，但是，生活的原动力却存在于生活本身，而且它具有全部本能
的约束制裁力，人们感到，生活中每次失误的惩罚都会被迅速而自动地体验
到。把理性应用于生活，无异于把一种强力的溶解剂引入道德。客观地讲，
它使道德更加清晰，但从主观上讲，它却为道德毁掉了现存的动机，用现在
时髦的术语说就是：它剥去了人类充满生命力的幻想。

　　这样一来，我们就找到了具有根本意义的道德，也就是全体人口中主要
大军的真实实践，而在大军的前列，由那些高视阔步的哲学家组成的色彩驳
杂的队伍却在世界面前欢快地夸耀着自己的道德理论。康德的个人道德问题

涉及到吃糖果的事 ❶ 。康德以及才能不如康德的其他各位哲学家都被人们视为道德的立法者，尽管他们对整个世界的影响很小。

因此，抽象的道德空谈就必然是枯燥无味和空洞的，它们在僵死的道德 *258*
格言中达到登峰造极的程度。它们已经转到理性的范围，而这就是理解力的范围，而不是具有生命力的行为的范围。这样就在文明的人中引起了道德二元论。客观地讲，人类已经变得像神一样，能够区分生活的目的，他们吃了树上的禁果，知道了善与恶。从主观上讲，人类还没有远远脱离野蛮人，往往会受到感情动机之网的扰搅而做出某种行为，在这张网中，文明理性的织线既能造成不协和或瘫痪，也能提供有效的指导，莎士比亚的《哈姆雷特》中的极端形式首先（也许是最好地）描绘了这种精神状态。一方面，人类不可能返回到原始状态，那时，生存的所有动机都在同一渠道中和谐地流淌，他们不可能摆脱启蒙了的理性，他们不可能从自己艰苦获至的个人的个性后退。另一方面，他们从来不会想象，甚至从来都不会带着理性去期望：理性将会把情感束缚。显然，无论单独沿着哪一条路，文明的人类都不可能找到与自身处于和谐平衡的方式。我们现在开始认识到：我们所需要的不是一部由漂亮但呆板的格言（无论是出自神圣的山峰还是出自哲学家的书房）组成的行为准则，而是两种不同生活方式的幸福结合。换言之，我们需要的是以真正有原动力的天性为基础的传统和天性的生活方式，它将与理性和个性的 *259*

---

❶ 在日常生活中，康德是冷淡而又平静的。但是他极喜欢干果，而且还常常让他朋友莫斯比专门为他进口干果。"有一次他订购了法国干果，他急切地盼着装载干果的船只到达，而且他早已邀请了几位朋友前来赴宴，准备在午餐上用干果待客。但是，由于风暴，船只延误了几天到岸。当船只到达时，康德得知因为航期延长，船上食物供应短缺，水手们吃了他的干果。康德大发雷霆，竟然说水手们宁可饿死也不能吃这些干果。莫斯比对这种激怒感到惊奇，他说道：'教授，您不应该这样认真。'康德说：'我就应该这样认真'，然后转身而去。过后他表示了歉意"。（引自斯图肯贝格：《康德传》，第138页。）这个故事与康德认为水手宁可饿死也不能吃干果的道德观是一致的。

种种需要结合起来，而不是被它们瓦解性的行为所毁灭，僵死的法则不可避免地会出现这种情况。我们唯一有效的法则就是那种与理智的启蒙性力量相一致的创造性冲动。

四

人们往往认为18世纪初期是我们现代观念的播种时期，这时英国人民最终在艺术中把他们的语言提高到一种清晰、简洁的优秀程度，而且在生活中刚刚度过了清教主义居主导地位的高度刺激性的时期，这时他们对哲学、心理学和伦理学都产生了浓厚兴趣。诚然，尽管英国人民在整个思想史上很快诞生了几位最著名的人物，但是他们的兴趣往往很肤浅、是业余的。沙夫茨伯里三世伯爵是这些著名人物中最早出现的一位，他本人就充分说明了这种紊乱的思维方法。他是一位业余爱好者，一位贵族的业余爱好者，对一致性并不关心，而且根本不想建立一个哲学体系。但并不能因此就说他是一个更糟糕的思想家。世界上最伟大的思想家往往是一些业余爱好者，因为高尚的思维是美好和独立生活的结果，而且专业思想家的宝座并没有提供什么特殊机会。此外，沙夫茨伯里也像康德一样是个体质羸弱的人，但与康德不同的是，他不是一个离群索居的带孩子气的忧郁症患者，他是一个世界上英勇寻求完美与和谐的人生的人。从气质上讲，他是禁欲主义者，他写了一部很有特色的书：《修炼》，他对自己现代的编者提议，这部书应该叫作《哲学摄生法》，在这里他有意识地试图训练自己进行良好的思维并学会正确生活。他明确承认自己是爱比克泰德和马可·奥勒留的门徒。但是，沙夫茨伯里也是一个天才，这样一来，他非常幸运地把一个富有成果的概念重新投入到思

260

想的溪流中，在某种程度上，这个概念确实是从希腊得来的，它长时间都隐含在人类的心灵中，但是在此之前，从来没有人明确地把它当作一种道德理论和伦理倾向，哲学史家很容易就为它贴上了"审美直觉主义"的标签，因为它一直有这个名声，无疑，它比任何别的概念都更适合。

人们说得好，希腊的道德不是光明与黑暗、善与恶的冲突，也不是对引向毁灭的宽阔道路与引向拯救的狭窄小径的选择，它是"对光明与阴影的艺术性平衡"。基茨齐曾指出，沙夫茨伯里对希腊道德家要比对任何现代道德家都更亲近，他说"关键不仅在他的头脑中，而且也在他心中，因为只有英雄才能识英雄" ❶。与此同时，我们必须记住，沙夫茨伯里确实有某种古代学者风度，甚至从他童年时代就是这样。他出生于1671年，是英国当时最重要的国务活动家安东尼·古柏一世伯爵的孙子，他在祖父明智的监护下大受其益，在童年时代他祖父就让他与一位能用希腊语和拉丁语流利会话的妇人为伴。因此到了11岁，他已经熟悉了这两种古典语言与文学。毫无疑问，这也是他形成对古典精神的亲切情感的关键因素，当然如果没有天生的亲切感，光凭这点也不行。后来他做了洛克的学生，15岁时，他到了意大利，在那里度过了相当长的时间。他对法国也非常熟悉，他的法语相当好，他常常被人当作法国人。他在荷兰生活过一段时间，在那里与培尔 ❷ 建立了友谊，这种友谊一直保持到培尔去世，而在他们成为朋友时，培尔对自己朋友的爵位竟一无所知。在荷兰，他可能还受到格罗齐乌斯 ❸ 的一些影响。沙夫茨伯里没有健壮的体魄，患有气喘病，他对公众事务的热心、对学习的孜孜不倦

261

---

❶ 格奥尔格·冯·基茨齐《大卫·休谟的伦理学》，第11页。
❷ 培尔（Pierre Bayle，1647~1706），法国启蒙思想家、唯物主义哲学家。——译者
❸ 格罗齐乌斯（Hugo Grotius，1583~1645），荷兰法学家、历史学家、政治家，一译为格老秀斯。——译者

都进一步损坏了他的健康，因为他奉行的不是隐士的道德，而是奉行一位积极参与人生者的道德，这不仅像他的后裔，19世纪开明的慈善伯爵那样积极参与社会善行，而且积极投入了确立国民自由与宽容的活动。关于自己的学生，洛克写道："他是个锋芒毕露的人"❶，然而，尽管这位学生往往能体谅老师，但是他并不同意老师的哲学观点。

沙夫茨伯里的同时代人，不友好的曼德维尔谈到他的时候写道："他似乎要求和期望自己的同类有善意，正如我们要求和期望葡萄和中国柑橘会有甜味一样，如果这些水果中有些是酸的，那么我们便会坦然指出，它们还没长得十分成熟，它们的味道本来可以很好吃"。在某种意义上，这是正确的。据说，沙夫茨伯里是新伦理学的创立者，新伦理学认为天性并不像霍布斯说的那样仅仅是自我保护的冲动，由于关注到他人，它也是一种种族冲动，他认识到个人也有某些社会倾向是超出个人目的的（提起霍布斯的著名格言：人对人像狼一样。沙夫茨伯里评论说："如果人们考虑到狼对狼是非常仁慈和友爱的，那么轻蔑地谈论人类，说'人对人就像一只狼'显然有些荒谬"）。因此又出现了"善良"这个字眼，在现代这几乎是第一次出现这个字，这就像成熟水果的甜味那样"自然"。

行为中的善与水果的"甜味"之所以同样自然，还另有一个原因，这是一条重要的心理学和生理学原因，毫无疑问，曼德维尔与沙夫茨伯里将同样感到新奇。沙夫茨伯里把道德描述为"美的趣味与体面的嗜好"，而"美的感觉"最终也就是"有道德的感觉"。沙夫茨伯里写道："我的第一项努力就是必须区别水果的真正味道，改善我的味觉，并在这方面建立公正的嗜

---

❶ 沙夫茨伯里认为洛克抛弃的观点太多了，他甚至不允许天生的本能（有时他也称为"感觉"）自然地发展。现在我们即可看到他是正确的。

262

263

好"。显然，他认为自己仅仅是在使用一种隐喻。但是，实际上他是用自然和原始人的直接、坦率的方式谈论问题的实质。归根结蒂，"甜味"与"善"都是同一件事。不仅在原始人的语言中，而且在那些最文明的民族语言中，我们都可以从语言的真正结构中发现这一点。从严格的意义讲，道德就是关于趣味、关于审美的事、关于希腊人所谓αϋσθηls的事，有一个事实即可确切地反映这一点：在一些毫无关系的语言中（无论进行多么详尽的调查，结果都是一样），道德上的美从一开始都是用滋味来表达的。好的东西就是甜的东西，有时也是咸的东西。❶ 原始人有高度发达的对精神生活的感觉，他们的词汇就能证明对滋味的感觉与对感情状态的体验之间的密切联系。确实，我们不用脱离我们欧洲的传统去观察以最根本的味觉特性为基础对道德特性的表达。在拉丁文中，*suavis*就是英文的*sweet*，甚至在拉丁文中，它也已经变成道德品质了，它的英语派生词已经完全从物理特性转向了道德品质，而bitter（苦味的）一词既是物理特性，也是强烈的道德特性。在梵语、波斯和阿拉伯语中，salt（盐）不仅是一种物理性味道，而且也是显赫、温雅与美的名称。❷ 似乎应该顺便指出：我们越深入地进行探索，我们就越能从根本上发现关于道德的审美概念是根植于大自然之中的。但是，并不是每个人都有兴趣进行更深入的探索，因此也就没有必要再举例证。

沙夫茨伯里认为人类行为应该有一种对称，平衡与和谐的美，这对我们之所以有吸引力，不仅是因为它们符合什么原则或格言（尽管它们可能会成为尺度），而是因为它们满足了我们本能的情感，唤起了一种赞同，严格讲

264

---

❶ 我们在这里不必谈论盐对原始人的价值，也不必谈论他们对盐的味道的欣赏。直至今日，在西班牙，盐这个字一直还广泛地用于被人高度赞美的多少与理智和道德有关的品质。

❷ C. S. 梅尔斯博士曾在《关于剑桥大学对托雷斯海峡进行的人类学考察报告》第2卷第2部第4章中谈到这一点，另外，在《原始民族与味觉有关的名称》中也谈到这一点，见《英国心理学杂志》，1904年6月号。

265 起来，这种赞同就是对道德行为的审美判断。按照沙夫茨伯里的理解，这种本能的判断并不是行为的指南。他非常正确地认识到行为的冲动是根本性的、是最基本的，而良好的行为是得到精心调和的天性的结果。这冲动是对正确的时间、对人类激情的度量的一种感觉，而格言对那些天性失去平衡的人来说是毫无用途的。"美德不是别的东西，它恰恰是对社会的秩序与美的热爱"。对行为的审美欣赏，即使其中包括了欣喜若狂的快感，它也是我们对普遍的大自然（其中也包括了人类）的审美快乐的组成部分。很明显，大自然在道德生活的这个概念中起了很大作用。在道德行为的任何层次上失去平衡都是不自然的，沙夫茨伯里说"大自然是不能模仿的"。大自然是一种奇迹，奇迹就不是那种表演出来的东西，而是那种被人领悟的东西，如果这里出了差错，那么，也就无法理解大自然的神性了，也就违背了大自然、也就导致了道德的毁灭。回归大自然并不是要回归无知或野蛮，而是要回归到对完美平衡的感情之美的最初本能的感觉。他强调指出："世界上最自然的美就是诚实和道德上的真实"，他一次又一次提到"诚实的美"。他谈到古代异教徒时说："甜美而正确是他唯一的理由"，他又补充道："这一直是一条很好的理由"。他认为，在学习怎样行动时，我们就是"在学习怎样成为艺术家"。对他来说，把地方行政官当作艺术家似乎是很自然的，他顺便说道："如果地方行政官是一位艺术家该多好啊"！我们一定不要使道德依赖权威。在任何艺术中，真正的艺术家都决不会做有失身份的事。艺术家明确表示："不要管那些取悦于人的人，我认为这是错的。迄今为止，我创作

266 的任何东西都是真实的。我既不是为了你，也不是为了任何别人，才用双手创作的"。沙夫茨伯里欢呼说："这才是美德"！"这种气质转移到整个生活中会使人的性格臻于至善。因为在行为中存在技巧与真实"。

也许应该再次指出，沙夫茨伯里不仅在哲学上是业余爱好者，甚至在艺

术上也是业余爱好者。他把文学当作美好生活的教师，但人们一般认为他并不是一位优秀的写作艺术家，尽管无论是直接地、还是间接地，他不仅帮助、鼓舞了蒲柏，也帮助了、鼓舞了汤姆森、库柏和华兹华斯这样的作家。他对绘画必然会产生兴趣，但是，他对绘画的趣味仅仅与他那时代一般鉴赏家的趣味相同。这就使他的一般审美观点带上了某些表面性，尽管这远远不像神学家们设想的那样：他缺乏严肃性。他主要的最亲近的门徒，如哈齐森都是加尔文清教徒。沙夫茨伯里本人是一位严格的禁欲主义者，他生活在一个有教养的环境中，他适合这种气氛。如果说他是一位业余爱好者，那么他也是一位有才华的业余爱好者。他为我们现代世界引入了一个庞大、富有成果的概念，他从"艺术大师"亚里士多德的《诗学》中得到了这个概念，而又以深邃的洞察发展了它。18世纪和19世纪早期的大多数欧洲伟大思想家在某种程度上都受过沙夫茨伯里的鼓舞、影响或启发。虽然康德缺乏同情心，很少欣赏能力，但是他帮助发展了沙夫茨伯里首先提出的这个观念。今天我们到处都可以看到它。它渐渐地、微妙地形成了我们的全部现代道德。*267*

他对那些在今天研究他的作品的人来说就是"现代最伟大的希腊人"。正是通过沙夫茨伯里、而且也只有通过他，希腊人的道德（就其最优秀的本质而言）才对我们现代世界产生了生机勃勃的影响。格奥尔格·冯·基茨齐对沙夫茨伯里在道德中的地位有最清晰的理解，他曾说道："沙夫茨伯里提供了装在世界真正的科学概念框架中的道德哲学因素"❶，这准确而公正地表明了沙夫茨伯里的地位。对现代世界来说，这是一次非常伟大、令人非常振奋的宗教仪式，他的同胞几乎无法对此表示赞同。诚然，有更强烈哲学意

---

❶ 格奥尔格·冯·基茨齐《沙夫茨伯里的哲学》，1876年，及《大卫·休谟的伦理学》，1878年。

识的苏格兰人承认他，首先是休谟，所谓的苏格兰学派把他当作并奉为奠基者，虽然他们又使他变得柔和起来，又把公众的趣味与需要混杂在他的思想中，为他们所接受，因此，到最后他也丧失了声誉。但是英格兰人从来没有在他的思想中混杂什么东西，他们坚持信仰古老的、鼓吹末世学的佩利，❶ 一次又一次地出版他的著作，以此来训练他们年轻的心灵。这样很自然地就产生了道德中的英国功利主义者，他们轻蔑地看待任何可以称为希腊的东西。对功利主义一般的公众而言，莱斯利·斯蒂芬爵士是一位精力充沛、有能力的解释者，他看不出沙夫茨伯里有任何可取之处，他对沙夫茨伯里抱着轻蔑、遗憾的态度，对他只是喃喃自语："可怜的沙夫茨伯里"。

与此同时，沙夫茨伯里在法国和德国一开始就赢得了巨大声誉，因为只有异国的人民才能预见子孙后代的判断。莱布尼茨的巨大天赋在某些方面也有类似情况，（沙夫茨伯里曾被称为"道德中的莱布尼茨"）他对这位英国思想家很赞佩，那位多才多艺的伏尔泰也很赏识沙夫茨伯里。孟德斯鸠则把沙夫茨伯里与柏拉图、蒙田和马勒伯朗士相提并论，把他们放到一个坚实牢固的顶峰。热情洋溢的狄德罗在沙夫茨伯里的著作中看到了与自己的气质相合的自然主义伦理学的典范，他在1745年翻译了沙夫茨伯里的许多主要著作。赫尔德尔激励了19世纪和今天许许多多的重要思想家，而他本人则主要是受了沙夫茨伯里的激励，有一次他称沙夫茨伯里是"人性的艺术大师"，他认为沙夫茨伯里的著作甚至在形式上都几乎近似于古代希腊文化，很久以来他就提议对斯宾诺莎、莱布尼茨和沙夫茨伯里的伦理学概念做一次比较研究，但可惜的是，这个巧妙的想法一直未能付诸实践。卢梭不仅是由于接触了沙夫茨伯里的概念，

---

❶ 佩利（Illian Paley，1743~1805），英国神学家，功利主义主要代表人物，其主要著作有：《道德与政治哲学原理》（1785），《自然神学》（1802）。——译者

而且也是由于他那倾向于自主和谐的本性而作出了自发努力，他与沙夫茨伯里 *269*
接触过，因此有助于把他的理想投入到现代生活总的溪流中。无论是直接、还
是间接，沙夫茨伯里都激励了法国早期有影响的社会主义者和共产主义者。
另一方面，他对个人主义道德家也产生了同样影响。甚至西班牙裔美国人卢多
（Rode）也有意或无意地提出了几乎与沙夫茨伯里的概念相同的概念。卢多
是近代历史上最爱挑剔的贵族现代道德家之一，他认为所有道德上的恶都是行
为审美中的不和谐，而伦理对性格的作用就如雕塑家的作用之于大理石："美
德是一种艺术，是一种神圣的艺术"。克罗齐在开始时曾把艺术与生活严格区
分开来，他甚至说一位伟大的艺术评论家如果不同时是一位伟大的生活评论
家，那么他就无法成其为伟大，因为审美批评本身实际上就是对生活的批评，
可以认为他的全部哲学代表了旧的传统世界观与现代世界中我们紧紧关注的那
些概念之间的一个过渡阶段。❶

　　然而，沙夫茨伯里虽然曾经谈到这个问题，但总的来说，他的观点是模
糊而笼统的。他未能对生活中的创造性艺术冲动与批评性审美鉴赏做出细致 *270*
区分。在道德领域中，我们必须经常满足于等待：直到我们的行为结束才能
鉴别其美丑。❷我们必须在一般的审美判断背景上集中创造性的艺术行为的
各种力量，它们的任务就是远在能够把审美准则应用于最后作品之前痛苦地
塑造道德行为的黏土，铸造它的铁料。在生活中艺术家的工作充满了斗争和
劳苦，只有道德上的旁观者才能采取平静的审美态度。诚然，沙夫茨伯里曾
明确承认这一点，但是这并不足以使我们像他那样认为：通过学习文学作品

---

❶ 我们应该补充一点：克罗齐本人就是沿此方向发展的，而且在他的《全部艺术表现的特
性》（1917）中，他认识到艺术的普遍性。
❷ 斯坦利·豪尔在批判康德的道德美学时指出："美德的美只有在对它进行沉思时才能显
现，在行为中表现美德对那时的行为者并没有什么美可言"。（见 G. 斯坦利·豪尔《康德为
什么正在成为过去》，《美国心理学学报》，1912年7月。）

我们自身就可以做好道德行为的准备。人们可能乐于把生活当作艺术，但是他们也会抱有这种观点：在文学作品中学习生活的艺术之无济于事正如在建筑中学习音乐艺术一样无济于事。

但是我们一定不要让这些观点引导我们脱离下面这个重要事实：沙夫茨伯里明确认识到（现代心理学家所强调的观点）：欲望只能与欲望相对立，理智不会影响爱好。他明确指出："凡是具有原始及纯正性质的东西，除去与其格格不入的习惯与习俗（第二天性）之外，任何东西都无法取而代之。任何思辨的观点、信念或信仰都无法立即或直接排除或毁灭它们"。他超越了某些现代心理学家的地方在于他那希腊式的观念：在本能的领域中，我们处于艺术的作用下，而对艺术作用只能应用审美准则。

我们有必要集中精力考虑并应用这些重大而又普遍的观点。在某种程度上，沙夫茨伯里的直接继承者和追随者，比如，哈奇森和阿布克勒就完成了这项工作，他们指出，从伦理学上讲，人是一位以自己的生活为作品的艺术家。他们密切关注的是生活艺术家的真正创造性的侧面，而把对已完成的产品的审美鉴赏当作从属性的东西。因为所有艺术主要是一种行动、一种创造性行为而不是苦思冥想，而道德则是非常卓越的艺术。

人们可以认为沙夫茨伯里与他的追随者阿布克勒和哈奇森就是美学的奠基人，尽管哈奇森在这三人当中从气质上讲是最无才气的美学家，但恰恰是他写出了第一篇现代的美学论文。同时也可以认为他们三人一起复活了古希腊人文主义，换言之，就是希腊精神，或者说是古典精神，因为这种精神往往是通过罗马的渠道流传下来。尤肯（Eucken）说得好，沙夫茨伯里就是英国思想家中的希腊精神。他代表了对清教主义的必然反抗，这种反抗仍然在进行，实际上，在各处仅仅是刚刚开始。由于清教主义在英国取得了如此显著的胜利，所以很自然地在英国也将出现古希腊人文主义的第一位伟大斗士。正是由于有了

沙夫茨伯里，我们才会有奥利弗尔·克伦威尔和赞美上帝的贝尔伯恩斯。❶

继沙夫茨伯里之后，第一个值得注意的是阿布克勒，尽管他写的文章非常少，他简直不应该获得那样多的声誉。❷他是苏格兰裔的都柏林医生，也是斯威夫特的朋友，由于后者，他备受尊敬，而且从童年时起，他就跛足。他是一位有艺术天赋的人，虽然他不像沙夫茨伯里那样热衷于雕塑或绘画，但他热衷于诗歌艺术。他坚持认为构成一种性格的与其说是直觉还不如说是想象力，对他来说，道德的批准完全是审美的，也是限定了美的个性理想的想象性行为的组成部分，它在行动中具体化了。罗伯特·布里奇斯是我们这个时代的诗人，他在《诗歌的必然》中指出："道德是诗歌中与行为发生关系的部分"，他就是按照阿布克勒的精神发表意见的。一个更早也更伟大的诗人比他要接近阿布克勒。雪莱在《捍卫诗歌》中说道："一个人要获得伟大的善，必须紧张而全面地想象……美德的伟大工具就是想象力"。诚然，如果我们与亚当·斯密和叔本华一起打算把同情作为道德的基础，那么，我们实际上就把诗人的想象力当作伟大的道德工具了。对阿克布勒而言，道德就是无功利的审美和谐，他领会到很多很多真正的希腊精神。

哈齐森在这方面没有什么成就。尽管他也从事过美学研究，但他很少有真正的审美情感，另外，尽管他为复活希腊文化研究作出了大量贡献，但他本人真正倾心的则是罗马的斯多葛派哲学，是西塞罗、马可·奥勒留，这样一来他就走向了基督教，实际上沙夫茨伯里与此是不相容的。他把沙夫茨伯里更高尚的概念民主化了，甚至庸俗化了，他冲淡了甚至贬低了它。在他那非常富有

273

---

❶ 在17世纪英国，克伦威尔的议会绰号为贝尔伯恩斯（瘦骨头的谐音）议会，因为在1653年有一位名叫贝尔彭（Barebon）的笃信上帝的人当了议员，这位富有的皮革商因为宗教狂受到嘲弄。——译者

❷ 见W. R. 司各特论阿布克勒的文章，刊于《精神》，1899年4月。

同情心和有接受能力的心灵中，沙夫茨伯里的理想不仅罗马化了，也不仅基督
教化了，它甚至深深陷入了混杂的折中主义泥团，而这往往是不连贯、不一致
的东西。从长远观点看，尽管他取得了巨大直接的成功，但是由于这些方法，
他损害了他所献身的事业。他过分强调了道德的消极审美方面，他不厌其详地
讲述的是"道德感"这个术语，而沙夫茨伯里只是偶尔使用它，正如很久以前
亚里士多德也是偶尔使用它一样（那时它只是在"自然特性"的意义上与物理
上的某些意义相类似），在天真的哲学批评家眼中，这个术语早就是一块绊脚
石了，他们太容易受到文字的愚弄，正如利贝曾经指出的，他们看不到在这个
概念下面简直就是沙夫茨伯里所说的观点：比例与对称的审美概念有赖于心灵
的天然结构，而只有这样才能构成一种"道德感"。❶由于哈齐森与沙夫茨伯
里截然不同，因此对他来说"道德感"（实际上是一种意动本能）就意味着由
下面这个事实所充分显示的含义：他往往认为夫妻之爱和父子之爱是一种"感
觉"，因为它们很自然。他希望把理智以及认识因素都拒之门外，这样又再次
回到了道德是本能的这种观念。哈齐森关于"感觉"的概念是有缺陷的，极容
易被人看成是消极而不是意动的概念，尽管其中也暗示了意动。反对哈齐森的
人清楚地看到了下面这个事实："道德感"实际上是本能，正如许多人无知地
假设的那样，它与"天生的概念"没有任何关系。1728年，约翰·巴尔高伊
牧师在《道德中的善的基础》的第一册提出了主要反对意见，其大意是：哈齐
森把道德置于本能上面，这样就在某种程度上使动物也具备了道德。"❷正是

274

---

❶ 参阅M. F. 利贝那篇有益的论文："审美比例的概念对沙夫茨伯里伦理学之影响"，《美国
心理学学报》，1901年5~10月号。
❷ 我们发现关于"道德感"的谬误批评几乎延续到现在，比如麦克杜加尔在《社会心理学》
中提出的批评就是一种。虽然由于他坚持道德的本能基础，他本人也在继承着沙夫茨伯里和哈
齐森的传统。但是，麦氏还是硬扯进了"行为的某些规定准则"，可是他忘记了指出要由谁来
"规定"这个准则。

哈齐森优秀的、给人留下深刻印象的个性，他那高尚的品质、他的雄辩以及具有影响的地位使他能够为他所鼓吹的道德概念带来生命，甚至为它赋予一种有效的力量，使它遍及欧洲人的世界，反之，它就不容易发挥力量。对哈齐森而言，哲学是生活的艺术（正如哲学之于古希腊的哲学家一样），而不是形而上 *275* 学的问题，他并不在乎思维上的一致性，一个心胸开阔的折中主义者会坚持认为生活本身是一件伟大的事。毫无疑问，这就是他具有如此广泛影响的原因。沙夫茨伯里那更贵族化的精神主要是通过哈齐森才注入世界生活循环不已的渠道中。休谟、亚当·斯密和里德 ❶ 不是哈齐森的学生就是直接接受过他的影响。他是一位伟大人物而不是伟大的思想家，正因为如此他才在哲学上发挥了如此巨大的力量。❷

席勒的态度并不是直接以沙夫茨伯里的观点为基础的，然而对他来说，道德的审美概念可以说已经汇入了文化的主流，而到那时为止这一概念非常明确的有意识的形式仍然具有突出的英国特色。席勒认为责任与爱好的同一乃是人类发展的理想目标，而且把美的天赋（Genius of Beauty）当作生活的主要指南。威廉·冯·洪堡 ❸ 是那个时代最杰出的人物之一，他对这些概念也极有兴趣，在他的一生中，在他所曾引起变化的许多方面，甚至在他离开人世之前，他都对道德的终极目的就是对责任的遵从这个观念提出异议。歌德是席勒和洪堡的密友，在很大程度上，他也抱有同样观点，而这种观点通 *276* 过他又产生了微妙而极其广泛的影响。据说康德曾把责任误解为一个普鲁士

---

❶ 里德（Thomas Reid，1710~1790），英国哲学家，他的学说既与贝克莱的唯心主义相对立，又不同于休谟的不可知论。其主要著作有《对常识原则上的人类心灵的探讨》（1764年）。——译者
❷ 参阅W. R. 司各特《弗朗西斯·哈齐森：生平、学说及其在哲学上的地位》，1900年。
❸ 洪堡（Wihelm von Humboldt，1767~1835），德国国务活动家与语言学家，对德国教育制度进行过改良，他是德国著名探险家、科学家亚历山大·洪堡的哥哥。——译者

教练士官，他一直统治着学术的道德世界。但是，一股新的生气勃勃、具有塑造能力的力量已经进入了更广大的道德世界，今天我们在每个方面都可以觉察它的存在。

<h1 style="text-align:center">五</h1>

　　人们往往用缺乏严肃性这一理由反对道德即艺术这一概念。在许多人看来，这个概念似乎包括了一种安逸、放纵和浅薄的生活态度。当然，这与《旧约》中的生活态度不同。除去在想象性的文学中，（诚然这是一种重大的致命的例外）希伯来人不是"审美的直觉主义者"。他们仇恨艺术，至于其他情况，在面对生活问题时，他们没有考虑荷花是怎样生长的这种习惯。他们不是希求用神圣的美而是用要求绝对忠诚和崇敬的耶和华的严厉鞭策作为鼓励，使他们沿着责任的道路前进。而且，被嫁接到我们的基督教中来的也正是这种希伯来式的情感方式，❶这种嫁接多少有些歪曲和不完善。

　　然而，假设那些把生活当作艺术的人已经踏上了一条轻松的道路，他们
277　除去欢乐和放纵之外什么也不用做了，这乃是彻头彻尾的错误。更为接近真

---

❶ 但是，值得注意的是，对于道德的审美观念不仅在更能容纳不同意见的新教徒当中，而且在天主教徒当中也有拥护者。几年以前，科尔贝牧师出版了《生活的艺术》，它打算说明一种观点：正如雕塑家用锤和凿把一块大理石雕成美丽的形象一样，人类也可以借助仁慈的力量、信仰的启发以及祈祷的教诲来改造自己的灵魂。这个关于雕塑家的明喻无论对基督徒还是对反对基督教的道德家都有非常强烈的吸引力，这个明喻是从普罗提诺流传下来的，他在那论美的著名篇章中要我们注意那位雕塑家。普罗提诺写道："他在这里或那里切削或抹平，他把这个线条弄得明亮些，把那个线条弄得洗练些，直到他的作品上出现一张生动的脸。同样，你也要去掉所有过分的东西，弄直所有弯曲的东西，为那些所有蒙上阴影的东西投下光明，让整体闪耀着美的光辉，在你的脸上由于这件作品闪出上帝般的光芒以前、在那完美无缺的善耸立在纯洁的神龛中之前，你绝不能停止雕塑。"

理的是与此相反的观点。如果享乐主义者只是关心使生活过得愉快，那么他很可能就要更好地选择生活规律。[1] 因为艺术家的生活往往是一种修行，而任何修行都不可能没有痛苦。甚至对于舞蹈而言也是这样，在大众心目中，舞蹈在所有艺术中与快乐的关系最密切。学习舞蹈要有最严格的纪律，甚至对那些已经达到这项艺术的顶峰的人来说，仍然需要有一种没有英雄气概就无法执行的纪律。跳舞似乎是一件愉快的事，但是据说在舞蹈之后，著名舞蹈家的鞋中都是沾满鲜血的，在他们离开舞台时，有人竟会精疲力竭地、毫无生气地倒下，还有的舞蹈家必须在黑暗和安静中度过白日。尼采曾说："一个人的头上悬着一百支达摩克利斯剑有不少好处，而人们学习舞蹈就是这样，人们要获得'运动的自由'就是这样"[2]。

因为在那理所当然是最为愉快的艺术的完美无缺的成就中，痛苦与其中 *278* 的基本要素纠缠在一起，因此在生活的全部艺术中也纠结着痛苦，而舞蹈则是生活艺术的最高尚的象征。任何孤立的痛苦与快乐都会使前者在一切生命的目标面前变得毫无意义，而又使后者化为灰烬。过高地评价快乐也就等于过高地评价痛苦，我们只有理解了快乐在生活艺术中的地位，才能理解痛苦的含义。在英国，詹姆斯·辛顿试图清楚地表示：他既反对那些没有认识到痛苦无论在道德上还是在生物学上无疑都是必要的人，又反对那些对道德上的快乐抱着清教徒式拒绝态度的人。[3] 反对痛苦无疑很重要，但是，同样很重要的是要在这个意义上反对它。甚至当我们不再主观地而是客观地看待这个问题时，我们也必须承认痛苦在与世界有关的任何健全的审美或形而上学

---

❶ A. W. 边恩在《希腊哲学家》（1914年第57页）中写道："那些抱负宏伟的人知道引向自己目标的道路是崎岖、险峻、漫长的，他们说：'美的东西很难判断、很难获得，也很难保持。'"
❷《权力的意志》，第358页。
❸ 哈夫洛克：埃利斯夫人《詹姆斯·辛顿》，1918年。

的图画中的地位。❶

　　因此我们肯定不会感到惊奇：这种把生活视为艺术的方式自然而然地为
279 那些性格极为严肃和极其深刻的人们留下了良好印象，而对其他各方面的人
们留下的印象却大不相同。从气质上讲，沙夫茨伯里是禁欲主义者，他的体
格虽然脆弱，却有一股按照自己的理想形式塑造人生的持久热情。如果我们回
顾一下马可·奥勒留，我们在阅读他的《沉思录》时就会看到一个严肃、有英
雄气概的人，他整个一生都是一场壮丽的斗争，一个遵从了道德上善的审美准
则、接受了道德行为的艺术概念的人（看起来这是无意识的）。在他心目中，
舞蹈与角力都表现了一个努力求生者的行动，而道德行为的善本能地对他就表
现为自然事物的美，正是由于马可·奥勒留，我们才能得到关于审美直觉主义
的不朽论述："绿宝石会说：'无论发生什么情况，我都是绿宝石'"。法
国的圣者与慈善家文森特·德·保罗比任何人都更不同于这位罗马皇帝，或者
说，他是处于更遥远的行为领域中。文森特·德·保罗既是一位名副其实的基
督教神秘主义者又是一位非常聪明、办事往往具有奇效的人，他明确接受了
普罗提诺很早以前就曾提出过，而沙夫茨伯里在后世又重新提起的那个关于
道德态度的明喻，他对善牧修女会写道："我的女儿们，我们每个人都像一
块石块，我们都要变成一座塑像。雕塑家为了实现他的创作意图，必须做些什
280 么呢？首先他必须用锤子把他不需要的东西全部凿掉。为了这个目的，他非常
猛烈地击打这石块，如果你们在一旁观看，你们甚至会说，他简直要把石块弄

---

❶ 于勒·德·戈蒂埃在《道德的独立性与风气的依赖性》中写得很好："生活中比比皆是的
欢乐与忧愁是不可分离的，它们是那种引人入胜的兴趣的要素，如果这二者不是混合在一
起，那么这种兴趣也就无法存在。为了使这些现象具有典型价值，在对引人入胜的目标进行的
独立观察中，他们的判断避开了道德命题所面临的反驳，即痛苦这一事实。相反，痛苦变成了
快乐的孪生物，成为实现快乐的一个不可或缺的手段。这样的命题与事物的本质相一致，而不
会因为它们的存在而受到损害。"

碎了。当他去掉了那些粗糙的部分后，他会拿起一把小一些的锤子，再拿一把凿子，开始雕塑面部的所有特征。当这些已经成形时，他又用其他精细的工具把他的作品完成得尽善尽美"。如果我们打算找一位与文森特·德·保罗迥然不同的精神艺术家，那么我们可以看一看尼采。尼采与任何人一样对道德生活的廉价或表面观念都格格不入，而且在理智上更为强烈，以至不能把道德问题与纯粹审美问题混为一谈，当他面对生活问题时，他（几乎与马可·奥勒留或文森特·德·保罗一样本能地）站到了艺术的观点上。"Alles Leben ist streit um Geschmack und Schmecken"，在《查拉图斯特拉如是说》中，这是至关重要的一段。"全部人生都是关于趣味与感受趣味的争论！趣味：它是重物，同时又是天平和称重员，如果生活中没有重量、天平与称重员的争吵，那么所有有生命的东西就要倒霉了"。因为这种关于趣味的福音可不是轻松愉快的福音。尼采一次又一次地宣称，一个人必须使自己成为一件艺术品，经过折磨才能塑造出美，这样的艺术就是最高尚的道德，就是造物主的道德。

从审美准则判断，道德即一种艺术冲动这个概念有一定的不明确性，这 *281* 至少使两种人完全有资格产生显而易见的反感。首先，它对抽象的思考者没有任何吸引力，他们对形形色色的具体生活问题漠不关心。那些大脑过度发达而实际生活已萎缩为一种无足轻重的陈规的人（康德就是他们最高尚的典型），往往禁不住要把道德理性化。这样一个纯粹的唯理智论者忽视了人类并不是数学数字这个事实，他甚至希望把伦理学变为一种几何学。斯宾诺莎是一个更高尚也更令人鼓舞的人物，但是毫无疑问，他与康德具有同样的气质，我们在他身上也可以看到这种情况。普通男人和女人的冲动与欲望是多种多样的，反复无常的，而且往往互相冲突，有时甚至势不可挡。于勒·德·戈蒂埃说道："道德是一种感觉事实，为了证实这一点，我们没有必要求助于理性。"但是对那种理智类型的人来说，这种考虑几乎可以忽略不计，人性的一切激情和爱对他们来说似乎就像他们放牧的羊群那样温驯，关在用最不坚固的栏杆围起的棚圈中。威廉·布赖克会把事物简化到世界的核心，在那里一切事物都融合在一起，他比别人理解得更好，他说：生活的唯一黄金法则就是"艺术的伟大与黄金法则"。詹姆斯·辛顿一直都在详细论述艺术方法（尤其是绘画方法）与

282 道德行为方法之间的密切相似性。梭罗（Thoreau），也属于这一范畴，他用与布赖克相似的精神宣称，在道德中没有黄金法则，因为法则都只是流通的货币，"黄金没有任何法则可言"。

还有一种完全不同类型的人对审美性道德的不明确性也表示了这种反感，那就是雄心勃勃的道德改革家。这种人往往绝不是缺少强烈的激情，而是就大多数情况而言，他们没有伟大的理性能力，因此无法估计人类各种冲动的力量与复杂性。道德改革家在此处急切地宣扬至福千年的概念，由于有了最新的机械手段，他们当然要对像审美道德那样的任何含混不清的东西表示愤慨了。他们一定要有明确的法则和规章、条文清晰的法律和细则，还附有武断的惩处条例，以便在现世或未来进行适当的惩罚。家喻户晓的关于摩西的概念为各个时代典型的道德改革家勾画了一幅惹人喜爱的画像，他从那座圣山下来，带着一块刻有诫命的崭新的石板，摩西宣称上帝把这些诫律传给他，但是为了一点微不足道的事他几乎把它们弄得粉碎。然而，只有在社会的未开化和野蛮阶段，或在文明社会那些没有教养的阶层中才能找到这种类型人物的忠实追随者。

这里还应当再讲几句。道德行为准则的不明确性被误解为一种不利条件，

283 实际上它才是有效的道德行为的首要条件。如果那些学究气十足的伦理学中的哲学家具有足够的男子气概走入实际生活领域，他们可能就已经体会到：墨守他们宣扬的僵死条文乃是一切高尚道德责任感的末日（我们无法期望那些被自己的狂热烟雾迷住双眼的道德改革家体会这一点）。生活肯定永远都是一次伟

大的奇历，处处都充满危险，对一切美好的生活来说，敏锐的目光、广泛的同情、足够的胆量、滴水穿石的耐性都是必不可少的。仅仅具有这些品质，生活的艺术家就能取得成功，如果没有这些品质，即使那些最忠实于道德条文的人也只能遭遇灾难。如果没有细心的自由选择，任何有理智的有道德的人都无法在世界上舒畅地生存，而且，如果道德世界是由法律制约的，那么它对那些依靠自动机械的人们要比对那些有生命力的人们更好。

在我们人类世界中，永远都不可能有机械装置的精确性。道德的不明确性也是其必然的不完善的一个组成部分。道德不仅要为豪情壮志、为勇敢果断、为心灵的有益兴奋留出余地，我们还必须同时承认牺牲与痛苦。无论是我们自己的还是他人的，小善都被并入了更大的善，而做到这点不能不伴随着心灵的某些痛苦。因此所有的道德行为，无论最后它如何由于自身的和谐与平衡而被证明是正当的，都是在制造残忍，甚至在某种意义上是制造不道德的行为。这其中就存在道德审美概念的最后证明。它打开了一个更广阔的前景并揭示了一个更高尚的观点，它表明一种损失似乎是一种终极利益的组成部分，因此也就恢复了那些僵硬、枯燥的责任的缺乏才智的卫道士们一直在破坏的和谐与美。正如保罗汉曾经宣称的："艺术往往比道德本身更具有道德。"或者，正如于勒·德·戈蒂埃所认识的那样："艺术在某种意义上是生活所承认的唯一一种道德"。只要我们能把艺术的精神与方法注入其中，我们就能把道德变为某种在道德之外的东西，它已经变成了生命的舞蹈的完整化身。

284

第七章

结　论

一

如上所述，生活可以被视为一种艺术。但是我们禁不住会试图不是定性而是定量地测量我们的生活方式。我们之所以这样，从大多数情况讲，是出于本能而不是从科学上考虑的。这样能使我们满意地设想：作为一个种族，我们在进步的道路上已经超越了蒙昧的祖先所曾期望达到的那个位置，而且作为个人或国家，这样又幸运地使我们（或甚至可以说是由于我们优越的特性）能够比我们周围的个人或国家享受到更高的文明。这种情感在人类种族的大多数甚至是所有成员中都是共有的。在古代世界，他们不加区别地称外族人为"野蛮人"，这是一种具有越来越多的蔑视含义的命名，有时那些最低级的未开化的人也称自己的部落是"人"，因而暗示着其他一切民族都不配使用这个名称。

但是到近几个世纪，人们试图更精确地测定我们内心的情感的确切价值。出现了各种教条主义的用来测量一个民族文明程度的标准。19世纪在发达国家中，人口统计学与社会统计学的发展似乎使这种比较变得容易了。然而我们越是仔细地观察这些标准的性质，它们也就越变得暧昧不清。一方面，文明是非常复杂的，没有任何试验能够提供一种恰当的标准。另一方面，统计学的方法又是如此容易变化与不确定，如此易于受到环境的影响，因此人们绝不能肯定他们掌握的数字就是准确无误的。

尼齐弗洛教授是意大利社会学家和统计学家，最近他充分详尽地说明了这一点。❶ 我们应该记住的是，尼齐弗洛本人就曾是测量生活的勇敢先驱者。他不仅曾在自然科学、社会科学中，甚至在艺术中，尤其是在文学中都应用了统计方法。因此当他讨论对文明进行测量的有效性这个问题时，我们应该尊重他的结论。这些结论更值得注意，是因为他在统计学领域中的独创性与他的学问是互相平衡的，几乎想象不出在他的著作中，还有什么他没有提到过的这个领域的科学尝试，甚至在一处脚注中也提到了。

一开始就遇到困难，这些困难完全可能使讨论无法进行。我们打算测量我们的"文明"向着天国攀登的高度，我们打算测量我们走向不可知的未来目标的伟大生命舞蹈的进步，但是我们对"文明"或"进步"的含义却一无*287* 所知。❷ 这个困难是如此严酷，因为它涉及到问题的真正核心，我们最好把它搁置一旁，不顾一切走下去，在目前不要精确地确定我们能够证明这些测量到底有什么终极意义。还有相当多的困难在前面等待着我们。

首先，我们现在打算测量的社会现象就多得令人目眩神迷。两个世纪前，在两个社团之间根本就没有可做比较的数字，虽然在18世纪末，布瓦基

---

❶ 阿尔弗雷德·尼齐弗洛《文明进步的数字显示》，巴黎，1921年。
❷ 布尔瑞教授在他那部关于进步概念的令人赞佩的历史中从未对"进步"的含义进行界定。（J. B. 布尔瑞《进步的概念》，1920。）关于"文明"的含义，请参阅哈夫洛克·埃利斯的论文：《文明》，见《冲突的哲学》，1919年，第14~22页。

尔柏❶（Boisguillebert）已经谈到了制造"繁荣气压计"的可能性。在所有可测量的事实中，甚至最基本的事实，如人口数字都是非常偶然、不完善和间接地取得的，（如果说还有这种数字的话，）以致这个数字的增长与范围几乎无法用来对两个国家的利益进行比较。随着一个社会的生活在稳定性、秩序与组织上的进步，登记工作也会相应变得详尽起来，因此为统计学的副产品提供了可能。在19世纪，社会生活的这个方面开始变得突出了，在那个世纪中叶，奎特利特（Quetelet）在社会统计学中绝不是第一次使用这种方法的人，但他是第一位以科学方式处理这些数字的伟大先驱，而且还用广阔的哲学观点看待它们的真实意义。❷ 从那时起，这种用数字进行比较的手段从数量上就大大地增加了。现在的困难是要知道什么是实际优越性的最真实的指示。

但是在我们对此进行考虑之前，同样又是在一开始，我们又遇到了另一个困难。我们那些显而易见是可比较的数字实际上往往是不可比较的。每个国家、每个省、每个城镇都推行了自己的统计方法，在它们内部，每套方法也许完全可以进行比较。但是当我们开始批判性地把这套方法与另一套方法进行比较时，各种各样的谬误都出现了。我们不仅不得不容忍变化不一的准确性和完整性，还要容忍收集与登记各种事实的方法上的差异，以及各种有资格进行比较的环境，而这些环境也许存在于一时一地，而在我们打算进行比较的另一些时间、地点却并不存在。

"文明"这个词汇是最近才形成的。它来自法国，但是，尽管在1727年出版的法文字典中，也找不到这个词。早在1694年，只存在动词（*civiliser*），它的含

288

---

❶ 布瓦基尔柏（Pierre Boisguillebert，1646~1714），法国古典政治经济学创始人，著作有《法兰西的详情》《谷物论》《货币短缺的原因》等。——译者
❷ 奎特利特《物理学社会》，1869年。

289 义是使样式优美些，变得好交际些，有些城市人的风度，人们也可以说，这就是
变得像城市人、像城市市民那样生活的结果。当然，我们必须认识到文明这个概
念是相对的，任何社会、任何年代都有自己的文明，自己关于文明的理想。但
是我们可以临时坚持一个假设（一般而言我们应当与尼齐弗洛保持一致）：在
其最广泛的意义中，文明的艺术包括了三组事实：物质性事实、智力性事实、
道德（还有政治性）事实，这样就概括了我们生活中的全部基本事实。

　　我们往往认为最容易测量的物质性事实包括人口的数量与分布、财富的
生产、食物与奢侈品的消耗、生活的标准。智力性事实包括教育的分布与程
度，也包括天才人物的创造性活动。道德性事实包括诚实、正义、同情与自
我牺牲等美德的普及程度，还包括妇女的地位、儿童保护等。对文明的质量
而言，这些事实是最重要的事实。伏尔泰曾指出"同情与正义是社会的基
础"，早在很久以前，伯里克利在修昔底德战争史中就描述了伯罗奔尼撒
人的堕落，他们每个人想到的只是自己的利益，而且每个人都认为自己对
其他事物的疏忽不会被人察觉。柏拉图在他的《理想国》中把正义作为外在
生活与内在生活的和谐的基础，而在现代，各种各样的哲学家，比如沙德沃
思·霍治孙（Shadworth Hodgson）就一直在强调柏拉图的学说。全部政府
290 艺术都出自这个学说与对人类个性的全面处理。

　　那些试图在道德以及最根本的方面对文明进行测量的人很久以来就非常
自鸣得意地采用了一种检验方法：比较犯罪的普遍程度。罪行仅仅是我们所
谓的不道德行为的最明显、最极端的直接危险形式的名称，也就是说，是对
生活方式和习惯的规范的违背。因此最高级的文明与最低限度的犯罪是相联
的。但是，真是如此吗？我们越是仔细观察这个问题，要应用这种检验方
法也就变得越困难。我们甚至在一开始就发现了这一点。每一个文明社会
都有自己处理犯罪统计的方法，而因此产生的差异非常之大，以至仅是这

一事实就几乎会使比较无法进行。几乎没有必要指出侦破犯罪的各种参差不
齐的技术与不同的彻底性以及对待犯罪的种种不同的严厉性，都肯定是关系
重大的因素。一个社会的司法活动的意义也不容忽视，法律的数量越大、违
法行为的数量也就越大。举例而言，如果一个国家推行一项禁令，而在这个
国家失职的行为大量增加，那么断言这个国家的文明等级因此就明显低下也
将是鲁莽的。为了避免这个困难，有人曾提出建议应该只考虑所谓的"自然
罪行"，换言之，就是那些在任何地方都被认为是应受惩罚的罪行。但即使
这样也还有一个更令人困窘的地方。因为一个国家的犯罪行为毕竟是在商业
中、在处理各种事务中的能量产生的副产品。这是一种有毒素的排泄，但排
泄却是有生命力的新陈代谢的测量尺度。此外，还有一些所谓进化性的社会
犯罪，产生这些犯罪的动机不是低于而是高于那些统治这个社会的动机，它
们就是由这些动机引起的。❶ 因此，我们无法肯定我们是否不应认为犯罪率
最高的国家在某些方面也具有最高尚的文明。

现在让我们谈谈文明的智力性方面。在此处至少有两个非常重要和可以
相当公正地测量出的事实值得考虑：创造性天才的成果与一般教育的普及。
如果我们抽象地考虑这个问题，那么我们很可能就会宣称：除非在一种文明
中创造性的天才很丰富，除非它的人口能一般地显示出充分的文化教育水
准，那些天才可以在其中自由地生长，而它们的种子也可以丰饶地孕育在这
种教育中，任何文明都是没有价值的。然而，我们发现了什么呢？无论我们
是回到我们已经掌握了确切资料的最早期的文明，还是转向我们今日所知道
的文明的最现代阶段，我们都看不出这两种基本的文明条件有任何一致性。

---

❶ 参阅摩利斯·帕梅里的《犯罪学》，这是我们所看到的用英文写作的最健全、最全面的犯
罪学手册。

292 在那些处于低级文化状态的民族中，在一般未开化的人中，这种训练与教育实际上是普遍分散的，社会的每个成员都被吸引到部落的传统中，到现在任何观察这些民族的人似乎还没有看到具有惊人创造性天才的个人出现。就我们现在所知，这种情况已经开始出现了，而且确实是以惊人的多样性和卓越性在希腊出现的，希腊文明（以及后来更强大、也更粗糙的罗马文明），是建筑在广阔的奴隶制基础上的，我们现在再也不会认为奴隶制能与高度文明和谐共处了，（当然除非它伪装成工业制度）。

诚然，古代希腊也许会提醒我们去问一问：一个国家的天才是不是与那个国家的人民的情绪直接对立呢？而那个国家的"领袖"是不是实际就是它的"被遗弃者"呢？（有些人认为，今天许多国家，如果说不是全部的，都适合于提出这个问题）。如果我们打算想象一下希腊的真实精神，我们就必须想一想一个带一点尤利西斯气质的人物，实际他更多地带有的是特尔西特斯❶的气质。❷ 今天使我们感兴趣的希腊人都是一些特殊人物，他们往往遭到那个时代的希腊更真实的代表人物的囚禁、放逐，或杀戮。当柏拉图与其他人一起坚持不懈地提出一种明智的中庸理想时，他们实际上是为那些对智慧一无所知（他们有很好的条件可以理解）、对中庸抱着蔑视、主要是受到残忍与阴谋鼓舞的人们祈求怜悯的，（这是徒劳的）。

让我们来看一个更近代的例子：我们想一想19世纪中叶俄罗斯那些光彩夺目的处于鼎盛时期的天才，他们现在仍在世界的文学与音乐舞台发挥着生机勃勃的影响，然而俄罗斯的全体居民只是刚从农奴制度下释放出来（至少在名义上是如此），在智力和经济水平上仍处于农奴的水平。今天在西方

---

❶ 特尔西特斯（Thersites），荷马史诗《伊利亚特》中最丑陋、最会骂人的希腊士兵。——译者
❷ 埃利·富尔凭借着他那往往是深刻的洞察能力树立了"希腊精神"的真正人物。《论希腊天才人物》，新世界，1922年12月。

世界，教育已经普及了。但是没有人会梦想做出断言说那里的天才已经相当普遍了。让我们再来看看美国，比如，在过去的半个世纪。我们可以肯定地说，除了德国，几乎没有任何国家的教育比美国的教育更受尊敬、能得到更好的理解，训练也能得到更广泛的普及。然而，只要涉及有高度创造性的天才的成果，那么意大利的一个古老城市，比如佛罗伦萨，只有几千名居民却要比整个美国的总和都多得多。因此我们感到困惑的是：怎样应用智力性检验方法来测量文明。我们几乎也可以说，这种检验方法的这两种基本因素似乎是无法相容的。

让我们再回到文明的物质方面所提供的简单、坚实的根本性检验方法。我们在此处就可以看到基本的事实以及首先要加以测量的事实。然而我们的困难不是减少而是增加了。在这里我们遇到的主要是尼齐弗洛所说的"进步中优越性的自相矛盾的症状"，我乐于称它们是一种矛盾心理，换言之，从一种观点看，它们是优越的，而从另一种观点看（尽管有人说这是一种较低级的观点），它们好像是表示了低劣。对人口增长的检验就能很好地说明这点，人口增长也就是较高的出生率，与死亡率联系起来考虑出生率会好些，因为二者不可能明确分离。自然法则就是繁殖，而且如果有一只理智的兔子能够对人类文明进行研究，毫无疑问，它会认为繁殖的速度就是文明进步的论据，它本身在繁殖速度上已经达到相当熟练的程度。正如我们所知，事实上人类中有人也具有同样的观点，因此我们曾经有过一个词汇：人类的"兔子主义"（Rabbitism）。但是，如果说在这个模糊的领域中有什么东西是清晰的，那么这就是进化的整个倾向都是朝着递减的出生率发展的。❶ 世界上任何最文明

294

---

❶ 赫伯特·斯宾塞很早以前就曾坚持这种倾向，它在很大范围内都十分明显。 E.C.佩尔在《出生与死亡的规律》中争论说：这种倾向适用于今天文明的人。 我们用文明来降低出生率与人类自身做出的任何达到进化目的的努力完全没有关系。

的国家以及其中最文明的人都是那些出生率最低的国家与人。因此我们在此处只能根据这样一种检验方法来测量文明的高度了：如果把它推到极端的程度，那将意味着文明的消失。另一种具有这样矛盾性质的检验方法就是奢侈品的消费量，而烟、酒是其中的典型。有人认为没有任何检验文明的方法比检验烟酒的人均消费增长量更准确了。但是，烟、酒是公认的有毒物品，因此它们的消费量增大到足够程度只能把文明彻底毁掉。我们再来看看，自杀的普遍程度。无疑这是关于文明高度的一个检验方法，这意味着全体居民的神经与理智系统已经紧张到极点，到了某个时间就断裂了。如果我们认为一个没有较高自杀率的高度文明是非常值得怀疑的，我们将是有道理的。但是自杀是失败、痛苦、绝望的象征。我们怎么能把失败、痛苦与绝望的普及当作高度文明的标记呢？

这样一来，无论我们试图对这三组事实的哪一组进行测量，经过检验都可以看出它们几乎是令人绝望地复杂。我们不得不尝试，这使我们的方法也相应地复杂起来。尼齐弗洛曾求助于协变量（co-variation）或是在文明的各因素中同时、共同发生的变化，他解释了指数，也利用数学作帮助摆脱困难。他还试图借助图表把这些笨拙的、互相矛盾的检验方法合并为一幅单独的画图。他举的例子是大战之前50年❶间的法国。这是一个有趣例子，因为认为法国在某些方面是最高度文明的国家有一定的道理。这种优越性的主要可测量标志是什么呢？尼齐弗洛选出了十来个标志，而且为了避免把法国与其他国家进行比较时的困难，他限定自己只完成一件更容易的实际工作：确定法国文明的一般艺术、集体生活运动或者说是哪些方面是上升的还是下降的？根据公认的方法把那些不同的部类转变为指数

---

❶ 此处当指第一次世界大战。——译者

后，就可以从法国统计局的官方"概要"中取来原始数字，这时就可以发现每一条运动的线始终都沿着同一方向变化，尽管常常出现之字形，但它本身从未逆转。按照这种方式可以看到煤的消耗量增长了一倍多，奢侈品的消费（糖、咖啡、酒）几乎增长一倍，人均食物消费（曾对奶酪与马铃薯进行检验）也有所增加。自杀率增长了50％，财富的增长缓慢而且不规则，人口的增加极其缓慢，而且有一部分是由于移民造成的，死亡率下降了，尽管没有出生率下降得多，被法庭宣判有罪的人数下降了，文盲的比例也减少了，但是离婚现象大大增加了，同样工团主义的工人数量也增加了，但是这两种倾向是在比较近期出现的。

这个例子很好地说明了，根据最容易利用的和为人们普遍接受的检验方法是有可能测量一个社会在文明艺术中取得的进步的。对法国应用的每一项检验方法都显示了文明向上发展的趋势，尽管其中有些方法，比如死亡率的 *297* 下降并不是特别突出，而且大大低于其他许多国家。然而，在我们不得不承认这些运动的每一条都显示了文明的向上趋势的同时，我们绝不能因此认为它们一切都是令人满意的。甚至有人说其中某些方法只能再进一步应用以便用它显示消亡与腐朽。举例而言，如上所述，奢侈品的消费就是有毒物质的消耗。除非我们考虑到财富的分配，财富增加并没有多大意义。虽然工团主义是工人当中的独立性、理智与社会抱负增长的标志，但工团主义的壮大也是社会体系被人认为越来越不健全的标志。因此，尽管所有这些检验方法可以说显示了文明的兴起，但它们并不能宣布尼齐弗洛那个明智的结论是无效的，即：一个文明绝不是由大量排他性的利益构成的，而是由大量的价值（包括积极的与消极的）构成的，甚至可以说在一个文明的某个范围获得的利益总会为那个文明中的另一个范围带来不可避免的弊病。很久以前，孟德斯鸠就曾谈到文明的邪恶，而把文明价值的问题搁置在一边，而卢梭则更为 *298*

激昂地决心反对文明。

威廉·麦克杜加尔教授的劳维尔讲座：《美国有了民主就安全吗？》，后来这个讲座的材料以更大众化的题目出版了：《国家的福利与腐朽》，因为作者认识到他谈论的问题涉及到一切高度文明的根源，如果我们转向这部著作，我们就会从另一观点看待整个问题，但不会产生矛盾。正如他真实地观察到的：文明永远都是变得越来越复杂的，而且越来越不服从民族选择的自动平衡的影响，为了自身的稳定也越来越依赖我们不断进行的调整性与预见性的控制。然而，尽管我们身上负担的脑力劳动正在日益繁重起来，但我们的大脑却不能相应地增长以适应这个任务。正如雷米·德·古尔蒙特常常指出的，我们没有充分的理由认为，我们在各方面都天生地比我们未开化的祖先更优越，他们至少与我们一样也有健壮的体魄，也有发达的大脑。其结果是：我们当中只有少数人才能凭借阿森·杜蒙特❶所说的社会毛细管（social capillarity）以及麦克杜加尔所说的社会阶梯试图应付我们发展得越来越复杂的文明，而攀登到顶点。少数社会上层的素质很高，而大多数社会底层的素质很差，而且具有低能的倾向。随着我们的民主倾向，我们对这个广大的社会底层分配了政治及其他社会指导，但正是这个社会底层却有较高的出生率，因为在所有高度的文明中正常的出生率都是低的。❷麦克杜加尔并不关心文明的精确测量，而且可能对在这方面所作的各种尝试也并不熟悉。他的目的在于指出如果我们打算防止文明的最后破产，在高度文明中，就有必要掌握一种审慎、有目的的优生学艺术。但是我们看到他的结论突出

❶ 阿森·杜蒙特（Arsene Dumont，1849～1902），法国社会学家和人口学家，他从社会学的视角研究了法国人口发展停滞、出生率下降等问题，提出了社会毛细管论。——译者
❷ 麦克杜加尔教授认为社会底层的出生率较高是更"正常的"。如果是这样，文明将肯定遭遇厄运。所有高级的进化都正常地包含着低的出生率。令人奇怪的是，甚至那些最关心这些问题的人都很难明确、清楚地看待这些事实！

了尼齐弗洛非常清晰地提出的测量文明时遇到的那些困难。

　　麦克杜加尔正在重复的是许多人，尤其是一些优生学家以前说过的话。尽管我们不打算对从这方面引出的事实和论据的真理因素提出争论，但也许应该指出，它们往往被过分夸大了。卡尔—桑德斯有一部很有价值、几乎是里程碑式的著作：《人口问题》，在这里他对此提出了很好的争论，因为他本人就是从事优生学事业的工作者，所以他的观点更值得注意。他指出：社会阶梯毕竟是很难攀登的，它只能把社会底层的少数人输送上去，在这些如此攀登的人中，即使他们不再沉沦，退化为中庸人物的行为也是经常不断出现的，因此归根结蒂，他们不能使他们已经攀登上的那个阶级大大地扩大起来。此外，卡尔—桑德斯中肯地提出了问题，我们能否肯定作为成功的攀登者的标志的那些品质就是极为令人满意的？（这些品质有：自信、进取、竞争）。他又说道："我们甚至可能会泰然自若地看待在标志着成功的某些品质的一般力量中出现衰退"。总而言之，社会阶级之间的差异似乎主要应该解释为环境的影响。无论如何，我们有理由承认除去环境之外，社会上层具有一点智力上的优势，而这对有质量的文明（civilisation of quality）而言，意义非常重大，即使这差异很小，也是不容忽视的。❶

　　诚然，半个世纪以前，乔治·桑曾指出：我们必须对数量的文明与质量的文明加以区别。正如伟大的莫尔加尼（Morgagni）在更早得多的时候所说的，仅仅计数是不够的，我们必须进行评价，"观察不能以数量计算，我们必须知道它们的重量。"最庞大的事物并不是最文明的事物。雅典卫城的神庙超过了印度或埃及艺术的最庞大的建筑，同样，布赖斯❷曾非常彻底

300

---

❶ A. M. 卡尔—桑德斯：《人口问题：对人类进化的研究》，1922年，第457，472页。
❷ 布赖斯（James Bryce，1839～1922），英国国务活动家，驻美大使（1907~1912），也是一位作家。著有《美国联邦》《历史及法学研究》。——译者

301 　地研究过这个问题，他像往常一样坚持认为今天站在阶梯最高点的正是那些最渺小的民主政体。我们已经看到文明中有大量事物可以得到有益的测量，然而当我们试图衡量文明的最后高度时，我们的"计量学"的梯子就要遇到不幸了。正如孔德所说："心灵的方法太脆弱了，而宇宙则又太复杂了"。生活，甚至是文明社会的生活都是一种艺术，然而过多的数量与过少的数量同样都是毁灭性的。我们可以像勒南谈论真理那样谈论文明，那就是：文明存在于细微的差别（ *nuance* ）。龚普洛维奇相信文明就是疾病的开端，阿森·杜蒙特认为文明本身不可避免地有一种有毒的原则，到时间它本身要受到这原则的毒害。一种文明前进得越迅速，它就会越快地死亡，因为另一种文明正在兴起以取而代之。对每个人来说，这也许并不是令人愉快的景象。但是，如果我们的文明不能使我们的目光超过我们自己的唯我主义目的，那么，我们的文明还有什么价值？

二

　　因此，对文明进行测量的尝试失败了。确实，这只是关于文明（生活的整个多方面的网）是一种艺术的另一种说法。我们可以切出大量的孤立的线，然后测量它们。这样做非常值得。但是这种解剖式的调查的结果就会引出极为多样的解释，而且在最好的情况下，对复杂的活生生的文明价值也无法提出适当的标准。

302 　虽然无法对任何大形式的生活的全部价值进行精确测量，但我们仍然可以对它的价值做出估量。也就是说，我们可以把它作为艺术品进行探索。我们甚至可以得出某个近似值，以便与这些估量取得一致。

普罗泰戈拉曾说："人是万物的尺度"，他这句格言被人们做了各种各样的解释，但是从我们现在得到的观点看，即从人类已被视为杰出艺术家的观点看，对我们来说这是一个警告：我们不能用精密的仪器测量生活，损害生活来适应仪器的刻度。诚然，它们具有无限宝贵的用途，但它们是严格作为仪器而不是作为生活目的或生活价值的标准具有这些价值的。人类的悲剧往往就在于没有认识这一点，两千多年以来，普罗泰戈拉的格言一直被当作这个悲剧的镇静剂，就大多数情况而言，这是徒劳的。普罗泰戈拉是一位"诡辩派"哲学家，自从柏拉图对他们揶揄讽刺以来，他们一直以荒谬的传统形象受到我们的轻蔑（有人指出，某些人，比如高尔吉亚可能还为这些漫画涂上了颜色），只有在今天才有可能宣布我们必须把普罗泰戈拉、普罗迪库斯、希庇阿斯、甚至还有高尔吉亚的名字与希罗多德、品达罗斯与伯里克利的名字相提并论。❶

道德领域中的冲突往往是最尖锐的。我曾经试图表明这个变化是许多 *303* 人的思想不得不经受的一场革命。在人类历史上某些时期，曾戏剧性地出现过这种关于活跃的、灵活的、不断生长的道德与僵硬的、固执的、没有生命的道德之间的斗争。在17世纪围绕着耶稣会士的道德新发现就出现过这

---

❶ 参阅迪普雷尔《苏格拉底传奇》（1922）（第428页）。迪普雷尔认为（见第431页）普罗泰戈拉精神的标志就是：根据个人行为的遇合、对抗与和谐来解释关于思维的事物以及一般的生活，这个概念导致了一个社会学概念：习俗（convention）以及其后的相对性概念。尼采是使诡辩派哲学家恢复他们在希腊思想中合法地位的先驱。希腊的诡辩派文化是从所有希腊天性中成长起来的，他说（《权力意志》，第428节）："它最终已经证明自己是正确的。我们心灵的现代概念在很大程度上是赫拉克利特、德谟克利特与普罗泰戈拉式的。说它是普罗泰戈拉式的理由更充分，因为普罗泰戈拉本人就是赫拉克利特与德谟克利特二人的综合。"由于把许多假设的客观概念理解为实际是主观的概念，诡辩派哲学家往往被人怀疑地认为是仅仅满足于一种以自我为中心的个人主义的人生概念。尼采也遇到了这种情况。这样看待诡辩派哲学家可能是一种错误，而这样看待尼采则肯定是一种错误，尽管现在仍有很多人在犯这个错误，请参阅尼采关于道德目的的令人信服的讨论，见萨尔特《思想家尼采》，第24章。

样的斗争，由于时间的变化，几乎直至今日，耶稣会士都一直被认为是那些道德上恶毒、不正派、虚伪的人的一个绰号，所有那样的人都被称为："耶稣会的"。耶稣会士与詹森派教士曾发生过一场大争论，直至现在几乎仍未停止，因为整个基督教世界都卷入了这场争论，而且后者遇上了不可复得的好运气：把一位天才的伟大天才拉到自己的阵营中，许多人直到今日都认为

304 他对耶稣会士的猛烈攻击：《乡间主教》（*Les Provinciales*）已经结束了这场争论。他们之所以能这样认为，是因为现在没有任何人再读这部《乡间主教》了。但是，雷米·德·古尔蒙特不仅是一位研究过罕见书籍的学者，他也是当今一位权威的思想家，他阅读了《乡间主教》，正如他在《温情的道路》中所说，他发现更接近真理、在前进道路上方向更正确的是耶稣会士而不是帕斯卡。正如古尔蒙特通过引证表明的，耶稣会士的某些学说被帕斯卡用讽刺修辞手段提出来，似乎只用一个声明就足以谴责这些学说了，而它们需要的只是摆脱那种讽刺，现在我们也许可以为它们做一些补充。查拉图斯特拉就是这样说的。帕斯卡是一个几何学家（他在《随感录》中曾写道："世界上没有普遍的原则"），他却希望研究人类行为中那些反复不定、模糊不清、不稳定的复杂现象，似乎它们就是数学问题。尽管耶稣会士一直承认存在绝对法则，但他们认识到法则必须根据生活变化着的需要加以调整。这样一来，他们就成了现代实践中许多为人们接受的概念的倡导者。❶ 他们那种由无可匹敌的无知构成的学说就是这种发现，它预示了某些现在与责任

305 有关的观点。但是，正如古尔蒙特指出的，在那个年代，"声言世界上可以存在一种没有犯罪者的罪恶或过错乃是一种理智上的冒险、科学上的正直行

---

❶ 也许我在这里可以指出，我在我的《性心理学研究》的《总序》中曾建议：我们现在必须奠定一种新的诡辩术的基础，它再也不是神学的和基督教的，而是自然主义的和科学的基础。

为"。今天的耶稣会士（有趣的是，与他们的巴罗克建筑一起）正在逐渐赢得声誉，而用伦理判断行为是非的方法（Casuistry）似乎又受到尊敬。世界上不可能有一套适合所有个人的固定不变的道德法则，要想证实这一点曾经是、现在仍然是一项困难而棘手的任务，然而，人们越是深刻地思考它，也就越能清晰地看到：一度似乎是僵死、呆板的道德规则肯定会越来越变为一种活生生的用伦理判断是非的行为。由于耶稣会士得到了这种真理的一线光明，正如古尔蒙特总结的那样，他们体现了基督教中最忠诚、最受欢迎的东西，他们回答了生活的必然，而且为文明做出了我们永远不能忘记的贡献。

有些人无论在那场运动的先驱中有多么强大的影响，他们都不会非常热心地归属于耶稣会士的，他们都不愿把自己当作努力使人们在生活作为一个活动过程的统一中从屈服呆板琐碎规则的重担下解放出来的榜样。但是我们也可以转向我们所选择的方向，这样我们就可以不断地发现在其他各种伪装下也有这样的运动。举例而言，罗素对许多人来说，是今天在英国可以找到的最有趣、最令人振奋的思想家。他就几乎不想与耶稣会士发生联系。但是，他又试图使生活统一在一种本质上是宗教性的精神中。他在《社会重建原则》中这样提出这种想法，他认为人的冲动可以分为创造性冲动与占有性冲动，这就是说，后者是与获得有关的。第二类冲动乃是内在与外在不和谐的根源，而且引起了冲突，"孜孜追求占有要比任何事物都更能妨碍人们自由地、高贵地生活，"而真正的生活是由创造性冲动组成的，"典型的创造性冲动就是艺术家的冲动"。现在这个概念（这是柏拉图在他那共产主义的国家中为"卫士"们规定的概念）对那些在生活中不可避免地要在某些地方"孜孜追求占有"的人来说，也许有一点非常狭窄的宗教意义，在目前指望我们所有的人：托钵僧与圣方济各会修道士，"除去自己的竖琴以外，对自己的得失一律不斤斤计较"是没有用处的。但是涉及到作为生活主要部分、

306

作为以艺术形式典型地显示出来的创造性冲动，罗素显然是站在我们曾彻底讨论过的那个运动的伟大阵线中。只是在此同时，（后面我们将会看到），我们必须记住："创造性"与"占有性"冲动之间的区别尽管很方便，但这是肤浅的。在创作中，我们实际上并没有丢掉占有性本能，我们甚至强化了它。因为有人很有理由地提出了争论：恰恰是深刻急迫的占有性冲动激励了创造性艺术家。他之所以要创造是因为这是满足他激昂的占有欲望的最好方

307　法，或者说是唯一的方法。有两个人都希望占有一个女人，一个人抓住了她，另一个人则以她为题材写下了《新生》（Vita Nuova），他们都满足了占有的本性，而后者则可能是最满意地、最持久地得到了满足。暂且不谈脱离占有性本能的不可能性与不愉快，因此我们可以很好地认识到真正的问题就是占有的价值之一。我们必须积累财富，但是迄今为止，生活中纯艺术家都是在天国中积累自己的财富的。

　　在最近，某些活跃的思想家开始试图用艺术的标准，甚至用纯艺术的标准来测量文明的艺术，这种方法与旧方法相比更不精确。《文明启示录》是一部杰出的著作，出版于第一次世界大战爆发前三年，有些人认为它确定了文明中的一个革命性年代，W. M. 费林德斯·皮特里博士是对人类具有无与伦比重要意义的埃及文明的专家，在这部著作中，他提出了一种一切文明都要服从的循环论。他指出，从本质上讲，文明就是一种周期性现象。我们必须对文明的各个不同时期进行比较，观察它们有何共同之处以便找到普遍的典型。"它应该像大自然的任何其他活动一样受到检查，它的重复出现也应

308　加以研究，作为其变化基础的原理也要界定"。他认为雕塑应该作为准则而被引用，这不仅因为它是最重要的、而且也是因为它是最方便、最容易找到的检验方法。我们也许应该同意伊特鲁里亚人的说法，每个民族都有自己伟大的年代——萌芽、繁盛、衰老和死亡。皮特里补充说，这个明喻是更准确

的，因为季节性的天气经常出现不规则的起伏。他估计，在可以统计的人类历史中曾经出现过八个文明时期。我们现在已经接近了第八个时期的终结，它在1800年达到了自己的顶点，从那时起只有一些古风复活罢了，人们可以用各种方式解释它的价值。他几乎无法想象至少在几个世纪之内我们还能期望兴起另一个文明时期。一个文明时期的平均期限是1330年。我们的皮特里是从公元450年左右计算的。产生新的文明时期总是需要一个新生的民族。在欧洲，从公元300年到600年，大约有15个新的民族从北方和东方闯入，然后逐渐融合。他得出结论："如果每个文明的根源都在于民族的融合，那么优生学家就会在未来的某种文明中仔细地把优秀民族分隔开来，防止不断融合，直至出现独特的典型，而把这种典型移植就会开始新的文明。"

当费林德斯·皮特里出版他那部富有启发性的著作时，奥斯瓦尔多·斯本格勒博士正在忙于一部远为详尽的著作，当时他显然根本没有读到皮特里的作品，后者的作品实际上直到战后才出版，在这部著作中，关于文明的成长与衰落的类似概念是以更富哲学意义的方式提出的，得出这个概念的复杂细节也许更容易使其引起争论。❶皮特里用一种概括的经验主义方式考虑了这一问题，并仔细参考了受到广泛评论的各种实际力量。而斯本格勒的方式则是更狭隘、更主观、更形而上学的。他对"文化"与"文明"作了区别，（虽然他也承认这八个阶段）。真正具有生命力、真正有益的是文化，"文明"只是"文化"衰败的末期，是其不可避免的命运。在此处它达到了自己的顶点。"文明是人类更高的化身所能掌握的最外在化的与艺术性的条件。它们是一种精神的衰老；是一种由于内在必然而一次又一次出现的终

❶ 奥斯瓦尔多·斯本格勒《西方的没落》，第1卷（1918），第2卷（1922）。

结。"❶斯本格勒认为，从"文化"向"文明"的转化发生在古代的第4世纪，在现代西方则发生在19世纪。他也像皮特里一样认识到艺术活动在整个过程中的突出地位，虽然这是更含蓄地认识的，但是他明确地强调指出一种有趣的方式：那些一般被认为是有艺术性质的活动却与其他一般认为并不是艺术的活动交织在一起。

310

三

　　无论怎样看，我们都可以看到：人类不管是单独还是集体地工作，都很容易被认为是全面意义中的艺术家，也许就大多数情况而言是一个蹩脚的艺术家，但他毕竟是艺术家。他们的文明（如果这就是我们用来表达他们的群体活动的全部总合的词汇）永远都是一种艺术，或各种艺术的合成。这是一种有待度量的艺术，也许是无法度量的。如上所述，我们最好把这个问题搁置起来。我们可以提出另一个容易更概括地处理的问题：什么是艺术？

　　我们可以概括地处理这个问题，因为它是个终极问题，而各种终极问题不可能有最后的答案。一旦我们开始提出这样的问题，一旦我们开始观察其本身就是一种目的的任何现象，我们也就踏上了形而上学的危险坡路，在那里不可能取得或将不可能取得任何一致。测量的问题似乎是可能解决的，这需要仔细考虑。如果我们是明智的，我们就应该像彼拉多处理什么是真理那

---

❶《悲观主义？》是一本有趣的小册子。斯本格勒曾指出，他并不认为他的论点是悲观的。文明的终结就是它的完成，在我们的文明完成以前，还有许许多多的东西等待我们获取（他认为这并不是沿着艺术的路线前进的）。无论如何，我们对斯本格勒的那个完成概念是不敢赞同的。

个问题一样，来处理什么是艺术这个问题。

当我们研究了托尔斯泰在老年为回答这个问题而写的著作时，我们就可以体会到这个问题是多么空洞了。托尔斯泰在他自己的领域内保有自己的本真，他是世界上最杰出的艺术家之一。他指出："从摇篮曲和舞蹈到宗教礼仪与公共庆典，人类的一切存在都充满了艺术，这都是平等的艺术。从广义上讲，艺术孕育了我们的全部生活"，他这样讲毕竟讲出了一两件真实的东西。但是总的来说，托尔斯泰所做的一切只是把一大堆杂乱的定义收集在一起（而没有看到作为独立的观点，它们都有自己的正确性），然后再加上自己既不是太糟糕也不是太出色的一种观点。此外，他又把自己的某些观点加在一些艺术家身上，因此雨果、狄更斯、乔治·艾略特、陀思妥耶夫斯基、莫泊桑、米勒、巴斯蒂安·勒帕吉、朱利斯·布雷顿就成了他心目中的伟大艺术家（但他们并不总是），这是一张没有遭受轻蔑的名单，但是下面他就开始对那些崇拜索福克勒斯、阿里斯托芬和但丁、莎士比亚、弥尔顿、米开朗基罗、巴赫、贝多芬与马奈的人大肆羞辱了。他还说道："我把我自己的艺术品列为拙劣的艺术，只有少数短篇小说例外"。如果人们在此同时可以说托尔斯泰将会成为我们现代最受赞赏的几位评论家的先驱，那么这似乎是把什么是艺术这个问题整个都引向荒谬。

这样一来，我们就看到了为什么所有试图为艺术下定义的人（他们每个人都有一根完全不同于其他任何人的小小测杆），都不可避免地使自己陷于荒谬。不错，他们每个人都是正确的。他们之所以是荒谬的原因就在于：他们每个人都误以为他们测量的水滴就是整个海洋。艺术是不能界定的，因为它是无限广大的。诗歌往往被人认为是典型的艺术，它意味着制作（*making*），这不是偶然的。艺术家是一位制造者。艺术仅是一个名称，是我们乐于为那个从人类动物或其他也有一个多少类似的神经组织的动物涌现

311

312

出来的完整动作溪流赋予的名称，以便使其显示一种选择与一种无意识、甚至是有意识的目的。因为猫也像人一样是一位艺术家，而且有些人认为猫比人更像艺术家，而蜜蜂就不仅是一个显而易见的艺术家了，甚至可能是一个典型的自然、无意识的艺术家。这里并没有界定艺术，这里只是试图区分好的艺术与坏的艺术。

因此我认为无法摆脱莎士比亚笔下的亚里士多德的观点：

> "大自然不是用工具改好的，
>
> 而这工具却是大自然制造的……
>
> 艺术确实修补了大自然，甚至是改变了大自然，
>
> 而这艺术本身就是大自然"。

这个概念是亚里士多德式的概念，甚至本质上是希腊式的概念，但它并不能证明莎士比亚的学术成就。它只能证明：我们面对着的是世界上那些伟大的终极事实之一，它只能被最优秀的心灵敏感地领悟，而无论在时空中相距多么遥远。亚里士多德与莎士比亚的精神完全一致，他坚持认为人类制造的作品，比如说，一个国家是自然的，尽管艺术在某种程度上完成了大自然本身有时都无法使之臻于完美的东西，但即使在这时人类应用的方法也毕竟只能是大自然的方法。大自然需要人类的艺术以便获得许多自然的事物，而在满足这个需要的过程中，在制造从表面看来它们似乎永远都像自我成长的事物时，❶ 人类只能遵循大自然的指导。这样一来，艺术就几乎成了大自然的天然助产士。

然而在结束我们的考察时，我们必须清楚地指出艺术的一个显著特点。

313

---

❶ 请参阅W. L. 纽曼：《亚里士多德的政治学》，第1卷第201页，另请参阅 S.H.布彻：《亚里士多德的诗歌与纯艺术理论》，第119页。

敏锐的读者不会不注意到，这个特点始终贯穿在我们的论述中。但是就大多数情况而言，它还是审慎地被留在含蓄状态中。人们一直这样假设：艺术是人类所有积极能量的总合。我们在这种必然的事物中必须遵循亚里士多德的足迹，他在《政治学》中指出所有从事"医药、体育以及一般艺术"的人理所当然都是"艺术家"。艺术是人类在自己漫长途程中，在任何时间、地点 *314* 所创造的每一种文化的塑造性力量。艺术就是被我们不完善地称为"道德"的那种东西的实在。艺术就是人类的一切创造。

但是从积极的、可见的、建设性的观点来看，创造并不是人类的全部。甚至也不是人类习惯地称为上帝的全部。在人们现在名之为自我陶醉（Narcissism）的过程中，当人类按照自己的形象创造了上帝时（正如我们在希伯来的《创世记》第一章富有启发性地看到的一样），他们为他规定了六个积极的创造活动，一个对那些工作的消极思考。这第七个工作（是极为重要的工作）尚未受到我们的考虑。换言之，我们一直注意的是作为艺术家的人类，而不是作为美学家的人类。

人类的功能这两个部分为什么在我们的讨论中始终被明显地区分开来，其原因不止一端。这不仅是因为在美学中要比在艺术中更没有可能取得一致，在美学中各种各样的个人判断当然是数不胜数的（有一个古老的人所熟知的说法："趣味无争论"❶），而且也是因为把艺术与美学混在一起会把我们引入不可自拔的混乱。在希奇维克所谓的18世纪"审美直觉"的现代复兴先驱中（尤其是哈奇森），我们可以看到这点，尽管哈齐森的著作缺乏一致性，甚至可以说他并没有追求这种一致性。他们从来没有充分强调艺术与美学的区别，如果我们愿意，我们也可以说这是人类行为的动态与静态 *315*

---

❶ 原文为拉丁文：Degustibus non est disputamdum。——译者

方面的区别。这里存在作品（因为艺术从本质上讲就是作品）与旁观者对作品的沉思（从本质上讲美学就是这种沉思）之间的全部区别。这两者归根结底都是一回事，但是在专门的艺术与一般谈论道德时的那种生活艺术中，在这两种艺术中，我们关心的同样都并不总是最后结果，因此必须把这二者清楚地区别开。从艺术的观点看，我们关注的是按照优秀作品的原则指导行为的内在冲动。只有当我们从外部观察艺术品的时候，而不管它是更专门化的艺术还是生活的艺术时，我们关注的才是审美沉思，亦即创造着美的视觉活动，而无论我们乐于怎样为美下定义，甚至从非常广泛的观点进行观察，我们就会与雷米·德·古尔蒙特持有同样观点："生活出现在哪里，哪里就有美"。❶ 也许会有人补充说，只有在那里存在必然反映着美的审美沉思时，才会如此。

316　　　我们可能已经顺便注意到，我们是在与艺术的联系中，而不是与美学的联系中才涉及道德的。这是一个一度似乎具有无限重要意义的问题，为了它人们甚至乐于在精神上互相厮杀。但是从我们这里一开始就采取的立场看，它根本不是一个问题。今天对我们来说，道德只是一种（species），而艺术则是一个属（genus）。它是一种艺术，它与所有艺术一样也必然有自己的规律。我们考虑的是道德艺术，我们不能说艺术与道德。现在再也不可能像拉斯金常做的那样，把"艺术"、"道德"与"宗教"拿来，搅拌在一起，制

---

❶ 与美这个概念打交道是很危险的，记住我们引证的这句伟大名言可能会帮助我们摆脱下面的俗劣观点：美是客体固有的，或是说：美与那些造成漂亮的整洁、平静的习俗关系极大。即使在绘画艺术中，我们也完全有理由认为漂亮是对美的否定。我们有可能在德加与塞尚的作品中找到美，但是在布格罗或卡巴奈尔（Bouguereau or Cabanel）的作品中就不可能找到美。通往美的道路不是平缓光滑的，而是充满了艰辛与粗砺。美是只能是长在布满棘刺的灌木上的玫瑰。正如谈论善与真理一样，人们谈论美的时候也过分轻松了。只有最勇敢、最熟练的人才能穿过玫瑰宫殿的多刺灌木丛，才能在最后吻上她那令人陶醉的双唇。

成一份难以消化的葡萄干布丁了，而无论他多么用力搅拌。❶ 这个问题与其他许许多多激烈争论过的问题一样，它之所以存在只是因为争论双方对争论的事物都一无所知。尽管它仍然有其兴趣，因为争论还时常发生，但它再不会引起人们的严肃对待了，不仅在近代如此，即使在柏拉图时代的希腊人当中也是如此。希腊人有一种审美性的道德。这是他们的本能，它对我们来说如此重要的原因也就在这里。但是他们几乎无法清晰地想透审美问题。他们的哲学家对许多特殊艺术的态度（甚至是对他们最擅长的艺术），对我们来说似乎都是没有道理的。在推崇艺术的同时，他们却又贬低艺术家，而且对一切使人等同于工匠的东西抱有一种贵族式的恐惧，因为对他们来说，工匠就意味着庸俗的人。柏拉图本人非常赞赏伪道学的文学，在我们的时代中，他可能会成为一个热情的主日学校小说的赞助者。他会禁止任何小说家把好人描绘成总是悲惨的人或把邪恶的人描绘成总是幸福的人。在《理想国》第三卷，讨论的全部倾向都面向这个结论：文学必须完全让有道德的人物形象占领，当然只要这个人不是奴隶或工匠就行，因为对这类人来说不应该赋予什么值得模仿的道德。在柏拉图漫长的生命将近结束时，他仍保持着同样的观点，在《法律篇》第2卷，有一些道德格言，他只是为诗人写下这些格言的。为什么会出现这种极端清教徒式的态度，原因似乎是不难推测的，在希腊人的实际生活中绝没有这种态度。他们的道德在气质上是审美的，仅仅这一事实就会在他们进行哲学思维时本能地推动他们把一般的艺术道德化；但

317

---

❶ 斯宾诺莎曾说拉斯金是个陶醉于神祇的人，他有一种神圣叙事诗的天赋，它时常能变成灵感。但是作为一个陶醉于神祇的人还不够，因为神祇把他们的酒注入一个无知、缺乏训练的人的杂乱无章的心灵中是徒劳的。斯宾诺莎的心灵不是这样，但拉斯金的心灵总是这样，因此拉斯金从来不能像斯宾诺莎那样成为思想界的一股持久力量。他的兴趣在这个领域之外，在关于特殊审美感觉的准确记谱法中，它可能主要是心理学的。普鲁斯特本人是这个领域中最杰出的大师，他对拉斯金的赞叹具有重要意义。

318 他们尚未达到下面这种观察问题的立场：不需要人为地把道德压入狭隘的道德模具中，艺术也可以与道德取得一致。亚里士多德是这些人中引人注目的一位，甚至是其中最杰出的一位，他的观点更广博也更健全。希腊人有一种普遍的观点：艺术的目的就在于道德说教，亚里士多德针对这个观点明确表达了截然不同的观点：广义中的诗歌就是情感的快乐，快感是它的直接目的，它只是间接地通过净化效果达到道德目的的（他与普通希腊人一样仅仅对讨论特殊艺术极感兴趣）。在这里他得到了一种审美观点，但它非常新奇，以致他无法牢固地保持这种观点，因此常常倒退到陈旧的道德艺术概念。❶

我们可以认为这是前进中的一步。但它并不是关于这个问题的完整论述。确实，它使两个对立的概念产生了虚构的冲突，每个概念都是谬误的，因为它们都不完整，而不严密的思想家一直在使用这两个概念。坚持认为诗歌只是为了道德而存在，无异于坚持认为一种艺术是为了另一种艺术而存在，这充其量也只是一种空洞的论述，而只要它真的被人们接受了，就不能不把那从属的艺术压垮。如果我们具有洞察力，能够看到一种艺术也有自己的生命，那么我们也就能看到它也有自己固有的道德，而这种道德不能是其自身之外的道德、道德性或任何其他艺术的道德。在这里我们记住于

319 勒·德·戈蒂埃经常坚决主张的道德与道德性之间（Morals and Morality）的矛盾是有益的。清教徒的紧身衣显示了他外在道德的力量，同时它也证明了内在道德性的缺乏，而这必须加以控制。另一方面，有人同样提出争论说艺术给人快感。这完全正确。甚至道德的艺术也给人快感。但是要断言其中

---

❶ 布彻《亚里士多德关于诗歌与纯艺术的理论》，第5章，《艺术与道德》。亚里士多德可能也会接受克罗齐的弗洛伊德式的观点：艺术是传递者，艺术是我们通过使内在经验客观化而克服它们的压力的过程。见《作为表现科学的美学》，第35页。但是柏拉图不可能接受克罗齐的观点，更谈不上接受弗洛伊德的观点了。

包括了它的唯一目标与目的，则是个非常虚弱和不恰当的结论，除非我们再进一步探索"快感"的意义何在。如果我们不能作进一步的探索，它就只能是这样一个结论，即可以说是消失在下面的结论中的结论：艺术是无目的的，或者说艺术的目的就是漫无目的，这样就能把我们拖出生活的斗争与纷扰。这就是叔本华详尽论证的论点：艺术，无论是音乐、哲学、绘画、还是诗歌都是毫无用途的，"毫无用途就是天才的标志，就是它高贵的专利。人类所有其他的作品都是为了保护或延缓我们的存在的，但只有艺术不是，它只是为了自己而存在，而正是在这个意义上，它才被人认为是存在的花朵，或是存在的纯洁精髓。我们的心灵在艺术享受中升华了，其原因就在于此，因为我们由这里被提高到生活沉重、尘世的必然氛围之上"❶。生活是意志的斗争，但是在艺术中，意志已变为客观的，适于纯粹的沉思，天才是由适于沉思的杰出才能构成的。叔本华说，寻常的人沉重缓慢地行走在黑暗世界中，用他的灯笼照着自己所要的东西，而有天赋的人，看到的是阳光下的世界。在近代，柏格森接受了叔本华的观点，但使用的是他自己的术语，他对这个问题所说的一切都可以说是按照叔本华的主题创作的迷人的幻想曲："天才就是最完整的客观现实"。在柏格森看来，我们当中的大多数从来根本就没有看到现实，我们只看到了我们贴在各种事物上面、为我们标示出它们的用途的标签而已。❷ 在我们与事物的实体之间隔上了一层帷幕。艺术

320

---

❶ 叔本华《作为意志与表象的世界》（1859），第2卷第442页。关于叔本华的艺术概念的细致详尽研究，请参阅A·弗康尼特：《叔本华的美学》（1913）。

❷ 我发现在此处我疏忽地把克罗齐的一个隐喻归于柏格森了，克罗齐在这点上与柏格森所说的一样，只是用了不同的名称。在《作为表现科学的美学》（英译本，第66页）中，我们可以看到："一般来讲，我们具有直觉的世界很小，（柏格森在此处不会使用这样的词）……这是一个人，这是一匹马、这个很重、这个很坚硬、这个使我高兴，等等。它是一支光线与色彩的旋律；从图像上讲，它只能得到一种任意泼洒的色彩而不能得到更真诚的表现，从中很难表现出某些特殊天赋的品质。是这一点而不是其他任何东西才是我们日常生活中所具备的东西，这就是我们日常行为的基础。它就是一本书的索引。贴在事物上面的标签取代了事物本身。"

家，即有天赋的人升起了这层帷幕，把自然揭示给我们。他自然地禀赋着一种对生活的超然，因而在视觉、听觉或思维活动中具备着处子般的清晰。这就是"直觉"，这是一种已变为无功利性的本能。"除了要移去实际有用的符号、约定俗成、社会承认的概念以外，艺术没有其他目标，这样就能使我们面对现实本身"❶。这样一来，艺术越是远离平凡的生活，或严格地说，使我们远离生活中的任何个人利益，艺术也就越能彻底完成它的功能。这也是雷米·德·古尔蒙特的观点，尽管我不知道他直接从叔本华那里接受了多少东西。他写道："如果我为艺术规定一个道德目的，它就不再是艺术了，因为它不再是无功用的了。艺术与道德或宗教目的是不相容的。对大众来说这是无法理解的，因为大众不是无功利的，他们只知道功利原则"。当我们发现像爱因斯坦这样伟大的艺术家（我们在这里可以公平地称他为艺术家），这样渺小的形式美学家都赞同叔本华的观点时，我们就可以看到在这个领域中要做出明确断言的困难，因为永远都要让那些在表面上常常引起矛盾的细微差别存在。爱因斯坦对莫什柯沃斯基说："我同意叔本华的观点：吸引人们走向科学与艺术的最强烈的动机之一就是渴望逃避日常生活，逃避它痛苦的粗俗、无法慰藉的无聊，渴望打破人们自己反复无常的欲望的桎梏。人们试图构成一种适合自己本性的简单、概括的世界观，用自己的图像取而代之以征服世界。画家、诗人、哲学家与科学家每个人都在以自己的方式从事这样的事业。他把自己感情生活的中心转移到这幅图像上来，以寻找一个比他那骚攘的个人经验提供的领域更安全的和平港湾"。这是对事实的合理描述，但是它把这样的成就说成是"无用的"则是荒谬。

然而，也许当哲学家说艺术（他们心目中想到的只是所谓的纯艺术）是

---

❶ 柏格森《论笑》。关于柏格森的观点的清晰、简洁而又有同感的评述（虽然其中没有专门涉及艺术），请参阅凯尔林·斯蒂芬的《心灵的误用》。

无用的时候，他们的真正的意思是：一种艺术绝不能在自身之外有意识地追求任何主要的有用的目的。这很正确。这甚至对伦理学，即对生活的艺术而言也是正确的。在生活本身之外，过着一种有意识追求主要的、"有用的"目的的生活是很糟糕的（正如追求纯艺术的那种目的一样），像安德烈·纪德那样宣称："除了'为艺术而艺术'的学说外，我不知道到哪里去找任何生活的理由，"很可能就是对个人情感的真实表达，但是它不是一个可以归于永恒范畴的哲学论断（除非是按照此处规定的意义理解），诚然，从形而上学意义上讲，它是那些很糟糕的由实体造成的混淆之一。同样，在科学艺术中：最有用途的科学应用都来自那些在纯科学之外毫无用途的发现，只要发现者能达到目的，甚至只要他明白自己的目的就行。如果他孜孜不倦地追求"有用的"目的，他很可能就根本不会有任何发现了。但是仅仅是"艺术是无用的"这一句话却非常含糊，实际上甚至是毫无意义的，以致是错误的，引人误解的。

因此，当尼采宣称艺术是对生活的强大刺激时，他可能提出了一个深刻的论断，艺术作为生活的助手产生了快乐，它具有一种超越直接目的的用途。艺术家是那种把生活看作美的人，因此艺术越能彻底完成其功能，也就越能使我们更加深刻地透视人生。但是，尼采似乎未能充分地保护自己的论断。尼采说为艺术而艺术是个"危险的原则"，正如为了真理而真理，为了善而善一样。他指出，艺术、知识和道德都不过是手段，它们的价值在于它们"促进生活的倾向"。（这是美国实用主义学说最早的萌芽，根据实用主义，一件事物"干得"怎么样就是其效力的试金石，但是绝不能把尼采算作一名实用主义者）。与叔本华、与古尔蒙特一起，这样看问题当然就把艺术的表面道德功能放在一旁了，而且在其中认识到一种较大的社会学功能。居奥（Guyau）是一位极深邃而又有同情心的思想家，他在自己于1889年去世后出版的《艺术中的社

323

会学观点》一书中坚持主张艺术的社会学功能。他指出，艺术在保持独立的同时，它与道德和宗教都共存于一个基础。他相信生活、道德、社会、宗教与艺术所有这些词汇都是深刻统一的。"简言之，艺术即是生活"。正如他指出的，因此在为艺术而艺术的理论（得到恰当解释的）与那种为艺术规定*324*了道德与社会功能的理论之间并没有矛盾。显然居奥的方向是正确的，但他的论断在形式上是混乱、笨拙的。另外，他总有一种倾向：坚持主张人类群体自发的社会化组织（这种倾向使他受到所有采取无政府主义社会概念的人的欢迎），这就扭曲了自己的论断。同时由于他忘记了自己只是把道德置于艺术的深处而不是置于它的表面，他自己也说了一句大错特错的格言："艺术是超越一切的友善现象，"与此类似的一些论断和托尔斯泰那些教条主义的见解极为相似。因为友善是艺术的一个间接目的（end），但不是它的直接目标（aim）。我们在这里离主张艺术就是"表现"的那种模棱两可的教条已经不远了，因为"表现"与"交流"极容易混淆起来。❶

　　所有这些杰出的哲学家（尽管他们迄今为止仍然是一些大人物）都没有得出一个令人满意的论断，因为他们任何人都没有认识到应该怎样提出他们正在试图回答的问题。他们没有理解到道德正如艺术一样是人类至关重要的心理功能，他们也没有认识到，虽然艺术必须摆脱道德的支配，但绝不能因*325*此得出下面的结论：艺术没有自己的道德，如果说道德包括了一切生命现象必须具备的有机的完整，同样，他们也没有认识到：由于艺术不过就是由一个单独的人类机体产生的各种活动功能的总合，我们就不必为各种功能之间

---

❶ 看起来这似乎是对克罗齐的批评性反思。因此让我赶快补充一点，这仅仅是个人对克罗齐的印象：尽管他也对具体抱着正直的渴望，但他往往陷入文字抽象中。他经常使我想起一位老妇人（她在第一次世界大战中故去），她常常在"那个神圣的词汇美索不达米亚"中寻找精神安慰。但是，这是指早期的克罗齐而不是晚期的克罗齐而言的。

的任何想象性冲突而忧愁，这些功能必然是和谐的，因为它们都来自同一根源。培根有一句意味深长的格言，即正确地提出问题就是认识的一半，我们怎么重复这句话都不过分。在这里我们几乎可以说：正确地提出问题就是认识的全部。因此似乎没有必要进一步探索这个题目了。那些不能自己进一步探索它的人最好放弃它吧。

但是当我们进入美学领域时，我们就再也不是艺术家了。确实，如果我们把艺术当作机体的所有活动功能的总合，这是不可避免的。李凯尔特（Rickert）以他那关于世界的有条理的世界观（因为他坚持主张我们必须有某种系统）在他的《系统》第一卷末尾用表格形式描绘了他认为是合理的系统的东西。❶ 他把现实分为两大类：一元的、不合群的沉思的现实，与多元的、社会性的积极的现实。属于第一类的有逻辑、美学与神秘主义诸领域及其价值、真理、美与非个人的神圣；属于第二类的有伦理学、情诗与宗教哲学及其价值、道德、幸福与个人的神圣。由于李凯尔特回避了尼采所再现的、又返回康德思潮的、而且被歌德丰富起来（诚然，也许并不是十分一贯地）的传统，这种看待问题的观点就更有意义了。似乎李凯尔特对现实的所有积极态度都可以被公正地称为艺术，而所有沉思态度都可以被公正地称为美学。

事实上，在作为这种分类的基础的区分中，并没有什么新奇之处，自从人们公认的现代美学的奠基者鲍姆嘉通的时代以来，人们就已经认识了这种区分，我们无须追溯到更远的过去。❷ 艺术是一个单一学科的积极的、实践的练

326

---

❶ 李凯尔特《哲学体系》，第1卷（1921年）。

❷ 在鲍姆嘉通以前，哈奇森就已经认识到这种区分，虽然是非常模糊而且不一致的，人们经常把哈齐森视为现代美学的真正奠基者。W. R. 司各特在《弗朗西斯·哈奇森》第216页指出哈齐森著作中的两条原则："从反射派生而来的内在感觉代表了画廊中'旁观者'或观察者的态度，另一方面，从εύψργεια中推断出来；他们也在艺术家对自己作品的成功意识中发现了对应的东西，因此前者可以称为静态的意识，后者可以称为动态的意识，或者在道德的特殊领域中，前者主要用来认可他人的行动，对每个人来说，后者主要用来认可自己的行为举止。"

习；美学是任何或一切艺术的哲学性欣赏。艺术关切的是关于美的或多或少是无意识的创造，美学关切的是对它的发现与沉思。美学是所有生产性生活（Producing living）的形而上学的侧面。

四

我们必须强调：艺术与美学在表面上（因为归根结底，从本原上讲它们
327 二者是同一的）的这种截然不同：因为不能对它们进行区分已经导致了混乱与冗赘的叙述。我们必须牢牢记住，道德的实践不是美学问题而是一个艺术问题。它与美的创造没有直接与明显的关系，而且与其他任何艺术也没有这种关系。❶ 生活的艺术家（其他任何艺术家也是如此）打算直接表达的并不主要是美，在他看来这似乎更可能是真理（有趣的是爱因斯坦这位大思想艺术家也坚持主张他关注的仅仅是真理），他所创造的东西，对整个世界来说，（甚至可能对他本人来说也是如此）最初似乎是丑陋的。在道德领域中也是这样。因为道德关心的一直都是占有性本能而不是美的创造，它关心的是欲望与欲望的满足、是工业与经济活动，是与它们性命攸关的军事活动。正如戈蒂埃表达的一样，审美态度是人类脸上放射性的微笑，在原始阶段，微笑的构成从解剖学上讲就有助于粗野的生命欲望，他在别的地方还做过更抽象的表达，"美是一种感觉的态度"。美学的任务就是把艺术（某些人坚持也包括大自然的艺术）当作美来观察，这往往是缓慢而痛苦的。我们必须

---

❶ 有些道德家像哈齐森一样，急切地想弄清楚一种重要关系，甚至他们也模棱两可地认识到这一点。F. C. 夏普在《心灵》（1921，第42页）中指出，"哈齐森的真实思想可能是这样的，尽管道德情感与审美情感具有许多重要的相似之处，但归根结底，它们在内容上是不同的。"

补充这一点，这并不是卑微的任务。相反，这是必不可少的任务。在艺术中 328
清除所有最终是丑陋至极的东西是至关重要的，无论这些东西是令人厌恶地
漂亮还是不可救药地粗俗。因为丑会使人胃口欲呕，使人牙齿打战。这不是
隐喻，而是恰如其分。因为丑妨碍了消化、搅乱了神经系统，因此也就损害
了生命的力量。当我们谈论美学的时候，我们最终还是谈论着生理学（美学
这个字本身就能表示这层意义）。甚至我们的形而上学（如果说它对我们还
有什么意义的话）也必须具有物理学的侧面。❶ 如果我们不把这个事实记在
心中，我们就可能走入迷宫，就可能漫无边际地言不及义。

　　艺术必须被视为美，美学的功能就是要这样观察艺术。每个人通过观察
其他人的审美判断，甚至是通过回忆自己的经验，肯定会认识到这种功能是
多么缓慢、痛苦地发挥作用的。根据我自己的经验，我知道这个过程是怎样
艰难地、怎样无意识地实现的。举例来说，在绘画问题上，从青年时代的鲁
本斯到近年来的塞尚，我经过毕生的时间，认识到一个画家的作品之美的展
现（从表面上看，它与一个人的感觉是不相容的或是使人反感的），只有经
过多年的沉思，才能出现，而且最常见的是在一刹那间突然展现出来，是
通过对某幅特定绘画之美的直接直觉（direct intuition）展现的，而这幅绘
画从今后也就变成了理解这位画家所有作品的线索。这是一种类似宗教中所 329
谓"皈依"的过程，它确实具有这种性质。❷ 在文学中也是如此。那么，在
生活中呢？我们习惯上认为判断道德行为要比判断塞尚的绘画容易得多。我

---

❶ 因为形而上学在西方文字中，从字面讲就是物理学之后（metaphysics）的问题，在亚里士
多德的著作中，把关于玄虚无具体内容的问题都编排在物理学之后故有这种含义。——译者
❷ 叔本华早就指出我们应该把一幅绘画看作向你走来的一位皇族显贵，他沉默着，直到高兴
的时候才对你说话，如果你首先开口（我们知道有多少批评家是"首先开口"的！），你就暴
露了自己，除了自己的声音之外，你什么也听不到了。换言之，这是一种自发的和"神秘"的
经验。

们没有梦想像对待绘画那样，也是以耐心、专心致志的（甚至可以说是审美的）精神来对待生活。考虑到我们大多数人在生活中都是可怜、笨拙的艺术家，我们也许是正确的。因为正如李斯特说过的一样，"艺术是轻松的，生活却是艰难的"。当然，这原因就在于生活的艺术不同于外在的艺术，因为我们不能排除异类的因素介入它的组织。当我们获得生活的艺术时，它具有非常高贵、优秀的品质，这完全是因为它大部分是由和谐地织入其组织的那些因素构成的，而这些因素不是我们选择的，即使是我们选择的，我们也无法把它们抛弃。但是，正是旁观者的态度使得这种笨拙成为永恒的东西。

我们可以很公平地认为普罗提诺是哲学意义中的美学奠基者，尽管我们有时没有认识到，但正因为普罗提诺对它做了系统的表述，希腊人对这些问题的看法（虽然有时也发生了变化）才得以流传下来。❶ 我们没有经常认识
330　这一点是可以谅解的，因为出现这种情况是特别奇怪的。它奇怪就在于：我们认为如此明显带有希腊特点的审美态度竟要等到希腊世界已经消失之后才能形成，它还在于：不是柏拉图而是一位在他之后7个世纪生活于罗马的亚历山大人提出了在我们看来具有柏拉图特色的生活观念。❷ 确实，希腊人在那些关于习惯与嗜好的仅仅是伦理性的低级的"美德"之外，似乎已经认识到更高级的精心设计的"理性"美德，以及关于艺术本质的美德。但是，普罗提诺明确地认识到对美的审美沉思，与太一和善（the One and the Good）构

---

❶ 同样我们也是通过普罗提诺才认识到美学与神秘主义是处在同一层次的，甚至是一体的。因为他对沉思的强调（这就是美学），我们学会了理解当人们说（经常有人说）神秘主义就是沉思时，它有什么含义了。（关于这一点以及基督教神秘主义早期的进化，请参阅杜姆·库斯柏特·布特尔《西方神秘主义》，1922年。）

❷ 但是，普罗提诺在这里实际上是个新亚历山大派学者而不是新柏拉图主义者，因为亚里士多德（见《伦理学》第10卷第6章）把沉思的生活提得比柏拉图还要高，甚至走在了普罗提诺的前面。但是，亚里士多德本人也是在此处并无多大关系的柏拉图主义者。

成了绝对的三个侧面。❶ 这样一来，一旦他把美学与宗教和道德一起置于尽 *331*
可能是最高的基座之上，他就使它高于艺术了，或者使它包容了艺术，因为
他坚持认为沉思是一种积极的特性，因此人类所有创造性的能量都可以被视
为沉思穿插演出的节目。这就过分夸大了审美沉思的功能。但是，在极为敏
感的心灵上，它永远有助于为后来的印记印上对人类最崇高的，几乎接近神
圣的天赋的明确认识。每个伟大人物都由于或多或少的完美提供了测量其伟
大的尺度，在这完美中，他在自己观察世界的最后前哨上获得了作为奇观的
对生活的积极沉思，莎士比亚最后将它体现在普洛斯彼罗这个人物中。

我们顺便注意一下下列情况是有趣的：从心理学上考虑，在普通人当
中，既没有狭义的艺术家也没有哲学家，所有审美快乐始终必然在某种程
度上参与了真正的审美沉思，而这样的沉思似乎大致可以分为两类，每个
经历了审美快乐的人都属于这种或那种类型。我相信弥勒—弗莱因菲勒斯
已经把这两种类型定义为 "Zuschauer"，即认为自己是在进行观看的人，
以及 "Mitspieler"，即认为自己是在参与的人，我们可以说，知道自己是
在进行观看的人就是旁观者，另一方面，想象自己是在参与的人就是参与
者。第一类人可能是那些感觉神经器官高度发达的人，他们能够采取典型、
最完美的审美态度；第二类人似乎在运动神经方面最发达，他们是那些希 *332*
望自己成为艺术家的人。谷鲁斯就发展了"共同经历"（Miterleben）的审
美方面，他就有这种气质，起初他认为每个人在这方面都像他一样。❷ 普罗
提诺认为沉思包括了行为，他肯定是具有这种气质的人，柯勒律治显然具

---

❶ 英格《普罗提诺的哲学》，第179页。在一个很好的段落（转引自布里奇斯《人的精神》）
中，普罗提诺把沉思描述为大自然本身的伟大功能，在某种自我意识中，她只满足于完善那种
明朗光亮的视觉。帕兰特（Palante）很可能会称之为"形而上学的自我陶醉"，它与后世形形
色色的思想家的概念是一致的，比如叔本华、戈蒂埃，但后者很少提到普罗提诺。
❷ R. 施密特《当代德国自我表现哲学》，1921年，2卷集。

有另一种气质，正如他自己所说的：“旁观者绝不参与”（*spectator haud pariticeps*）。但是无论如何，在北方国家这可能不是更普遍的气质。在足球比赛的观众的审美态度中，想象性参与者的成分可能要远远多于纯粹旁观者的成分。

　　我们没有必要在这里追寻审美沉思的历史。但是值得注意的是它已清楚地呈现在那位把古希腊概念引入现代世界的优秀思想家与伟人道德主义者的心灵中。沙夫茨伯里在他那部几年前开始引人注目的“哲学摄生法”（它就是这样命名的）中记下了自己的一些自我沉思（self-communings），我们看到他在一处写道：“我还能在早晨重新看见世界吗？我还能满意地活得长久些吗？我不会厌倦这场戏（我从来也不会厌烦的），这样的剧院，这样的存在，我也不会厌倦扮演这样的主人分配给我的任何角色。如果它是如此漫长，我将等待，我愿意看着我的叹息继续回响，我能够做一个旁观者，我应该做一个旁观者，我能虔诚地、正直地带着理解与欢呼去观看。当我不能再看的时候，我就退下，不是轻蔑地而是抱着对景观与主人的崇敬退下，我要感谢……伙计们走开吧！站起来，擦净嘴巴，扔掉你的餐巾，完事大吉了。（他们吃饱了肚子就是一次盛筵）”。

　　这也许是一种简单、质朴的叙述问题的方式，但是几年之后，在1727年一位比沙夫茨伯里更伟大的人物斯威夫特把生活是审美的沉思与生活是艺术这两种观念结合起来了，他在信中写道：“人生是一场悲剧，我们作为观众在那里坐上片刻，然后就要在其中扮演自己的角色”。如果我们希望得到更系统的哲学论述，我们可以转向今天的一位杰出思想家，他在许多著作中已经最有力地描述了人生即是一场戏这个基本概念，而且包括了它的全部内涵。“降下帷幕吧，闹剧已经结束。”（Tirez le rideau, la farce est Jouée），这句莎士比亚式的名言往往被认为是处在弥留之际的拉伯雷说的，

（左侧页边）333

这句话以及斯威夫特对生活的评论、沙夫茨伯里个人的沉思似乎完全包括在于勒·德·戈蒂埃如此周密发展起来的精神中（是在生活的哲学方面不是它的道德方面）。世界是一场戏，所有男人和女人都是这个舞台上的演员。无论这是一场喜剧还是一场悲剧，当你进入了它那多彩多姿的丰富与美的精神时，你就要享受这场戏，但不要过分认真，甚至当你离开它，当帷幕降下为你永远遮去了这场戏、当你最后感到疲倦时，也不要认真。 *334*

诚然，在叔本华以及后来的尼采那深思熟虑的哲学形式中已经可以看到这样一种观念（无疑，叔本华对戈蒂埃产生了影响），尤其是早期的尼采，虽然他从来没有放弃这个观念，但他与他曾奉为典型艺术家的瓦格纳的决裂使他突然对艺术及艺术家变得极为苛刻，我们在紧随着《瓦格纳在拜罗伊特》发表的《人性的，太人性的》中就可以看到。他后来倾向于以狭窄的观念看待艺术家，认为他们只是"历史中光彩夺目的遗物"，他确实没有完全丢掉早期的观念，但是已倾向于认为"科学家是发展得最优秀的艺术人才"。他在论述瓦格纳的文章中，曾把艺术描述为本质上是形而上学的人类活动，他在此处步了叔本华的后尘。叔本华说得好："每个天才都是个大孩子，他眺望着世界，就像看着新奇的事物，看着一场戏，因此他有一种纯客观的兴趣。"这就是说，一个人能获得的对生活最高尚的态度就是审美沉思的态度。但是在尼采那里它又具有另一种不同的特性。1878年尼采写下了他早期关于瓦格纳的论文："在那时我相信世界是根据审美观点创造的，就 *335* 如一部戏剧，而它作为一种道德现象则是一种欺骗：基于这个理由我得出结论，世界只能作为审美现象来证明其道理"❶。在他那活跃的生涯后期，尼采又再次用许多方式重复了这一主张。于勒·德·戈蒂埃本人对尼采抱有极

---

❶ E. 费尔斯特–尼采《尼采生平》，第2卷，第99页。

浓厚的兴趣，但是，在他接触到尼采的著作之前，他已经形成了一个非常近似的概念，无疑是通过叔本华得到的，在目前他肯定是最系统地、最有哲学意义地构筑了这个概念的思想家。❶

　　戈蒂埃最为一般人注目的地方可能就是那个选择得不十分恰当的字眼："包法利主义"——（Bovarism）。它出现在他的处女作的书名上，这是从福楼拜的女主人公选来的，也代表他最有特色的一个概念，甚至从广义讲，它也代表了他的哲学的中心概念。在其最基本的心理学意义上讲，包法利主义是一种欺骗我们自己，使我们以为自己不是我们自己的倾向，这是爱玛·包法利，或多或少也是我们所有人的一种无意识倾向。我们关于世界的图像，无论是好是坏，都是一种理想化的图像、虚构、清醒的梦境，或像法伊兴格尔所说的，是一种似是而非（als ob）。但是，在我们使世界理想化的时候，我们首先已开始把我们自己理想化了。我们想象我们不是现在这个状况，而且在这样的想象中，正如戈蒂埃清晰地认识到的，我们往往塑造了自己，因此现实变成了虚构的延长。正如迈斯特·艾克哈特很早就精妙地指出的："一个人就是他所爱的东西。"在柏拉图的心灵里也有同样的思想。在近代，这种概念产生了一些变化形式，它不是像戈蒂埃那样从哲学方面造成的，而是从医学方面，尤其是从精神分析方面，是由维也纳的阿尔弗雷德·阿德勒医生造成的。❷阿德勒曾富有启发性地表明一个男人或女人的性格往往是由虚构的过程形成的（这个过程就是对一个事物形成它是什么样的理想，或形成它应该怎样的理想），然后，只要有可能就把它塑造成那个虚

---

❶ W. M. 萨尔特在《思想家尼采》中总结了尼采的"审美形而上学"，他提出了这个术语（第46～48页），他的总结几乎可以准确地应用于戈蒂埃。这部著作也许是我们掌握的关于尼采思想的最好、最准确的研究。

❷ 特别请参阅他的著作《神经症的特性》，（1912），此书已经译成英文。

构的形状，在这个过程中往往织入了病态的因素，特别是织入了机体缺陷的原有基础，对此作出的反应乃是努力克服这缺陷，有时这种努力是成功的，甚至能把它转化为一种引人注目的特性，德摩斯梯尼是个口吃的人，却成了伟大的演说家。甚至思想家们也不能完全逃避这种倾向，我认为很容易说明尼采就受到了阿德勒所谓的"男性的抗议"（masculine protest）的激励，人们会记得：尼采对待女人是怎样畏缩而又敏感，而他又是怎样断然宣称接近女人时绝不要忘记带上鞭子。阿德勒没有向戈蒂埃借鉴任何东西，他对他似乎一无所知，他在法伊兴格尔的"似是而非"的学说中找到了自己最初的灵感，然而，戈蒂埃从法伊兴格尔那里也没有借鉴什么东西，他是先于法伊兴格尔发表著作的，虽然后者在那时早已开始着手写作了。戈蒂埃的哲学血统主要来自斯宾诺莎、贝克莱、休谟、叔本华与尼采。

戈蒂埃是在另一种更深刻、更广泛、更抽象而神秘的意义上理解包法利主义的。不仅仅是人与人的群体从心理学上具有包法利的特征，而且宇宙本身、永恒（采用一个公认的虚构）都形而上学地分享了包法利主义。在戈蒂埃看来，宇宙必然欺骗了自己，以为它不是这个样子。单一欺骗了自己，以为自己是多数，正如主观欺骗了自己，以为自己就是客观。这样一来就形成了一个根本的习惯：我们必须把它归于那位再现了宇宙悲喜剧的戏剧家。❶

在某些人看来，人类在穿越宇宙的过程中追求的世界影像已变得越来越不可捉摸、越来越不实际。它可能是这样。但即使那是一种令人讨厌的结果，反抗上帝也是无用的。我们毕竟只是塑造了一些不久将变为陈腐与不言而喻的概念。因为实际上，不能与物理学和谐的形而上学是无足轻重的，它在世界上是

---

❶ 于勒·德·戈蒂埃《包法利主义》，他还有许多著作。乔治·帕朗特在一本部头不大的著作中曾清晰简洁地阐述了包法利主义：《包法利主义哲学》（《法国信使》）。

微不足道的（而我们必须把物理学与形而上学分割开来，因为它们不能结合在一起）。变得越来越不可捉摸、越来越不实际的恰恰是我们的物理世界。正是"物质"，即"原子"的真正结构正在融化为一种梦，如果说在精神方面，生活趋向于把自己塑造成卡尔德隆（Calderon）像梦一样的概念，那是因为物理原子正追求这样的途径。除非我们在心中记住物理学家正在给我们作的关于世界的分析，我们就无法理解哲学家正在为我们进行的关于世界的综合。戈蒂埃的哲学可能不是以哲学为基础的，但它似乎是与物理学和谐的。

　　靠了这个形而上学的脚手架的帮助，（如果我们愿意，我们可以不用它，）于勒·德·戈蒂埃树立起他关于世界的惊人概念。他绝对没有意图去否认道德的必要性。相反，道德是对必要的生物占有性本能的必要约束，也是对欲望的必要约束，那种占有性本能就是通过获取某些东西而对常常只是夸张的自然欲望的那些激情的满足，由于想象的力量，这种夸张才能问世，也正是由于这些激情才导致了文明的发展。有限的、明确的欲望，只要它们限于自己的生物学目的，都是极有弹性的，确实，它们展示了一种几乎是歇斯底里式的越来越无法满足的特性。它们标志着占有性本能的肥大症，经验证明这是对社会生活的威胁。因此可以把最近的世界大战视为半个世纪以来经济狂热过度发展的最终悲剧性结果，视为一种超出了适当的生物学目的而突然造成不可避免的结果的欲望行为。❶因此，一方面占有性本能是形成经济文明社会的原因，但如果被推得太远，又会变成毁灭社会的原因。人类在开始时获得只够对抗自然的力量以满足自己最低限度的需要，按照希腊悲剧性的说法，人类本身却变成了自然界中最强大的力量。一个文明可以延续

_339_

---

❶ 戈蒂埃在《信使》（1920年8月，1921年2月）上富有启发性地讨论了战争、文明与艺术的关系。

数世纪之久这一事实就表明了社会中的人类已经找到对抗占有性本能过度发展的方法，已经找到使其保持在能使社会享受较长生命的那个范围之内的方法。这些方法渐渐地体现在宗教、道德与法律中。它们一致做出反应抑制那种由占有性本能引起的贪婪。他们把节制、庄重与克制奉为美德。他们创造了能够引起人类的希望与恐惧的伟大形象。他们制订了附有制裁的规则，这些制裁有一部分是由伟大形象、有一部分则是通过社会法律的实际执行力量实施的。因此社会能使自身获得免疫力以防止过分的占有性本能造成毁坏性的自我陶醉，宗教与道德所奉行的仪式怎样估计都不会过分。它们是在医学发挥作用之前抵制疾病的自发的生理过程。

但是在它们本身致力构筑的发达文明的那些时期，它们还有什么用途？当人类用我们知道的精密武器替代了石刀、木棒与投石器时，他们能否满足于用石刀、木棒、投石器维护社会的方法呢？这些抑制的效果有赖于一种只能在人刚刚把想象力与理解力区别开的时候建立的敏感性。从那时起就唤醒了宗教与道德所赖以获得繁荣的轻信。但是，现在这些形象在人类的敏感中已经变得苍白了，它们似乎仅仅是存在于文字之中的形象，那只是一些淡然失色的形象，我们需要一种深刻的现实取代那些由于理智的成长必然会显示出是虚幻的早期信仰。我们必须在人类的自我中寻找一种在其中显示了想象力的真实自发作用的本能，一种由于自身的适当发展可以抑制占有性本能过度发展并能驱散威胁文明的危险的本能。只有审美性本能可以满足这两种要求。

在这里我们可以暂时停顿一下，看一看戈蒂埃的论据与最近由罗素提出的关于文明问题的建议性解决方法之间的有趣相似性，在此之前，我们已经有机会涉及这种解决方法。这两种观点很清楚都是针对同一事件而发的，尽管它们显然又是完全独立的，有趣的是应该注意：把这两位来自不同国度的、对终极实体抱有不同哲学观点的如此杰出的思想家联系在一起的高度

340

341

和谐。❶ 如上所述，罗素认为人类的冲动分为两种：占有性的与创造性的；典型的占有性冲动即是对财产的占有性冲动，典型的创造性冲动就是艺术家的创造性冲动。他认为，人类的拯救之路是随着创造性冲动出现的，因为占有性冲动必然导致冲突而创造性冲动本质上是和谐的。罗素寻求的是生活的统一。他认为，行动的一致性应来源于冲动的一致性而不是来源于意志对冲动的控制。与戈蒂埃一样，他相信那个也许是不恰当地被称为"嘲弄法则"（the law of irony）的东西，也就是说，我们击中的目标从来都不是我们瞄准的目标，因此正如歌德谈到威廉·迈斯特尔时所说的那样，我们像基士的儿子扫罗一样出发寻找父亲的毛驴却找回一个王国，在生活中得到辉煌灿烂的成功。罗素喜欢这样说："那些能最好地促进人生的人，并不是为了自己的目的而生活的。他们的目的倒是在于把某种永恒的东西那似乎是渐进性的化身（gradual incarnation）的东西引入我们人类的存在中"。同样，像戈蒂埃一样，他也求助于斯宾诺莎以及用他的措辞说就是"上帝的理性之爱"的东西。"比如说，我们不用想：我们要吃什么？我们要喝什么？或者，我们要穿什么衣服？凡是认识了强烈创造性冲动的人，都能在准确、严格的意义上认识这句格言的价值，阻碍了人们自由、高贵地生活的是占有性偏见而不是任何其他东西"❷。

　　这种看问题的观点可能在形式上过分简单了，但实质上似乎与戈蒂埃提

---

❶ 这就是那些天真的人们可能认为聪明的人不会思索的问题，但事实上，各种学派的哲学信徒都可以分为所谓的"唯心主义者"与"实在论者"，每一方都肯定自己的思维方式的优越性。概括地讲，对唯心主义者而言，思想就意味着世界的创造，对实在论者而言，思想意味着对世界的发现。但是在这里（正如人们互相厮杀了几千年的许多难解难分的差异一样）双方似乎都有优越性。每一方都从不同侧面看待思想。唯心主义者几乎很难从要用来制造世界的虚无中创造世界，实在论者也无法发现世界，除非他们重新创造一个世界。我们这样说吧，我们无法用一个单一的三维公式表达只能作为四维中的统一体而存在的东西。
❷ 罗素《社会重建原则》，1916年，第235页。

出的过分微妙、复杂的概念相同，他试图在其中织入大量的根本性因素，这个概念认为生活的和谐必然要以潜在的冲突为基础。❶ 主要分歧似乎在于：罗素的创造性冲动似乎与艺术的生产性冲动相同，从广义上，我对此已彻底理解，而戈蒂埃关注的主要是艺术冲动的哲学或宗教侧面，即审美的沉思态度，它显然构成了占有性本能的反题。然而，其中可能并没有真正的差异，因为正如我们可以把审美沉思看作艺术的消极方面一样，艺术同样也可以被视为审美沉思的积极方面，我们完全可以相信罗素会把其中一种归在艺术名下，而戈蒂埃则会把另一种归于美学。

正如戈蒂埃所理解的那样，审美本能回答了我们今日欲望中的双重要求，它不像宗教与道德那样求助于形象，把它当作威胁或允诺，它们只有在感觉的世界中被理解时才是有效的，这样只能构成另一种企图：使想象的力量受制于外在的主人以满足占有性本能。通过审美本能人类才有能力获取快乐，但不是从事物本身，也不是从由于对事物的占有得到的感觉获取，而只是从事物的形象中获取。在这种与对物体的占有联系在一起的功利感觉之外，他获得了享受事物之美的特权，这是与对它的独立沉思联系在一起的。通过审美本能，想象的力量体现了自己真正的倾向并达到了自己真正的目标。

344

这样一种过程不能不在社会环境中做出自己的反应。它肯定会对抗夸大的占有性本能。当那种冲动超越了生物学目的的合法界线，并像毁灭性的癌一样构成威胁时，审美本能就会提出另一种更有人性特点的目的，即审美的快乐目的。随着膨胀起来的永不满足的、灾难性的贪婪落到艺术形式中，宇宙之美显现在一切人的眼前，在那满足贪得无厌的欲望的矛盾事业中所得到

❶ 请允许我在此处提一下与这个问题有关的另一种讨论，见哈夫洛克·埃利斯《冲突的哲学及其他论文》，第57～68页。

的幸福也在美之绝对、完全的实现中得到了永恒的满足。

正如戈蒂埃所理解的一样，我们看到审美本能是与占有性本能联系在一起的。而罗素有时则要让占有性本能处在虚空中，没有为它的满足做任何准备。在戈蒂埃看来，我们可以说，只要满足占有性本能的合法的生物学目的，它就可以交给审美本能负责了，它的过度发展也得到升华，否则就是破坏性的。戈蒂埃坚持认为，审美本能与其他本能，甚至与占有性本能一样，都具有强制性的要求，它是自我的一种欲望，是在个人行为的这同一个炉边发育起来的，它从其他本能也从中汲取力量的那种过剩中汲取了自己的力量。因此，在它汲取力量的范围内，其他本能肯定失去了力量，而文明获得了力量。

诚然，如果文明要安全通过它的危急时期并获得某种持续性，那么审美感觉的发展就确实是必不可少的，而从现在的观点看，我们可以与戈蒂埃一样把文明视为：想象力用我们的基本欲望为材料生产出来的刺绣品。因此审美感的出现乃是自然奇迹中的头等大事，完全可以与视神经的有机进化相媲美，这种进化使人类有可能离开从实际触摸得到的感觉而清楚地认识事物。戈蒂埃认为，这不仅仅是个明喻，从事物的形象而不是从对它们的占有汲取快乐的能力是以心理条件为基础的，关于神经系统的日益增长的知识终有一日会使这些条件更清晰。❶

正是这种特定的特性、这种享受事物而又不降低为占有它们的欲望的能力使审美本能区别于其他本能，并为它赋予道德特征。这种本能与其他本能

---

❶ 我可以指出，柏拉图很早以前就在那篇以此为题目的绝妙而有趣的对话中对毕达哥拉斯的蒂迈欧讲过类似的意见："在我看来视觉是我们最伟大的利益源泉，因为如果我们从来没有看到过星辰、太阳与天空，那么我们关于宇宙的词汇就无从说起了。但现在日夜的景象，月份与岁月的流逝则创造了数字，并给我们带来时间的概念以及探索宇宙性质的力量，从这个源泉我们引出了哲学，除了哲学，神从来没有，将来也不会为终有一死的人赐予更伟大的善。"

345

346

一样都以自我主义为基础，然而它又与其他本能不同，它不会导致破坏性的斗争。它那给人以满足的力量并不会因为有许多人要获取满足而消散。审美沉思既不会引起仇恨也不会引起嫉妒。与那些引起占有性本能的事物不同，它使人们团结在一起并增进同情。与那些强制执行禁令的道德不同，甚至在对自身目的的利己追求中，审美感也愈益与道德结合起来，因此有助于维护社会的任务。

这样一来，由于抱有不同的目的，审美感也达到了道德所抱的目的。这就是戈蒂埃常常强调的问题的一个侧面。其中暗示了一种判断：当审美感背离了自己恰当的目的而担负起道德意图时，换言之，就是当它再也不是审美感的时候，它也就再也不能体现道德了。旧日的艺术家喊道："为艺术而艺术"！我们现在对此置之一笑。诚然，戈蒂埃认为纯艺术的观念在任何时代、在任何人类中的公牛看来都是一块红色的破布。但是如果我们具备了必要的理智，那么我们可能就已经看到它包含了伟大的道德真理。"退隐在象牙之塔中，按自己的心愿与人类世界隔绝开来的诗人，无论他是否同意，他都很像另一种孤寂无伴的人，即在山峰之巅一次要在灯塔中关上数月之久的看守人。远离了人声鼎沸的城市，远离了大地，在迷雾中他几乎无法分辨大地的轮廓，这个在荒野隐居之地的人不得不与自己为伴，他几乎忘记了人类的语言，但是他极其清醒地知道怎样透过黑暗构造另一种对人们具有无限用途、使远处灾难中的海员都可以看到的语言。"❶ 为艺术而艺术的艺术家（同样，在为科学而科学的科学家中，这也永远是正确的，❷）在摆脱人们

347

---

❶ 于勒·德·戈蒂埃《艺术的冲突与命运》，1920年8月，《信使》。
❷ 这样，爱因斯坦与每一位真正的科学家一样都认为文化的发展不能根据功利性的技术发展来衡量，正如他本人曾非常关心这样的发展一样，但是，就像"为艺术而艺术"的信徒一样，科学家肯定会欢呼"为科学而科学"的箴言。

共同的功利目的的同时，实际上正在从事一项任何人都无法完成的对人们具
有无限功利的任务。古老的西斯特教团在远离社会的森林与荒野中隐蔽了自
己的修道院，他们不与人群为伍，也不从事所谓有用的工作，但是他们日日
夜夜都在赞美诗与祈祷中度过，为了拯救世界而做工，他们是一切艺术家中
更高的典型象征，他们依然如此，因为他们也说明了超越视觉的信念，离开
这种信念一切艺术都是不可能的。

348

　　戈蒂埃可能会这样说，艺术家必须实现一种必要的包法利主义。如果他
试图使自己与群众的激情混为一体，如果他的作品表现了要证实一切事物的
愿望，他也就因此忽视了美的创造。必然会如此，因为他激起了好战状态，
他确立了道德、政治与社会价值，它们都与生物学目的以及占有性本能这一
最强烈的发酵剂有关。他卷入了关于真理的斗争（虽然在此处他的观点与其
他任何人的观点一样都是没有价值的），真理由于它那假设的普遍性而被人
们在最凶残地对立着的阵营中挥舞着。

　　母亲安慰自己哭泣的孩子不会向他宣讲布道。她拿起一件明亮的东西吸
引孩子的注意力。艺术家也是这样做的，他引起我们的注视。他把世界带到
我们面前，但不是在贪婪、恐惧与诫律的层次上，而是在再现的层次上，世
界变成了一场戏。艺术家没有模仿那些拥有分析与综合手段的哲学家，他们对
人生的目的、对世界的证明、对名为存在的奇怪与痛苦现象的含义忧虑重重，
艺术家拿起了那个存在的某些片断，改变了它的形象，拿着它说：请看这里！
因此观众充满了热情的快乐，而存在那出类拔萃的冒险也得到证实。每个伟大

349

的艺术家，比如但丁、莎士比亚、陀思妥耶夫斯基或普鲁斯特，都这样用视觉
之美提供了关于存在的形而上学的证明，因而也描述了存在的残酷与恐怖。他
把世界上所有的痛苦与疯狂、甚至丑陋与陈腐都化为闪闪发光的珠宝。通过

展示现实的壮观堂皇的特征，他恢复了它天真无邪的宁静。❶ 我们看到了世界的面孔正如我们看到透过泪水而微笑着的可爱女人的面孔。

我们怎能期望这样的道德（如果我们还能这样称呼它的话）传播呢？如上所述，由于戈蒂埃认识到旧的道德已经消失，他似乎认为艺术的道德凭借其生命将会取代已经死去的道德。但是他没有特别打算详细讨论这种取代的机制，尽管他很注意艺术家在开创与促进中所起的社会作用。这是居奥的观点，这观点也适合他那种关于有生命力的艺术的社会学概念；他认为伟大诗人、伟大艺术家将会成为群众的领袖，成为一种没有教条的社会宗教的牧师。❷ 但是戈蒂埃的观点超越了它。他并不认为诗人与艺术家的直接行为就够了。它们只显示了审美感更为引人注目的那些侧面。戈蒂埃认为低级形式 *350* 的审美感是与人类生命最原始的表现形式联系在一起的，它在其中发挥了无可怀疑的重要作用。❸ 他相信对这些原始形式进行更彻底的调查，就有可能使立法者对道德这种转化机制提供帮助。

在这里把我们带到了审美革命的门槛上，他却离去了。我们仍然有必要

---

❶ 在上文我以自己的方式已经重复了戈蒂埃的思想，偶尔也引证了他的话，尤其是他在《道德的审美》（《法国信使》，1921年12月15日）中的思想，此文可能是这位杰出思想家对我们正在讨论的问题所作的最优秀的短评。

❷ 居奥《艺术与社会学的观点》，第163页。

❸ 这种扩散了的审美感是与扩散了的艺术本能互相关联的，后者以工匠技艺为基础，希腊人对此是不敢承认的，因为他们轻蔑手工艺品，认为它们庸俗。威廉·莫利斯是断言这种联系的先驱。作为杰出的英国作家，查理斯·马利奥特这位小说家与评论家清楚地提出了现代的说法："第一步是要把'艺术家'吸收或是重新吸收到手工艺匠人之中……一旦同意应用于描绘一幅图画的审美思考也可以应用于描绘一扇门（尽管程度不同），你也就毫无偏见地解放了劳动力，使它们奉献于艺术的最高级含义……涂在门上的美丽表面与'有意味的形式'具有同样真实的情感或审美思考，确实它是一种'有意味的形式'"（《民族与雅典娜神庙》，1922年7月1日）。桑塔亚那教授也用同一种意义指出："在一个具有彻底的人的属性的社会中，任何东西——衣服、语言、样式与政府都是一件艺术品。"（《日晷》，1922年6月，第563页）这的确是当今的一种普遍倾向，在克罗齐后期的作品中也有其踪迹。

指出，这仅是一个门槛而已。无论审美感可能与原始人类的生存多么紧密地结合起来，我们都非常清楚地知道，由于人类生存条件已经变化，艺术似乎要受到约束，而且要退化，因此我们很难期望审美感会向相反方向发展。目前，在文明的现存状态下，由于旧道德控制力量的衰弱，在大多数人口中审美感似乎往往也减弱了而不是增加了。❶ 我们不需要费心搜寻证例。它们随时随地都会出现，我们无论什么时候拿起一张报纸都会看到这样的例证。举例来说，有人注意到在英国，在城市外面，家喻户晓的富丽堂皇的引人注目的事物恐怕就是私人花园与私人教堂了（城市不在目前讨论的范围内，因为城市居民无论什么时候得到任何引起占有性本能的东西，都会被人目不转睛地盯住）。从前公园和教堂是整日免费向所有希望享受它们的美的奇观而不是占有它们的人开放的。公园的主人与教堂的守护人已经感到越来越有必要把它们关闭起来，因为公众中的一个阶层有一些令人担忧的破坏性或掠夺性的冲动。因此多数人就不得不因仅仅是少数人的罪恶而蒙受损害。如果说这是我们所谓文明的一种最新倾向，那是很普遍的。但在遥远的时代，占有性本能也不可能完全处于潜伏状态，尽管证据似乎还不充分。柏拉图的《蒂迈欧篇》把日月星辰的壮观归于哲学的存在。他没有注意到如果日月星辰恰巧处于掠夺成性的人的手臂范围之内，它们恐怕早已消失了（甚至在地下的数不胜数的与它相类似的东西都有可能消失）。但是文明生活的偏离与扭曲，以及它那过度的工业主义与军国主义似乎搅乱了占有性本能与审美性本能最低微的因素之间的有益平衡。首先，在极其重要的意义中，这意味着：整个

---

❶ 这样一来常常有人指出巴布亚人在设计上是第一流的艺术家，在某些事物中具有比最高度的文明欧洲民族更优秀的趣味。R.西蒙教授对此也有某些观点（见《德国人类学协会研究通讯》1902年3月），他补充说，他们经久不衰的艺术感是通过全体人民传播的，而且表现在日常应用的每件物品中。

社会的自由在最优美的表现形式中也要受到一小撮低能者的节制。世界上有
无限的自由，他们得到它将是一种快乐，对他们工作也是一种帮助、也会为
世界带来利益，但他们无法得到它们，因为有某些人只会把它们拿来毁坏，
毁掉别人也毁掉自己。除去对生活造成的这种严重得无以复加的损害以外，
还有一些层出不穷的较小的损害，要为此负一切责任的还是人们中间那个无
能的阶层，为这些损害实际花去的金钱上的代价对社会造成了极有害的影
响，这种代价非常之大，增长速度也极快，以至形成了一种随时都会爆发出
急切抗议的社会与个人的负担，它们从来不会稳定下来体现在任何坚实而连
续一致的政策中。

　　诚然，人们不会期望社会的优生学活动将直接把任何狭隘的审美或道德
目的作为自己的目标。任何提出了值得严肃对待的社会生活概念的人都绝不
会有这种理想，人们普遍认为是现代优生学科学艺术的奠基人的高尔顿 ❶ 更   *353*
不可能有这种想法。他曾说过："如果每个人都像马可·奥勒留或亚当·毕
德 ❷，那么社会就将是非常无聊的"。他甚至断言："我们在讨论中必须尽
可能远离道德，"因为道德中的善与恶都是文明中变动着的状态，在一个时
代被认为是道德中的善的东西在另一时代就会被认为是恶。对任何审美革命
来说也是如此。但是没有健全的、充满生气的、处于极为平衡状态中的人，
我们也无法完成任务，这种平衡使他们能调解自身以适应由兴起到完美的各
阶段的文明条件。确实我们不应该试图直接培育这样的人，而且我们也不需
要这样做，因为在自然条件下，大自然将会照料他们的哺育工作。但是，清
除那些由于过去社会造成的不自然的条件而产生的不平衡和有毒的根株乃是

---

❶ 高尔顿（Sir Francis Galton，1822～1911），英国科学家，尤以其在优生学中的开拓性工作
著名。他是查尔斯·达尔文的表兄弟。——译者
❷ 毕德（Adam Bede，673～735），英国神学家，僧侣学者。——译者

我们义不容辞的责任。❶ 这样做时，我们必须同时兼顾那些有病根株的幼苗 354 的利益与社会利益。无论是在天国还是在尘世，任何力量都不能赋予我们一种权利：为了在健全者的脖颈上悬挂磨石而生产那些不健全者。高尔顿的天才使他能清楚地重新看到这一点，并指出人类进步的合理途径。这是一条早已被统治了19世纪的热情的人道主义者遗忘的真理，他们急不可耐地要使他们人类的一切最低劣的子孙们永世不朽并繁衍不息。然而它又是在人类向上的道路中被人类付诸实践（无论这是多么无意识地与本能地）的一条古代真理，这甚至可以追溯到旧石器时期，一旦它停止了，人类向上的道路也就停止了。正如卡尔—桑德斯在一部渊博而全面的、对理解人类历史具有极其重要意义的著作中指出的，几乎地球表面上的每一个民族都曾采取过一种或一种以上的实践方法，著名的有杀婴、堕胎或严格限制性交，以维持对最佳根株的选择，限制过高的人口出生率。这些方法之所以不再发挥作用是因为人类获得了曾为这些方法所排斥的人道主义，而且丧失了可以认识到它们必须被更好的方法取而代之的理智。因为人类进化的过程不过就是筛选的过程，筛选在什么地方停止了，那里的进化也就停止了，而且实际会变为退化。❷

　　当我们全面考察人类历史时，我们会不断地想起在耶稣的一些说教性寓

---

❶ 少数不正常或堕落的人的存在（我们可以肯定在每个可能的社会中都会出现这样的人）不能成为限制多数人的自由而使其接受少数人的标准的借口。古典时代审美性道德的普遍盛行并不能阻止在艺术品，甚至在庙宇中偶尔爆发出病态的性冲动。我们在吕西昂、阿森纳乌斯、普林尼、瓦勒里乌斯·马克西姆斯那里发现了（热恋自己所雕的少女像的）皮格马利翁主义与与之相关的邪恶。然而假设希腊听取了从英国或从新英格兰来的某些迷路的旅行家的建议，而把裸体雕像取消，或者假设那位因其容易导致道德败坏而希望废除想象性文学的柏拉图真的具有他希望具有的影响，那么所有人类将要遭受何等巨大无边的损失！在现代欧洲我们不仅建议这种合法的废除，无论它是多么徒劳，我们实际上还付诸实践了。我们试图把所有人类存在都降低到荒谬的程度。充其量这是没有必要的，因为我们可以肯定：尽管我们作出了努力，许多荒谬的东西还是会永远保留下来。

❷ A. M. 卡尔—桑德斯《人口问题：对人类进化的研究》。（牛津出版社，1922年。）

言下面往往包含着深刻真理，它们完全可能成为任何优生学论文的警句。耶稣坚持不断地试图提示人们那个构成全部人类进化的筛选过程的必要性；他又很快指出只有很少的人才能（用那时的术语说就是）"得救"，他指出通往天国的道路极为狭窄，现在很多人可能会把它称为人类的王国。他象征性地宣告了只有在今天才开始直截了当地表述出来的遗传学说："凡不结好果子的树，就砍下来，丢在火里"。在宣布这个激进然而是必要的、毁掉不健全的根株的学说时，他丝毫没有内疚。即使是最佳的根株，只要它们不再是最佳的根株，耶稣也会同意无情地毁灭它们。"你们是世上的盐，盐若失了味，怎能叫它再咸呢？以后无用了，不过丢在外面，被人践踏了"。尼采曾因为耶稣建立一种奴隶与平民的宗教对他进行责难，因为从结果看来它可能如此。但是我们看到，在教士们世代相传的话语中，耶稣的宗教是最贵族化的宗教。它的学说甚至连生的允诺都没有为那些缺乏贵族理想的人类群体留下。当我们看到耶稣在两千年前就已经说出了高尔顿在昨天用更现代化、（有人会补充说）也用更有人性的方式说出的话时，我们不必惊奇。如果在这第一位基督徒的说教下面没有一个具有生命力的真理精髓，它很难生存得这样长久。有人告诉我们，这个精髓现在已经死去，但是如果它一直活下来，我们就完全可以相信这一方面正是值得人们称赞的侧面。一个重要的事实是：在我们世界上的两大精神源泉，即耶稣与柏拉图那里，我们发现了关于优生学原理的主张，一个是含蓄的，另一个则是明确的。

356

戈蒂埃并不关心从贵族式的概念推出自己的审美学说，如上所述，他停留在优生学的门槛上了。他满足于提出一种更为民主的概念，虽然并没有明确的把握。有人可能推测，他对在艺术与思想领域内产生了如此众多的最杰出人物的中产阶级确实有一种偏爱；他曾指出，由于产生了一个脱离了实用任务的阶级，"一个社会就为自己创造了适于更高生活的机构，而且证

357　　实了它已经超越了生物学阶段而进入了人类阶段"。但是中产阶级并不是必不可少的，如果它必然要毁灭的话，那么戈蒂埃会找到取代它的方法。❶尤其是我们可以试图在每个社会群体中保证：个人的功利性任务应受到限制，以便使工人能得到充足丰裕的闲暇投身于脑力或艺术工作，如果他具有这种天赋的话。如果我们希望使人们"每日有八小时完全变为绝对必要的文化需求"，那么，他可能会同意奥托·布劳恩这位在第一次世界大战中被杀害的富有灵感的青年的看法。社会进化正是沿着这个方向移动的，这是很有可能的，无论其完全的实现怎样由于暂时原因随时受到妨碍。增加工资，减少工作时间的急切要求并没有因为在社会环境中提高文化水平或发动任何审美革命的希望而受到鼓舞，但是由于那条经常控制了事物的实现的"嘲讽法则"，却有可能达到这种结果。工人们得到的新的闲暇可能转化为精神活动，而那解放了的功利性能量也可能转化为审美能量。这样一来，人类冒险的新活动将会打开道路，而它的浓烈兴趣只有未来才能够展示。

　　我们无法确信会出现这一转变。因为除非人口的一般素质（在其中必须
358　实现这样一个美好的过程）由于更严格的优生过程而不是由于在我们中间要执行的任何实际决定而得到提高，我们确实无法确信可能会实现这种转变。人们始终仅仅会在人口数量这个偶像面前顶礼膜拜，而这种崇拜可能就是它们毁灭的根源。庞大的社会机构也像早期庞大的动物物种，当它们达到了自身的极度扩张以后可能就命中注定要突然消失了。

　　即使真会如此，即使在文明进程中连续性将会出现中断，即使到了这时，还是像戈蒂埃认为的那样，我们也不必绝望，因为生活是经久不衰的振奋精神的源泉。在地球上任何造物都没有像人类那样折磨自己，但是任何造

---

❶ 戈蒂埃：《文明的艺术》，《新世界》，1921年2月。

物也没有像人类那样唤起了更欢欣鼓舞的"赞美上帝"之声：哈利路亚。我们仍有可能建起避难隐居的场所，在那里生活仍将为那些由于自己的使命只关心美与知识的男女充满欢乐，因此也为将来的种族传下活生生的文明火炬。在我们阅读帕拉第乌斯（Palladius）、阅读拉伯雷的时候，我们体会到底比斯（Thebaid）与另一侧的特尔玛（Thelema）之间为人类的活动留下了多么浩瀚的空间。一个新的世界完全可以在这样的灰烬中崛起。落日乃是对朝霞的允诺。

【索引】

276 生命的舞蹈

丑陋，328

Ulysses，representative of ideal of totality of
existence，
尤利西斯就是这种把整体存在作为自己最高
理想的代表，6

United States，the genius of，compared with the
temper of the population，
美国的天才与人口素质相比较，293

Universe，conceived as work of art by primitive
philosopher，
原始哲学家认为整个宇宙就是艺术品，1

Utilitarians，the，
功利主义者，267，268

Uvea，
乌佛阿岛，15，See Loyalty Islands，参见洛
亚耳提群岛

Vaihinger，Hans，his *Philosophie des Als Ob*，
汉斯·法伊兴格尔的《似是而非的哲学》，
86

Valencia，cathedral of，dancing in，
巴伦西亚主教座堂的舞蹈，44

Valerius，Maximus，
瓦勒里乌斯·马克西姆斯，353n

Van Gogh，mysticism in pictures of，
梵高绘画中的神秘主义，237

Varnhagen，Rahel，
拉赫尔·瓦恩哈根，66

Verbal counters，
语言筹码，149，150

Verlaine，Paul，the significance of words to，
单词对保罗·魏尔兰的意义，168

Vesalius，
维萨留斯，120

Vasari，Giorgio，his account of Leonardo da
Vinci，
瓦萨利对达·芬奇的描述，115，123

Vestris，Gaetan，and the ballet，
加埃唐·维斯特里斯与芭蕾舞，57

Vinci，Leonardo da，man of science，
科学家达·芬奇，113，125

Vinci，Ser Piero da，father of Leonardo da
Vinci，
列奥纳多·达·芬奇的父亲：西尔·皮埃
罗·达·芬奇，121

Virtue，and beauty，among the Greeks，
希腊人的道德与美，247

Virtues，ethical and intellectual，
伦理性美德与理性美德，330

Visconti，Galeazzo，spectacular pageants at
marriage of，
米兰大公加拉佐·维斯康提婚礼上举行的壮
观庆典，57

Vocabulary，each writer creates his own，
每位作家都创造了自己的词汇，164，165

Voltaire，F. M. A. de，recognized Shaftesbury，
伏尔泰也很赏识沙夫茨伯里，268

Wagner，Richard，on Beethoven's Seventh
Symphony，
理查德·瓦格纳认为贝多芬的第七交响乐是
舞蹈，62，63

Wallas，Professor Graham，on Plato and
Dante，
格雷厄姆·华莱斯论柏拉图和但丁，73

War，and dancing，allied，
舞蹈与战争的统一，63，64

Wealth，as test of civilisation，
财富作为文明的检验标准，296，297

Weight，its nature，
重量的特性，230

Weismann，and the study of heredity，
魏斯曼对遗传学的研究，127

Wells，H. G.，his description of Napoleon，
赫伯特·乔治·威尔斯对拿破仑的描述，
8-10，12

Whitman，Walt，his *Leaves of Grass*，
沃特·惠特曼的《草叶集》，172